CB079456

GLAC edições

A CONTRARREVOLUÇÃO

COMO O GOVERNO ENTROU EM GUERRA CONTRA OS PRÓPRIOS CIDADÃOS

BERNARD E. HARCOURT

coordenação de tradução
AUGUSTO JOBIM DO AMARAL & JÁDIA LARISSA TIMM

para a sua realização, a presente publicação contou com
o auxílio financeiro da Pontifícia Universidade
Católica do Rio Grande do Sul.

ESCOLA DE DIREITO PUCRS

—

também, em sua tradução, esse livro contou com o apoio do
coletivo Politicrim (Política da Criminologia), formado a partir do
Grupo de Pesquisa "Criminologia, Cultura Punitiva e Crítica Filosófica"
(CNPq), coordenado pelo Professor Augusto Jobim do Amaral
(PPPGCCrim e PPGFil da PUCRS)

POLITICRIM

—

—

A CONTRARREVOLUÇÃO
como o governo entrou em guerra
contra os próprios cidadãos
Bernard. E. Harcourt

ISBN 1ª edição
978-65-86598-14-8 – GLAC edições

—

REVISÃO Letícia Bergamini Souto
EDIÇÃO Leonardo Araujo Beserra
COEDIÇÃO E PREPARAÇÃO Gustavo Motta
PROJ. GRÁFICO E DIAGRAMAÇÃO Leonardo Araujo Beserra
COORDENAÇÃO DE TRADUÇÃO Augusto Jobim do Amaral & Jádia Larissa Timm
EQUIPE DE TRADUÇÃO Ana Clara Elesbão, Augusto Jobim do Amaral,
Cássia Fiedler, Domenique Goulart, Eduardo Baldissera Salles,
Felipe da Veiga Dias, Fernando Vechi, Gabriel Barletta,
Jádia Larissa Timm dos Santos,
Roberta da Silva Medina,
Vanessa Cerezer

—

TÍTULO ORIGINAL *The counterrevolution : how our government
went to war against its own citizens*

rua conselheiro ramalho, 945, 1° andar, sala 4, 01325-001,
bela vista, são paulo - sp. glacedicoes@gmail.com

nota da edição

Já não é sem atraso que a primeira tradução de um livro de Bernard E. Harcourt chega ao Brasil.[1] A obra que chega às nossas mãos, *The counterrevolution: how our governement went to war against its own citizens* (Basic Books, 2018), obviamente não necessita de qualquer antecipação que possa frustrar o encontro original de cada um com o texto. É possível, todavia, o gesto de mapear, por meio de uma leitura carinhosa, tanto os diálogos abertos pela obra como os momentos que despertam aquela arte que Foucault chamava de "arte de inservidão voluntária, de uma indocibilidade reflexiva".

Publicado em 2018, o estudo tem como objetivo central refletir sobre as estratégias de governo forjadas a partir de táticas de contrainsurgência adotadas nos Estados Unidos – que, consequentemente, servem de modelo potencialmente aplicável aos diversos contextos em todo o mundo. O autor afirma, de modo direto, que o que está em jogo é um novo paradigma de governo de populações nos EUA. Trata-se de uma versão política da guerra de contrainsurgência, lastreada por técnicas militares, que comporta três eixos fundamentais: 1) a *obtenção total de informações*; 2) a *erradicação da minoria ativa*; e 3) a *conquista da lealdade da população em geral*. O livro procura descrever as sucessivas ondas em que os norte-americanos se tornaram alvos das estratégias de contrainsurgência de seu próprio governo. Daí que a situação presente, resultante dessas ondas, seja marcada por um conjunto prático de estratégias que estabiliza e opera uma lógica de guerra contrainsurgente *sem a presença concreta de uma insurgência, insurreição ou revolução* – a dita *Contrarrevolução*.

A publicação deste livro constitui uma enorme conquista coletiva – que não poderia ter sido realizada senão desta maneira, fruto de um esforço conjunto produzido após a primeira vinda de Bernard Harcourt a Porto Alegre, em outubro de 2019.[2]

1 Até então, salvo engano, havia sido publicado apenas o artigo "A penalidade neoliberal: uma breve genealogia", que tive a honra de traduzir junto a Henrique Mioranza Pereira e Jádia Timm dos Santos, na *RBCCRrim* (Ano 27 - 162 - dezembro de 2019); e uma entrevista, "Reorientando a teoria crítica para a práxis em tempos de crise", conduzida por Clécio Lemos e com a minha participação, que veio a público no Dossiê "Biopolíticas no Século XXI", de agosto de 2020, o qual organizamos com Evandro Pontel na *Revista Opinião Filosófica* (PPGFil/PUCRS).

2 A vinda de Harcourt, em virtude do 10º Congresso Internacional de Ciências

O público leitor – pesquisadores, estudantes, ativistas – certamente vai compartilhar da nossa satisfação e alegria de ver materializado um esforço transversal de resistência contra as práticas do poder punitivo, nas páginas deste livro. Trata-se da combinação exata do vigor na pesquisa acadêmica e a incitação prática de uma potência insurgente.

Já adiamos, todavia, por muito tempo o prazer da leitura para a qual o trabalho de Bernard nos convida. A riqueza de uma obra talvez possa ser sentida pela potência inspiradora e pela inquietação gerada por meio da crítica – e o quanto ela incomoda o poder estabelecido. Tal como um rastilho de pólvora que instiga a todos a sermos estopins, não haveria momento mais oportuno para a centelha do encontro com este livro.

Augusto Jobim do Amaral[3]

Criminais da PUCRS, ensejou, no plano local, a ampliação das instâncias de pesquisa e estudo interessadas em seu pensamento rigoroso e potente. Assim, quase que imediatamente, diversos colegas do grupo de pesquisa "Criminologia, Cultura Punitiva e Crítica Filosófica" - muitos deles envolvidos na organização do referido evento - se puseram a estudar seus textos e a discuti-los em nossos Seminários do Programa de Pós-Graduação em Ciências Criminais. A presente tradução de *The Counterrevolution* deriva desse esforço ao mesmo tempo autônomo e em comum.

3 Professor da Pontifícia Universidade Católica do Rio Grande do Sul (PUCRS), nos Programas de Pós-graduação em Filosofia (PPGFil) e em Ciências Criminais (PPGCCrim).

nota da tradução

O título original da obra, *The Counterrevolution: how our government went to war against its own citizens* [A Contrarrevolução: como nosso governo entrou em guerra contra seus próprios cidadãos], publicada originalmente em 2018 pela Basic Books de Nova Iorque, faz referência direta ao contexto norte-americano – o que se adequa ao enfoque dado por Bernard Harcourt aos problemas aqui discutidos e analisados. Todavia, em que pese esse enfoque, procuramos dar ao título da edição brasileira um sentido mais geral – justificado pelo caráter difuso (e global) das práticas governamentais aqui analisadas, permeáveis, em certa medida, aos mais diversos contextos nacionais e internacionais, e com particular reverberação no contexto brasileiro.

Em relação às referências bibliográficas, optamos por preservar, no corpo do texto e nas notas, os títulos originais dos livros e artigos citados pelo autor – mesmo os considerados "clássicos", com traduções já consolidadas em português –, fazendo referência à edição brasileira, sempre que houver. Analogamente, as traduções das citações têm por base os trechos transcritos por Harcourt na edição original.

Por fim, cabe ressaltar que na tradução e adaptação de expressões idiomáticas, termos técnicos e institucionais específicos da língua inglesa, quando não imediatamente compreensíveis fora de sua língua original, optamos pela inserção de notas de tradução (N.T.).

Ana Clara Elesbão, Augusto Jobim do Amaral, Cássia Fiedler, Domenique Goulart, Eduardo Baldissera Salles, Felipe da Veiga Dias, Fernando Vechi, Gabriel Barletta, Jádia Larissa Timm dos Santos, Roberta da Silva Medina e Vanessa Cerezer

Em memória de Sheldon S. Wolin

"Os sujeitados deveriam ser alertados a não se subjugarem mais do que o estritamente necessário".

— Guilherme de Ockham, *A Short Discourse on Tyrannical Government* [Um Curto Discurso sobre o Governo Tirânico] (cerca de 1340)

. O NASCIMENTO DA CONTRARREVOLUÇÃO

Em 9 de dezembro de 2014, a senadora Dianne Feinstein, do estado da Califórnia, tornou público um relatório de 547 páginas elaborado pelo *Senate Select Committee on Intelligence* [Comitê de Inteligência do Senado], que documentava o uso generalizado de tortura pelos Estados Unidos depois do ocorrido no 11 de setembro de 2001. O relatório revelou sessões de tortura muito mais intensas do que anteriormente se pensava. Um prisioneiro foi submetido a simulações de afogamento[4] "pelo menos 183 vezes" – a certa altura, em menos de 24 horas, ele foi submetido a "mais de 65 aplicações de água" durante 4 sessões de afogamento.[5]

Outro prisioneiro foi submetido à tortura por quase 20 dias consecutivos, "quase 24 horas por dia". Durante o período, ele era submetido ao afogamento simulado entre duas e quatro vezes por dia, "com várias repetições do ciclo de afogamento durante cada sessão". No decorrer de uma delas, o prisioneiro ficou "completamente sem reação, com bolhas [de água] emergindo da sua boca cheia e aberta", e "permaneceu sem reação até a intervenção médica, quando recuperou a consciência e expeliu 'grande quantidade de líquido'". O prisioneiro também foi submetido "em combinações variadas, 24 horas por dia" a "emparedamento [*walling*], domínio de atenção [*attention grasp*], tapas, imobilidade facial [*facial hold*], posições de estresse, confinamento

4 N.T.: *Waterboarding*: método de tortura que consiste em prender o interrogado numa prancha ou banco, cobrindo seu nariz e boca com um pano. Joga-se água no rosto do detido para produzir afogamento, induzindo, com a ingestão do líquido, convulsões, vômitos e espasmos involuntários nas pernas, tórax e braços. As sessões de simulação de afogamento são conduzidas mediante "ciclos de afogamento" [*watering cycles*], em que, a cada vez, repete-se o roteiro de demanda por informações, sufocamento parcial, sufocamento quase total, relaxamento e nova demanda por informações.

5 *Senate Select Committee on Intelligence* [Comitê de Inteligência do Senado], *Committee Study of the Central Intelligence Agency's Detention and Interrogation Program* [Estudo do Comitê do Programa de Detenção e Interrogatório da Agência Central de Inteligência], aprovado em 13 de dezembro de 2012, atualizado para divulgação em 3 de abril de 2014, revisões de desclassificação em 3 de dezembro de 2014 (doravante denominado *Senate Report*), p. 85 e 87.

apertado [*cramped confinement*], 'ruído branco' [*white noise*] e privação de sono".[6] Quando deixado sozinho, era sempre mantido em uma posição de estresse, seja no tanque de água, seja trancado em caixas. De fato, durante esse período, ele "passou um total de 266 horas (11 dias e duas horas) dentro da caixa de confinamento maior (do tamanho de um caixão) e 29 horas na caixa de confinamento menor, que tinha largura de 53 centímetros, com profundidade e altura de 80 centímetros". Seus interrogadores disseram-lhe que para ele "a única saída possível da prisão era dentro da caixa de confinamento em forma de caixão".[7]

Além de expor o escopo dessas técnicas de tortura já conhecidas, o relatório do Senado também revelou o uso até então secreto de execuções simuladas, banhos de água gelada, "reidratação retal" (definida como "alimentação retal sem prescrição médica documentada") e "ameaças de fazer mal aos filhos de um prisioneiro, sexualmente da mãe de um prisioneiro e 'cortar a garganta da mãe [de um prisioneiro]'". O documento desvendou a verdadeira natureza de técnicas supostamente moderadas. O método de privação de sono, por exemplo, consistia em "manter os detidos acordados por até 180 horas, geralmente em pé ou em posições de estresse, às vezes com as mãos algemadas acima de suas cabeças". Ao menos uma morte foi documentada: "Um detento que ficou parcialmente nu e acorrentado a um piso de concreto morreu nas instalações da prisão, por suspeita de hipotermia". (O falecido jornalista Anthony Lewis documentou outra morte, segundo um laudo de autópsia, devido a "asfixia

6 N.T.: Emparedamento [*walling*]: espécie de tortura consiste em colocar um colar (por exemplo, uma toalha) ao redor do pescoço do detento como suporte. Puxa-se o colar para frente e, em seguida, empurra-se rápida e firmemente os ombros do detido contra uma parede flexível, produzindo-se um estrondo e a ilusão de um forte golpe, a fim de assustá-lo e não causar ferimentos. Domínio de atenção [*attention grasp*]: tortura em que o suspeito é agarrado pelo pescoço e sacudido em direção ao interrogador. Imobilidade facial [*facial hold*]: tortura que consiste em colocar as palmas das mãos de cada lado do rosto do detento para manter sua cabeça imóvel, mantendo as pontas dos dedos sobre os olhos. Confinamento apertado [*cramped confinement*]: forma de tortura na qual o detido é colocado em uma pequena caixa, ficando curvado por até duas horas; ou em outra, suficientemente grande, para ficar em pé por até 18 horas. Ruído branco [*white noise*]: método de tortura psicológica em que o torturado é prolongadamente isolado e exposto à emissão de ruídos em volume de até 82 decibéis, com o objetivo de minimizar os riscos de danos físicos permanentes à audição e, ao mesmo tempo, provocar perturbação psíquica.

7 *Senate Report* [Relatório do Senado], p. 90, 40, 42, 43-44 do "*Executive Summary*" [Resumo Executivo]. Com relação ao último incidente, no sexto dia da tortura, os interrogadores da CIA acreditavam que o detento não tinha informações úteis e nenhuma foi obtida. *Senate Report*, p. 42, 45-46 do "*Executive Summary*".

por sufocamento e compressão torácica".). O relatório também revelou os esforços orquestrados para encobrir a extensão do uso de tortura, que tornaram impossível a documentação completa. Em um caso, por exemplo, a revisão de um catálogo de fitas de vídeo "descobriu que estavam faltando gravações de um período de 21 horas [de interrogatório], que incluíam duas sessões de afogamento simulado".[8] Ainda hoje desconhece-se a extensão das práticas de tortura realizadas pelas forças norte-americanas.

Apenas algumas horas antes da divulgação do relatório do Senado sobre a tortura, o *Bureau of Investigative Journalism*[9] [Escritório de Jornalismo Investigativo] informou que os Estados Unidos haviam lançado um ataque de *drones Predator*[10] na província de Shabwa no Iêmen. Até então, o país não era – como ainda não é – considerado pelos Estados Unidos como uma zona de guerra convencional, tal como foram ou são o Afeganistão ou o Iraque. Ainda assim, essa operação militar envolveu, além do ataque com *drones*, pelo menos quarenta unidades das Forças Especiais dos EUA. A intenção aparente do ataque era resgatar dois reféns, mas eles foram mortos durante a operação. No total, 13 pessoas morreram – oito delas reportadas como civis, entre as quais, uma criança de dez anos de idade. Um morador local disse à *Reuters* que cinco de seus filhos foram mortos. De acordo com um ancião local, "alguns aldeões, ao olharem pelas janelas depois de serem acordados pelas explosões, foram imediatamente alvejados e mortos pelos estadunidenses. [Soldados norte-americanos e iemenitas] invadiram pelo menos quatro casas e atiraram em qualquer um que estivesse próximo às residências onde estavam os reféns".[11]

8 *Senate Report* [Relatório do Senado], p. 3, 4, 10; 19, nota 4, de "Findings and Conclusions" [Resultados e Conclusões]; p. 44 e 56 do "*Executive Summary*" [Resumo Executivo]. Ver também Anthony Lewis, "Introduction", em *The Torture Papers: The Road to Abu Ghraib*, eds. Karen J. Greenberg e Joshua L. Dratel (New York, Cambridge University Press, 2005), p. xiii-xvi.

9 N.T.: Organização sem fins lucrativos criada por jornalistas do Reino Unido em 2010, que tem por objetivo informar o público sobre as realidades do poder no mundo contemporâneo, conforme seu *website*: <https://www.thebureauinvestigates.com/>.

10 N.T.: Nome dado originalmente a um protótipo de avião-espião telecomandado, fabricado pela *General Atomics* em 1995 e utilizado em 1999, na Guerra do Kosovo. Na época, ainda não era munido de armas, limitando-se a filmar e iluminar alvos com *laser* para o ataque dos aviões F16. Foi em 16 de fevereiro de 2001 que, por ocasião de testes conduzidos na base da Força Aérea estadunidense de Nellis, um *Predator* atingiu seu alvo com um míssil *Hellfire AGM-114C*, tornando-se de fato um predador. Ver Grégoire Chamayou, *Teoria do Drone* [2013], trad. Célia Euvaldo (São Paulo, Cosac Naify, 2015).

11 *Bureau of Investigative Journalism*, "YEM178, December 6, 2014", <https://www.thebureauinvestigates.com/drone-war/data/yemen-reported-us-covert-actions-2014>.

O primeiro *drone* armado chegou ao Afeganistão em 7 de outubro de 2001, algumas semanas após os ataques ao *World Trade Center*. Logo depois, o presidente George W. Bush assinou uma ordem executiva que determinava a criação de uma lista secreta de "alvos valiosos" – conhecida como "lista de mortes" – e autorizou a CIA a matá-los sem maiores instruções ou sequer aprovação presidencial específica. O uso de *drones* aumentou consideravelmente depois que o presidente Barack Obama assumiu o cargo, em janeiro de 2009. Entre 20 de janeiro daquele ano e 31 de dezembro de 2015, o governo de Obama teria, oficialmente, lançado 473 ataques *fora* das áreas de conflito deflagrado.[12] Em junho de 2017, o Escritório de Jornalismo Investigativo documentou que – no Paquistão (desde 2004), no Afeganistão (desde 2015), no Iêmen (desde 2002) e na Somália (desde 2007) – entre 739 e 1.407 civis foram mortos acidentalmente por *drones*, entre os quais de 240 a 308 crianças.[13] Como escreveu na época o filósofo Grégoire Chamayou, o *drone* se tornou "um dos emblemas da presidência de Barack Obama, o instrumento oficial da sua doutrina antiterrorista, 'matar ao invés de capturar': substituir a tortura e Guantánamo pelo assassinato seletivo [*targeted assassination*] e pelo *drone Predator*".[14]

A imprensa também divulgou que a *US Foreign Intelligence Surveillance Court* (FISC) [Tribunal de Fiscalização da Inteligência Estrangeira dos EUA], no mesmo momento do ataque por *drones* na província de Shabwa, emitiu uma ordem confidencial para reautorizar, por mais noventa dias, o programa da Seção 215 do

12 Charlie Savage e Scott Shane, "U.S. Reveals Death Toll from Airstrikes Outside War Zones", *New York Times*, 2 jul., 2016: <https://www.nytimes.com/2016/07/02/world/us-reveals-death-toll-from-airstrikes-outside-of-war-zones.html>. Para um arquivo completo a respeito das guerras com drones, ver *The Drone Memos: Targeted Killing, Secrecy, and the Law*, ed. Jameel Jaffer (New York, The New Press, 2016). Para perspectivas teóricas sobre drones e poder aéreo, ver Derek Gregory, "From a View to a Kill: Drones and Late Modern War", *Theory, Culture, and Society* 28, no. 7–8 [2011]: 188–215; e Sven Lindqvist, *A History of Bombing*, trad. Linda Haverty Rugg (New York, The New Press, 2001). Para estatísticas de vítimas de drones, de acordo com o *Bureau of Investigative Journalism*, em 23 abr. 2015, conferir <https://www.thebureauinvestigates.com/stories/2015-04-23/hostage-deaths-mean-38-westerners-killed-by-us-drone-strikes-bureau-investigation-reveals>.

13 *The Bureau of Investigative Journalism*, "*Drone Warfare*", acessado em 23 abr. 2017: <https://www.thebureauinvestigates.com/projects/drone-war>.

14 Grégoire Chamayou, *A Theory of the Drone* [2013], trad. Janet Lloyd (New York, The New Press, 2015), p. 14 [ed. bras.: *Teoria do Drone*, 2015]

USA PATRIOT Act.[15] A seção, aprovada pelo Congresso após o 11/9, prevê a coleta em massa de metadados de telefonia mantidos por empresas de telecomunicações norte-americanas. Por meio dela, a *National Security Agency* (NSA) [Agência de Segurança Nacional] reunia diariamente os registros telefônicos de milhões de clientes estadunidenses.[16] Nas palavras de um juiz federal, a Seção 215 "permite ao governo armazenar e analisar metadados de telefones de todos os usuários nos Estados Unidos". Esse juiz – nomeado pelo presidente George W. Bush – chamou de "quase orwelliana" a tecnologia da NSA.[17]

A Seção 215 corria em paralelo a uma série de outros programas da NSA de coleta e análise massiva de dados pessoais de norte-americanos e estrangeiros, programas com nomes ameaçadores como PRISM, BOUNDLESS INFORMANT, BULLRUN, MYSTIC, UPSTREAM e assim por diante. O programa PRISM, lançado em 2007, deu à NSA acesso direto aos servidores do *Google*, do *Facebook*, da *Microsoft*, do *Yahoo*, do *Paltalk*, do *YouTube*, do *Skype*, da *AOL*, da *Apple* etc. Em conjunto com outros programas, como o *XKeyscore*, o PRISM permitiu que agentes e empresas contratadas da NSA extraíssem os contatos de *e-mail*, as atividades do usuário, o *webmail* e todos os metadados de qualquer pessoa; usando outros programas e ferramentas, tais como o *DNI Presenter*, a agência poderia, de acordo com a reportagem investigativa de Glenn Greenwald, "ler o conteúdo de *e-mails* armazenados", "ler o conteúdo de bate-papos ou mensagens privadas do *Facebook*" e "descobrir os endereços de IP de cada uma das pessoas que visitem qualquer site que o analista especifique". Segundo o *Washington Post*, já em 2010, a NSA interceptava e armazenava 1,7 bilhão de mensagens por dia.[18]

15 N.T.: Referido nos jornais nacionais como "Lei Patriótica", é o decreto assinado pelo Presidente George W. Bush em 26 de outubro de 2001, logo após o 11/9.

16 John Ribeiro, "US court extends NSA surveillance rules in current form", *IDG News Service*, 9 dez. 2014: <https://www.csoonline.com/article/2857174/us-court-extends-nsa-surveillance-rules-in-current-form.html>; e *Office of the Director of National Intelligence*, "Joint Statement from the Office of the Director of National Intelligence and the Office of the Attorney General on the Declassification of Renewal of Collection Under Section 501 of the Foreign Intelligence Surveillance Act", *IC on the Record*, 8 dez. 2014: <http://icontherecord.tumblr.com/post/104686605978/joint-statement-fromthe-office-of-the-director-off>.

17 Klayman v. Obama, 957 F.Supp.2d 1, p. 33 (DDC 2013), decisão reformada em Obama v. Klayman, 800 F.3d 559 (DC Cir. 2015).

18 Esses programas de vigilância da NSA permanecem, em sua maior parte, inalterados. O programa de coleta de dados da Seção 215 foi retificado em junho de 2015

Enquanto o FISC reautorizava a vigilância domiciliar, o *New York City Police Department* (NYPD) [Departamento de Polícia de Nova Iorque] secretamente monitorava os norte-americanos de origem muçulmana em suas investigações de política interna. Desde 2010, pelo menos, até 2015, o NYPD dirigiu 95% de sua vigilância secreta sobre muçulmanos norte-americanos ou sobre atividades políticas associadas ao Islã.[19] Ao fazê-lo, o departamento deu continuidade a uma década de monitoramento de muçulmanos norte-americanos dentro e nos arredores da cidade.

Logo após o 11/9, o NYPD criou uma operação de vigilância secreta a mesquitas, empresas e grupos comunitários de norte-americanos de origem muçulmana em toda a cidade de Nova Iorque e seus arredores. O departamento tinha o que chamou de "rastreadores de mesquitas", que monitoravam sermões e locais de oração, se infiltravam entre os fiéis e recolhiam o máximo possível de informações de mais de cem mesquitas, empresas muçulmanas e grupos de estudantes – sem qualquer evidência prévia de infrações. O NYPD fez um levantamento sobre onde esses cidadãos moravam, trabalhavam, comiam e oravam. Solicitou à *NYC Taxi & Limousine Commission* [Associação de Táxis e Limusines de Nova Iorque] que organizasse um relatório de todos os taxistas paquistaneses da cidade. Chegou mesmo a enviar um agente disfarçado a uma viagem de *rafting* de estudantes muçulmanos do *City College* de Nova Iorque para ouvir suas conversas e conduzir uma investigação secreta.[20]

pela *USA FREEDOM Act*, para que as empresas de telecomunicações, e não mais a NSA, mantivessem nossos dados pessoais e disponibilizassem para o governo mediante solicitação. Para as citações no parágrafo, ver Glenn Greenwald, "*XKeyscore: NSA Tool Collects 'Nearly Everything a User Does on the Internet*", *Guardian*, 31 jul. 2013: <http://www.theguardian.com/world/2013/jul/31/nsa-top-secret-program-online-data>; Glenn Greenwald e Ewen MacAskill, "*NSA Prism Program Taps into User Data of Apple, Google and Others*", *Guardian*, 6 jun. 2013: <http://www.theguardian.com/world/2013/jun/06/us-tech-giants-nsa-data>; e Glenn Greenwald, *No Place to Hide: Edward Snowden, the NSA, and the U.S. Surveillance State* (New York, Henry Holt, 2014), p. 153-157.

19 Inspetor Geral do Departamento de Investigação (DOI) da Polícia de Nova York (NYPD), "An Investigation of NYPD's Compliance with Rules Governing Investigations of Political Activity — August 23, 2016": <http://www1.nyc.gov/site/oignypd/reports/reports.page>.

20 Matt Apuzzo e Adam Goldman, "With CIA Help, NYPD Moves Covertly in Muslim Areas", *Associated Press*, 23 ago. 2011: <https://web.archive.org/web/20120309020234/https://www.ap.org/pages/abou>; e "Highlights of AP's Pulitzer Prize-Winning Probe into NYPD Intelligence Operations", *Associated Press* (com *links* para histórias e documentos): <https://www.ap.org/about/awards-and-recognition/highlights-of-aps-pulitzer-prize-winning-probe-into-nypd-intelligence-operations>.

Em 2007, a unidade de inteligência do NYPD criou algo que denominou "relatórios secretos da Unidade Demográfica" de Newark, Nova Jérsei (sessenta páginas), do Condado de Suffolk (setenta páginas) e do Condado de Nassau (noventa e seis páginas), entre outros locais, contendo vários mapas de bairros, indexados e codificados, com informações sobre mesquitas, madraças[21] e densidade populacional de muçulmanos. Esses relatórios mapearam todas as instituições islâmicas, com fotografias dos prédios, perfis e notas abrangentes, além de informações sensíveis sobre empresas muçulmanas, detalhando seus endereços, números de telefone, fotografias, etnia e movimentações financeiras.[22]

Na mesma época da divulgação do relatório de tortura do Senado, do ataque de *drones* à província de Shabwa, da reautorização da vigilância interna da NSA e do monitoramento de mulçumanos norte-americanos pela NYPD, uma segunda onda de protestos contra a polícia eclodiu em Ferguson, Missouri – cidade onde Michael Brown, com dezoito anos de idade, foi alvejado por policiais em 9 de agosto de 2014. Esses novos protestos foram alimentados em parte pela decisão do grande júri de *Staten Island*, Nova Iorque, de não indiciar o oficial do NYPD Daniel Pantaleo pela morte de Eric Garner por estrangulamento. Foi durante essas diversas ondas de protestos – em Ferguson e em outras partes do país – que testemunhamos a militarização completa das forças policiais nos Estados Unidos, agora equipadas com rifles M4, fuzis de precisão, equipamento e capacetes de camuflagem, tanques e veículos à prova de bombas e contraemboscadas; além de lançadores de granadas das guerras do Iraque e do Afeganistão.

Policiais fortemente armados em veículos blindados enfrentaram manifestantes civis pacíficos e desarmados. Uma nova força policial militarizada foi posicionada na *Main Street USA*[23], e imagens como essas inundaram nossos *feeds* de notícias e mídias sociais.

•••

21 N.T.: Madraçal ou madraça são escolas muçulmanas ou casas de estudos islâmicos.

22 Intelligence Division, Demographics Unit, "Newark, New Jersey Demographics Report", 2007: <http://hosted.ap.org/specials/interactives/documents/nypd/nypd-newark.pdf>.

23 N.T.: a *Main Street USA*, na cidade de Ferguson, é um símbolo da precária economia local, formada por um *shopping* de pequenas lojas de penhores, centro de pagamento, lojas de empréstimos, centro de pagamento de cheques - pequenos estabelecimentos cujos proprietários, em geral, não eram possuíam seguro contra danos ou poupança para a realização de reparos, tampouco tinham os meios para suportar o fechamento prolongado diante dos protestos.

Afogamento simulado e confinamento em caixões. Ataque de *drones* fora de zonas convencionais de guerra – junto à detenção por tempo indeterminado na baía de Guantánamo e comissões militares especiais. Vigilância total da NSA. Infiltração secreta em mesquitas norte-americanas e em grupos de estudantes muçulmanos – sem qualquer evidência de infração. Uma força policial hipermilitarizada nas ruas americanas.

Alguns observadores veem esses incidentes como excessos isolados, improvisados ou não relacionados, ou mesmo como desvios necessários, mas temporários, em tempos de terrorismo global e turbulência interna dos valores norte-americanos após o 11 de setembro. Outros comentadores sugerem que isso configura um novo "estado de exceção" – um modo radical provisório de governar à margem do Estado de direito.

Contudo, longe de excepcionais, aberrantes, isoladas – ou mesmo temporárias –, essas medidas exemplificam o novo modo pelo qual os Estados Unidos governam, no exterior e dentro do seu próprio território: um novo modelo de governo inspirado na teoria e na prática da guerra de contrainsurgência. Esses episódios não são momentos espasmódicos e temporários de excesso. Não são breves desvios do Estado de direito. Pelo contrário, essas medidas se encaixam como peças de um quebra-cabeça em uma transformação histórica e política muito mais ampla e mais importante: *não do Estado de direito para um estado de exceção, mas de um modelo de governo baseado na guerra de campo em larga escala para um modelo de estratégias forjadas sob táticas contrainsurgentes.*

O preceito central da teoria da contrainsurgência é o de que as populações – originalmente populações coloniais, mas agora *todas* elas, inclusive as nossas [norte-americanas] – são compostas por uma pequena minoria ativa de insurgentes, um pequeno grupo daqueles que se opõem à insurgência e uma grande maioria passiva que pode ser influenciada por um lado ou por outro. O principal objetivo da contrainsurgência é obter a lealdade dessa maioria passiva. E a característica que definine a contrainsurgência é que ela não é apenas uma estratégia militar, mas, mais importante, uma técnica política. A guerra, na verdade, é política.

Com base nesses preceitos, os teóricos da contrainsurgência desenvolveram e refinaram, ao longo de várias décadas, três estratégias centrais. A primeira é a *obtenção total de informações*: cada mensagem, quaisquer dados pessoais e metadados de toda população devem ser coletados e analisados. Não apenas da minoria ativa, mas de toda a população. O conhecimento total da informação [*Total Information Awareness*[24]] é necessário para distinguir amigo de inimigo, e então extrair a minoria perigosa da maioria dócil. A segunda é *erradicar a minoria ativa*: uma vez que a minoria perigosa tenha sido identificada, ela deve ser separada da população geral e eliminada por qualquer meio possível – deve ser isolada, contida e, por fim, erradicada. A terceira é *conquistar a lealdade da população geral*: tudo deve ser feito para conquistar os corações e as mentes da maioria passiva. Ao final, o que mais importa é ter seu apoio, lealdade e passividade.

A guerra de contrainsurgência tornou-se o novo paradigma de governo nos Estados Unidos, tanto no exterior quanto no âmbito interno. Ela veio para dominar a imaginação política. Ela dirige a política externa e, agora, a interna também.

Mas nem sempre foi assim. Durante a maior parte do século XX, nos governamos de forma diferente nos Estados Unidos: a imaginação política era dominada pelos massivos campos de batalha de Marne, de Verdun, pelo *Blitzkrieg* e pelo bombardeio de Dresden – e pelo uso da bomba atômica. Era uma imaginação de guerra em larga escala, com ondas de corpos humanos e colunas de tanques, campanhas militares, campos de batalha, frentes e teatros de operações. Junto às vastas ações militares, o presidente Franklin D. Roosevelt lançou uma campanha econômica e política igualmente grandiosa – o *New Deal*. J. Edgar Hoover declarou uma "guerra contra o crime" em larga escala. Lyndon B. Johnson, em um esforço para criar a "Grande Sociedade", inaugurou uma "guerra contra a pobreza". Richard Nixon e Ronald Reagan iniciaram uma massiva "guerra contra as drogas". Outros, como o presidente Bill Clinton, revigoraram um vasto ataque de lei e ordem que incrementou o que agora chamamos de "encarceramento em massa": na virada do século XXI, 1% da população adulta estava

24 N.T.: *Total Information Awareness* (TIA), em tradução livre, "Conhecimento Total da Informação", foi um programa de detecção em massa do governo norte-americano, dentro do conceito de policiamento preditivo, que teve como objetivo coletar informações pessoais detalhadas para supostamente localizar terroristas e prevenir atentados. O termo foi utilizado entre fevereiro e maio de 2003, antes de ser renomeado *Terrorism Information Awareness*. A arquitetura central da TIA continuou a ser desenvolvida sob o codinome "Basketball". De acordo com um artigo do *New York Times* de 2012, o legado do TIA prosperou "discretamente" na Agência de Segurança Nacional (NSA). Cf. Shane Harris, "Giving In to the Surveillance State", *The New York Times*, 22 ago., 2012: <https://www.nytimes.com/2012/08/23/opinion/whos-watching-the-nsa-watchers.html>.

atrás das grades nos Estados Unidos, mais de sete milhões e pessoas estavam sob supervisão correcional e 79 milhões tinham antecedentes criminais – totalizando uma das iniciativas públicas mais amplas da história estadunidense, com um custo humano devastador, toda organizada em torno de um modelo de guerra em larga escala, como em um campo de batalha.

No entanto, a transição da guerra em larga escala para as lutas anticoloniais e para a Guerra Fria, nos anos 1950, e desde o 11/9, para a guerra contra o terrorismo trouxe uma transformação histórica em nossa imaginação política e na maneira como nos governamos. Em contraste com o paradigma militar anterior, agora nos envolvemos em microestratégias cirúrgicas de contrainsurgência no exterior e no âmbito doméstico. Esse estilo de guerra – que é exatamente o oposto ao das duas Grandes Guerras Mundiais – envolve vigilância total, operações cirúrgicas, ataques direcionados para eliminar pequenos enclaves, táticas psicológicas e técnicas políticas para ganhar a confiança do povo. O alvo primordial não é mais um exército comum, mas sim a população inteira. Envolve um novo modo de pensar a política, a estratégia e a vitória. A guerra de contrainsurgência coloca em primeiro plano o político, ou mais precisamente, funde o militar e o político de um modo que os modelos anteriores de guerra não faziam. E isso produz um *modelo de política da guerra de contrainsurgência* – uma nova maneira política de pensar e governar que passou a dominar o Exército dos EUA, depois sua política externa e, agora, sua política interna.

Há muito tempo em formação, essa transformação histórica foi acelerada depois de 11/9. Ao longo das últimas décadas, a mudança ocorreu em três grandes ondas:

Primeiro, *militarmente*. No Vietnã, depois no Iraque e no Afeganistão, a estratégia militar dos EUA passou de um modelo convencional de campo de batalha para formas não convencionais de guerra de contrainsurgência. Como resultado, a guerra começou a ser travada de modo diferente. Novas técnicas foram desenvolvidas para controlar os rebeldes anticolonialistas e para reprimir as revoluções anti-imperialistas, muitas vezes comunistas. Durante as décadas de 1950 e 1960, elas foram refinadas por potências ocidentais em suas colônias, especialmente por Grã-Bretanha, França e Estados Unidos. Desde o 11/9, foram fortemente empregadas nas guerras dos EUA no Iraque e no Afeganistão. Primeiro, os programas de vigilância da NSA e os interrogatórios por meio de tortura forneceram um pacote completo de informações estratégicas e sensíveis [*total intelligence*], voltado a distinguir a minoria insurgente e a passiva população comum, no Iraque e no Afeganistão. Segundo, ataques com *drones*, operações especiais, assassinatos seletivos e detenção por tempo indeterminado – bem como as formas mais brutais de tortura – serviram para aterrorizar e eliminar a minoria ativa. E, terceiro, o Exército dos EUA tentou conquistar os corações e as mentes das massas, por meio de intervenções humanitárias mínimas, incluindo a construção de infraestrutura e a entrega de bens essenciais; por meio da curadoria da mídia digital (como vídeos do *YouTube* com líderes espirituais muçulmanos [imames][25] moderados) e de seu direcionamento a indivíduos identificados como mais suscetíveis à radicalização; e por meio do envio de *drones* armados, que informavam sobre o poder sem igual dos Estados Unidos de controlar o território.[26]

Em segundo lugar, *na política externa*. À medida que o paradigma da contrainsurgência se consolidava militarmente, a política externa dos EUA começou a mudar para acomodar e adotar as estratégias centrais da guerra não convencional – voltando-se para o conhecimento total de informação, para a eliminação direcionada de grupos radicais e para a pacificação psicológica das populações em geral no exterior, mesmo *fora* dos limites de guerras específicas. Ataques com *drones* proliferaram fora das zonas de guerra – no Paquistão, no Iêmen e na Somália – e, com eles, as conturbadas negociações internacionais sobre o espaço aéreo, sobre o uso e a localização de bases militares. O programa de "conhecimento total da informação" da NSA tornou-se global e as campanhas de propaganda digital se estenderam por todo o mundo. As estratégias e, especialmente, as *demandas* de contrainsurgência, começaram de modo gradual a dominar a política externa. Para ser preciso, as implicações internacionais diferiam em momentos distintos. Durante o

25 N.T.: Sacerdote responsável por conduzir as preces durante os rituais nas mesquitas.

26 Como Ganesh Sitaraman expressa no início de seu livro, *The Counterinsurgent's Constitution: Law in the Age of Small Wars* (New York, Oxford University Press, 2013), p. 3: "Vivemos em uma era de pequenas guerras. Em todo o mundo, a guerra não é mais caracterizada por exércitos numerosos concentrados em campos de batalha nem mesmo por batalhões em tanques que manobram para romper as fronteiras inimigas. Em vez disso, os insurgentes hibernam nas sombras, emergindo apenas quando prontos para um ataque devastador" (tradução livre do inglês).

governo do presidente George W. Bush, as relações exteriores foram profundamente afetadas, por exemplo, pela entrega de suspeitos a países cooperantes; sob a presidência de Barack Obama, as relações foram impactadas por operações especiais conjuntas e ataques de *drones* dentro de países a serem cooptados, bem como pelo compartilhamento de informações sensíveis [*intelligence*] com aliados; e, sob a presidência Donald Trump, foram os obstáculos à imigração, a construção de um muro na fronteira sul e na retirada, real ou sob forma de ameaça, de acordos e organizações internacionais. Na verdade, essas diferenças são apenas variações de um modelo de contrainsurgência nas políticas externas.

Terceiro, *no âmbito interno*. Com a utilização de policiamento militarizado a manifestantes afro-americanos, com o monitoramento de mesquitas e de muçulmanos norte-americanos, bem como com a demonização dos cidadãos nacionais de origens mexicana e hispânica, a contrainsurgência foi internalizada. Grandes e pequenas cidades por toda parte nos EUA acumularam equipamentos militares e *know-how* de contrainsurgência, implantando cada vez mais tais estratégias nos confrontos cotidianos – não apenas para combater o terrorismo, mas também como parte integral do policiamento de rotina. Ao menos um estado, o da Dakota do Norte, já aprovou legislação que autoriza o uso de *drones* armados por agências policiais; no Texas, um departamento de polícia local utilizou uma bomba-robô – na verdade, um *drone* armado – para assassinar o suspeito de um crime. Estratégias de contrainsurgência estão começando a permear as rotinas de policiamento nos protestos democráticos. Muçulmanos e pessoas com sobrenomes árabes são cada vez mais tratados como suspeitos e alvos privilegiados, juntamente com manifestantes antipolícia, jovens de minorias e residentes não documentados. Programas como o PRISM, a Seção 215 e outros agora fornecem ao governo dos EUA acesso aos dados pessoais de sua população. A vigilância total voltou-se sobre o povo norte-americano.

Os estadunidenses agora se tornaram alvos das estratégias de contrainsurgência de seu próprio governo. Atualmente, são estas três estratégias centrais que moldam a maneira como os Estados Unidos e, cada vez mais, o ocidente euro-americano governam: a vigilância total das comunicações domésticas pela NSA, a fiscalização implacável das minorias consideradas suspeitas e o esforço contínuo para conquistar a fidelidade das massas passivas. Do policiamento antiterrorismo nacional ao policiamento comum das ruas, das escolas às prisões, de nossos computadores e *smart* TVs aos aparelhos celulares em nossos bolsos; uma nova maneira de ver, pensar e governar se instalou internamente – e se baseia em um paradigma de guerra contrainsurgente.

O resultado é radical. Testemunhamos agora o triunfo de um modelo de governo de contrainsurgência em solo norte-americano *sem a presença de uma insurgência, insurreição ou revolução*. Ou seja, a lógica aperfeiçoada da contrainsurgência é aplicada, atualmente, independentemente de haver uma insurreição doméstica. Enfrentamos uma contrainsurgência sem insurgência. Uma contrarrevolução sem revolução. A forma pura de contrarrevolução, sem revolução, como uma modalidade simples de governo interno – o que poderia ser chamado de "A Contrarrevolução".

As práticas de contrainsurgência vinham sendo empregadas em âmbito interno já nos anos sessenta. Nos Estados Unidos, o tratamento dado aos Panteras Negras por parte do FBI, sob o comando de J. Edgar Hoover, tomou a forma de táticas de contrainsurgência, exatamente na mesma época em que essas estratégias estavam sendo desenvolvidas no Vietnã.[27] Como James Baldwin corretamente diagnosticou décadas atrás, "os Panteras... se tornaram os vietcongues, o gueto virou a aldeia onde os vietcongues estavam escondidos, e nas operações de busca e destruição subsequentes, todos de lá tornaram-se suspeitos".[28] O mesmo ocorreu em outros lugares. Na Grã-Bretanha, por exemplo, o governo incorporou estratégias de contrainsurgência desenvolvidas e refinadas na Palestina e na Malásia para combater o Exército Republicano Irlandês e policiar seus cidadãos.

Contudo, a partir do 11/9, as estratégias de contrainsurgência desenvolvidas e testadas no exterior, e apenas eventualmente utilizadas dentro do próprio território, passaram a ser implementadas nos Estados Unidos de uma maneira nunca antes vista. Tais táticas foram refinadas, legalizadas e sistematizadas.

27 Ver Joshua Bloom e Waldo E. Martin Jr., *Black Against Empire: The History and Politics of the Black Panther Party* (Berkeley, University of California Press, 2014); e Richard Wolin, *The Wind from the East: French Intellectuals, the Cultural Revolution, and the Legacy of the 1960s* (Princeton, Princeton University Press, 2010), p. 318-321.

28 James Baldwin, citado em Imani Perry, "*From the War on Poverty to the War on Crime* by Elizabeth Hinton", *New York Times Book Review*, 27 mai. 2016: <https://www.nytimes.com/2016/05/29/books/review/from-the-war-on-poverty-to-the-war-on-crime-by-elizabeth-hinton.html>.

Novas tecnologias digitais possibilitaram técnicas de vigilância e guerra por *drones*, práticas simplesmente inimagináveis há quarenta anos. Gerações de soldados estadunidenses foram submetidas a um treinamento de contrainsurgência e, agora, estão de volta aos seus lares. Tais estratégias e métodos passaram a permear a imaginação política.

Ainda mais importante: o que é hoje verdadeiramente novo e único é que o paradigma da contrainsurgência foi desvinculado de sua base fundacional. Agora, é uma forma de governar internamente, *sem* a presença de qualquer insurreição ou revolta para reprimir. Sim, há uma série de indivíduos profundamente instáveis que gravitam em torno do discurso islâmico radical (assim como em em torno da supremacia branca e do discurso cristão radical) e causam danos terríveis – junto à soma diária de vítimas de ataques com armas de fogo nos Estados Unidos. (Em 2015, em média, houve mais de um tiroteio por dia no país, resultando em quatro ou mais vítimas feridas ou fatais).[29] Mas simplesmente não existe uma real insurgência no país.

Trata-se de uma diferença de gênero, e não apenas de grau, que produz uma perigosa profecia autorrealizável. A Contrarrevolução cria, de uma forma totalmente errônea, o espectro de uma insurgência radical no país que poderia ser abraçado por indivíduos instáveis – como o atirador de San Bernadino ou o homem-bomba de Chelsea – e através do qual *nós* podemos imaginá-*los* como uma minoria ativa. Com efeito, a Contrarrevolução produz a ilusão de uma insurgência – ilusão que transforma radicalmente a imaginação pública, a percepção e o tratamento das comunidades minoritárias. Ela produz uma narrativa de insurreição que transforma grupos e bairros inteiros – de norte-americanos de origem muçulmana ou mexicana, de afro-americanos, de hispânicos, de manifestantes pacíficos – em insurgentes suspeitos. Nesse processo, famílias, quarteirões e bairros inteiros, em vez de serem beneficiados por serviços públicos, são transformados em alvos militares de contrainsurgência.

29 Sharon Lafraniere, Sarah Cohen e Richard A. Oppel Jr., "How Often Do Mass Shootings Occur? On Average, Every Day, Records Show", *New York Times*, 2 dez. 2015: <https://www.nytimes.com/2015/12/03/us/how-often-do-mass-shootings-occur-on-average-every-day-records-show.html>; Sharon Lafraniere, Daniela Porat e Agustin Armendariz, "A Drumbeat of Multiple Shootings, but America Isn't Listening", *New York Times*, 22 mai. 2016: <https://www.nytimes.com/2016/05/23/us/americas-overlooked-gun-violence.html>.

Os Estados Unidos investiram as técnicas de contrainsurgência contra seu próprio povo. A tortura, a detenção por prazo indeterminado e os ataques com *drones* são pistas vitais de como chegamos a esse ponto, mas seria um erro parar por aí. Essas estratégias formam apenas a base de uma transformação histórica muito maior que alterou fundamentalmente a maneira como governamos – tanto no plano interno quanto externo.

Este livro traça o arco dessa transformação: do desenvolvimento e refinamento de práticas de contrainsurgência nos anos 1950 e 1960 até sua implementação no Iraque e no Afeganistão após o 11/9, bem como sua aplicação em território estadunidense; e, finalmente, ao modelo derradeiro de governo de contrainsurgência aplicado internamente na ausência de qualquer insurreição doméstica – A Contrarrevolução.

A Contrarrevolução já ocupava seu lugar antes da presidência de Donald Trump, mas sua eleição consolidou, e muito, a transformação histórica. Não obstante seu endosso às práticas de afogamento, de detenção por tempo indeterminado de suspeitos norte-americanos em Guantánamo, da proibição de viagens a muçulmanos e da vigilância ininterrupta de mesquitas estadunidenses, Trump venceu o Colégio Eleitoral com mais de 62 milhões de votos, demonstrando que muitos norte-americanos estão perfeitamente confortáveis ou apoiam ativamente a prática interna da contrainsurgência.

Nos primeiros meses como presidente, Trump preencheu seu gabinete com combatentes da contrainsurgência, nomeando legítimos e experientes profissionais da área para os mais altos cargos em segurança: H. R. McMaster, tenente-general aposentado do Exército, como conselheiro de Segurança Nacional; James Mattis, almirante quatro estrelas aposentado, como secretário de Defesa; e John F. Kelly, também almirante quatro estrelas aposentado, primeiro como secretário de Segurança Interna e depois como chefe de gabinete da Casa Branca. Todos com um extenso histórico em contrainsurgência, tendo praticado e refinado tais estratégias no Iraque. Em seus primeiros meses de mandato, Donald Trump também assinou ordens executivas que visavam os muçulmanos (o que ficou conhecido como "banimento muçulmano" ["*Muslim ban*"]), os mexicanos (mediante o aumento de fiscalização e deportação daqueles sem documentação regular, além da ordem executiva para a construção do "muro"), os manifestantes contra a brutalidade policial (suspendendo os acordos federais com os departamentos locais de polícia e incentivando uma nova legislação antiprotesto a nível estadual) e a comunidade LGBTQ (revertendo, por ato unilateral, todo o progresso até então atingido no combate à discriminação no local de trabalho e, em seguida, proibindo o acesso ao serviço militar).

Combinados, todos esses atos executivos confirmam a transformação histórica: apesar da inexistência de insurgência em solo estadunidense, aplicam-se internamente as estratégias de contrainsurgência. Trump chegou a chamar de "operação militar" o esforço empreendido por seu governo na fiscalização contra os residentes ilegais nos Estados Unidos, refletindo a adesão à mentalidade de contrainsurgência interna.[30] Alguns meses depois, de forma ainda mais incisiva, Trump estimulou os norte-americanos a adotarem estratégias de contrainsurgência, as mesmas utilizadas pelos Estados Unidos em suas colônias nas Filipinas para reprimir insurgentes no início do século XX. O ex-presidente citou diretamente a guerra estadunidense moderna (*American modern warfare*), tuitando, em 17 de agosto de 2017, que deveríamos "estudar o que o general Pershing dos Estados Unidos fez aos terroristas capturados. Por 35 anos, não houve mais terrorismo islâmico radical!". Mais do que nunca, uma minoria específica da população norte-americana – composta por muçulmanos, afro-americanos, mexicanos e manifestantes políticos – é falsamente imputada como parte de uma insurgência ativa, que precisa ser isolada e removida das massas passivas.

A história estadunidense está repleta de uma falsa demonização de inimigos internos, desde a "ameaça comunista" [*Red Scare*], passando pelos campos de concentração de japoneses, até os jovens "superpredadores" dos anos 1990. É crucial que não repitamos essa história sombria, que evitemos transformar muçulmanos, manifestantes pacíficos e outras minorias em nossos novos inimigos internos. É vital que nos inteiremos acerca desse novo modo de governar e que reconheçamos seus perigos singulares; que vejamos a internalização cada vez mais difundida das estratégias de contrainsurgência, as novas tecnologias de vigilância digital, os *drones* e os policiais hipermilitarizados pelo que são: uma contrarrevolução sem uma

30 Philip Rucker, "Trump Touts Recent Immigration Raids, Calls Them a 'Military Operation,'" *Washington Post*, 23 fev. 2017: <https://www.washingtonpost.com/news/post-politics/wp/2017/02/23/trump-touts-recent-immigration-raids-calls-them-a-military-operation/>.

revolução. Estamos enfrentando algo radical, novo e perigoso. Que há muito vem sendo produzido, historicamente. E cuja hora de identificar e expor chegou.

Em meu livro anterior, *Exposed: Desire and Disobedience in the Digital Age* [*Exposto: desejo e desobediência na era digital*],[31] explorei as maneiras pelas quais nosso próprio desejo de tirar *selfies*, postar *snapchats*, checar *Facebook*, tuitar e assistir a vídeos na *Netflix* imprudentemente alimenta o mecanismo de vigilância total da NSA, do *Google*, da *Amazon*, da *Microsoft*, do *Facebook* e assim por diante. Argumentei que nos tornamos uma "sociedade expositiva" [*expository society*], na qual cada vez mais nos exibimos *on-line* e, assim, entregamos livremente nossos dados mais pessoais e privados. Não mais uma sociedade *orwelliana* ou panóptica, caracterizada por um poderoso governo central, que, de cima, vigia à força seus cidadãos: mas uma sociedade abastecida por nossos próprios prazeres, inclinações, alegrias e narcisismo. E mesmo quando tentamos resistir a essas tentações, praticamente não temos escolha e somos obrigados a utilizar a *Internet,* deixando, assim, nossos traços digitais registrados.

Contudo, eu ainda não havia compreendido por completo a relação entre a nossa nova sociedade expositiva e as práticas brutais da guerra de contrainsurgência contra o terrorismo – ataques com *drones*, detenção por tempo indeterminado ou uma força policial hipermilitarizada. À medida que o nevoeiro do 11/9 se dissipou, porém, tudo ficou mais nítido. A sociedade de exposição é apenas o primeiro eixo da Contrarrevolução. Somente ao unir nossa exposição digital ao novo modo de governo de contrainsurgência poderemos começar a compreender toda a arquitetura da condição política contemporânea. Assim, apenas quando compreendermos totalmente as implicações desse novo modo de governar – o da Contrarrevolução – poderemos efetivamente resistir e vencer.

31 N.T.: Inédito em língua portuguesa.

PARTE I
A ASCENSÃO DA GUERRA MODERNA

A transição histórica da Segunda Guerra Mundial para as lutas anticoloniais e para a Guerra Fria provocou uma mudança fundamental no modo como os Estados Unidos e seus aliados ocidentais passaram a travar a guerra. Dois novos modelos bélicos surgiram no final dos anos 1940 e durante a década de 1950, e começaram a reformular a estratégia militar norte-americana: a guerra nuclear e a guerra não convencional. Apesar de estarem em polos opostos quanto ao escopo, ambas foram em grande parte desenvolvidas no centro de controle de estratégia militar dos EUA pela *RAND Corporation*.[32] Formada em 1948 como extensão do setor de pesquisa da Força Aérea dos EUA, a *RAND* trabalhou junto ao Pentágono e às agências de inteligência para elaborar esses novos paradigmas de guerra.[33]

Num extremo do espectro, os Estados Unidos desenvolveram armamento e estratégia nucleares, assim como fizeram alguns de seus aliados ocidentais. A partir disso, emergiu um campo de planejamento militar que reunia teoria dos jogos e análises sistêmicas, e que produziu uma lógica de guerra em total desacordo com as estratégias de guerra convencional. Os estrategistas de armamento nuclear inventaram as teorias da "retaliação maciça" e da "destruição mútua assegurada"[34] – paradigmas militares drasticamente diferentes das formas anteriores de batalha e muito mais grandiosos, em escala, do que a guerra convencional. A estratégia nuclear norte-americana focou na rivalidade com a União Soviética e conjecturou um conflito global de proporções extraordinárias.

32 N.T.: Instituição "*think tank*" sem fins lucrativos, criada originalmente como *Douglas Aircraft Company*, que desenvolve pesquisas e análises para o Departamento de Defesa norte-americano. Sua receita é mantida majoritariamente por setores militares do governo norte-americano e tem atuação em mais de 46 países pelo mundo. Ver <https://www.rand.org/>.

33 Ver Fred Kaplan, *The Wizards of Armagedon: This Is Their Untold Story* (New York, Simon and Schuster, 1983); S. M. Amadae, *Rationalizing Capitalist Democracy: The Cold War Origins of Rational Choice Liberalism* (Chicago, University of Chicago Press, 2003); Jennifer S. Light, *From Warfare to Welfare: Defense Intellectuals and Urban Problems in Cold War America* (Baltimore, Johns Hopkins University Press, 2003); e Bruce L. R. Smith, *The RAND Corporation: Case Study of a Nonprofit Advisory Corporation* (Cambridge, Harvard University Press, 1966).

34 N.T.: *Massive retaliation*, também conhecida como "resposta maciça" [*massive response*] ou "dissuasão maciça" [*massive deterrence*] é uma doutrina militar (ou uma estratégia nuclear) na qual um Estado se compromete a retaliar com muito mais força caso seja atacado. *Mutually assured destruction* é uma doutrina militar no qual o uso maciço de armas nucleares por um dos lados iria efetivamente resultar na destruição de ambos - atacante e defensor. É baseada na "teoria da intimidação", por meio da qual o desenvolvimento de armas cada vez mais poderosas é essencial para impedir que o inimigo use as mesmas armas. Estratégia inspirada no "Equilíbrio de Nash", no qual ambos os lados estão tentando evitar a pior das consequências, ou seja, a aniquilação nuclear.

No outro extremo do espectro, um modelo muito diferente emergiu, situado especialmente nas colônias – uma abordagem de operação especial, muito mais cirúrgica, que mirava insurgências revolucionárias menores, as quais eram, em sua maioria, sublevações comunistas. Chamado de diversas formas, como guerra "não convencional", "antiguerrilha" ou "contraguerrilha", "irregular", "sublimitada", "contrarrevolucionária" ou simplesmente "moderna", esse crescente setor da estratégia militar prosperou durante as guerras francesas na Indochina e na Argélia, nas guerras britânicas na Malásia e na Palestina e na guerra norte-americana no Vietnã. Tal domínio também foi fomentado pela *RAND Corporation*, que foi uma das primeiras a ver o potencial daquilo que o comandante francês Roger Trinquier chamou de "guerra moderna" ou de "perspectiva francesa da contrainsurgência". Ela forneceu, nas palavras de um de seus principais estudiosos, o historiador Peter Paret, um contrapeso vital "no outro lado do espectro em relação aos mísseis e à bomba de hidrogênio".[35]

Assim como a estratégia em torno das armas nucleares, o modelo de contrainsurgência surgiu da combinação estratégica entre teoria dos jogos e teoria dos sistemas. Contudo, diferentemente da estratégia nuclear, que foi, em primeiro lugar, uma resposta à União Soviética, a contrainsurgência se desenvolveu em resposta a outro formidável teórico dos jogos: Mao Tsé-Tung. Em virtude disso, o momento formativo para teoria da contrainsurgência não era o do confronto nuclear que caraterizou a Crise dos Mísseis de Cuba, mas o momento anterior, o da Guerra Civil Chinesa que levou Mao à vitória em 1949 – especificamente quando ele transformou as táticas de guerrilha em uma guerra revolucionária que derrubou o regime político. Os métodos e as práticas centrais da guerra de contrainsurgência foram aprimorados em resposta às estratégias de Mao e às lutas anticoloniais que se seguiram no sudeste da Ásia, no Oriente Médio e no norte da África, as quais imitavam o método de Mao.[36] Essas lutas pela

35 Roger Trinquier, *Modern Warfare: A French View of Counterinsurgency* [1961], trad. Daniel Lee (New York, Frederick A. Praeger, 1964) [ed. original: *La Guerre Moderne* (Paris, Editions de La Table ronde, 1961)]; e Peter Paret, *French Revolutionary Warfare from Indochina to Algeria: The Analysis of a Political and Military Doctrine*, vol. 6, Princeton Studies in World Politics (New York, Frederick A. Praeger, 1964), p. 5.

36 Ver Gérard Chaliand, *Guerrilla Strategies: An Historical Anthology from the Long March to Afghanistan* (Berkeley, University of California Press, 1982), p. 7. O autor argumenta, fundamentalmente, que Mao foi o teórico que inventou a guerra revolucionária: "A questão é que *a guerrilha é uma tática militar destinada a intimidar um*

independência formaram o solo fértil para o desenvolvimento e aperfeiçoamento da guerra não convencional.

Na entrada do século XXI, quando George W. Bush declarou "guerra ao terrorismo" na sequência do 11/9, a guerra de contrainsurreição já se encontrava bem desenvolvida e amadurecida.[37] E com a espetacular ascensão do general norte-americano David Petraeus, a teoria da contrainsurgência passou a dominar a estratégia militar dos EUA. Hoje, dada a geopolítica do século XXI, a guerra moderna substituiu o paradigma militar das guerras em grandes campos de batalha do século passado.

A guerra de contrainsurgência tem sido uma das inovações mais significativas do período pós-Segunda Guerra Mundial, em termos de política contemporânea. Pensando melhor, foi Mao, e não a URSS, o inimigo mais importante e duradouro. Foi ele quem transformou a guerra em política – ou, mais precisamente, quem mostrou a todos nós como a guerra moderna poderia se transformar em uma forma de governar. Talvez somente em retrospectiva, no pós-11/9, é que possamos de fato compreender inteiramente as implicações da teoria da contrainsurgência em seus primórdios.

adversário, enquanto a guerra revolucionária é um meio militar pelo qual se derruba um regime político" (grifo original). Ver também Ann Marlowe, *David Galula: His Life and Intellectual Context*, SSI Monograph, ago. 2010, p. 27: <https://apps.dtic.mil/sti/pdfs/ADA527770.pdf>. Segundo a autora, "Mao é crucial para a história da teoria da contrainsurgência" ou, de forma mais simples, "Mao produziu a contrainsurgência como teoria".

37 Richard Stevenson, "President Makes It Clear: Phrase Is 'War on Terror,'" *New York Times*, 4 ago. 2005: <https://www.nytimes.com/2005/08/04/politics/president-makes-it-clear-phrase-is-war-on-terror.html>.

1. A CONTRAINSURGÊNCIA É POLÍTICA

O modelo de contrainsurgência pode ser traçado através de várias genealogias diferentes. Uma delas leva ao domínio colonial britânico na Índia e no sudeste da Ásia, às insurgências que lá ocorreram e à eventual reutilização e modernização britânica da estratégia de contrainsurgência na Irlanda do Norte e na Bretanha, no auge das lutas pela independência do Exército Republicano Irlandês. Essa primeira genealogia baseia-se fortemente nos escritos do teórico da contrainsurgência britânica Sir Robert Thompson, o arquiteto-chefe das estratégias antiguerrilha da Grã-Bretanha na Malásia, de 1948 a 1959. Outra genealogia remonta à experiência colonial norte-americana nas Filipinas, no início do século XX. Outras remetem a Trotsky e Lênin na Rússia [1905-1917], a Lawrence da Arábia durante a Revolta Árabe [1916-1918] ou até mesmo ao levante espanhol contra Napoleão [1808-1813] – todos mencionados, ainda que brevemente, no manual de campo de contrainsurgência do general Petraeus. Genealogias alternativas remontam às teorias políticas de Montesquieu ou John Stuart Mill, enquanto outras, à Antiguidade e aos trabalhos de Políbio, Heródoto e Tácito.[38]

No entanto, o antecedente mais direto da guerra de contrainsurreição adotada pelos Estados Unidos após o 11/9 foi a resposta militar francesa entre o final da década de 1950 e o início da década de 1960 às guerras anticoloniais na Indochina e na Argélia. Essa genealogia passa por três figuras importantes – o historiador Peter Paret e os comandantes franceses David Galula e Roger Trinquier – e, por meio delas, remonta à de Mao Tsé-Tung. Foi a ideia deste, da natureza política da contrainsurgência, que se mostrou tão influente nos Estados Unidos. A maneira como ele politizou a guerra volta para nos assombrar hoje. A influência francesa também plantou as sementes de uma

38 Ganesh Sitaraman, *The Counterinsurgent's Constitution: Law in the Age of Small Wars* (New York, Oxford University Press, 2013), p. 3, 165; e Gérard Chaliand, *Guerrilla Strategies* [1982], p. 1.

tensão entre brutalidade e legalidade, a qual assolaria as práticas de contrainsurgência até o presente – pelo menos até os Estados Unidos descobrirem ou redescobrirem uma maneira de resolver essa tensão legalizando a brutalidade.

No final dos anos 1950, Peter Paret, na época um jovem doutorando em história militar, estudando na Universidade de Londres sob a supervisão de Sir Michael Howard (um dos maiores historiadores militares da Grã-Bretanha), interessou-se pelas novas táticas militares francesas que estavam sendo desenvolvidas e implementadas em resposta ao que se tornou conhecido como "*la guerre révolutionnaire*" [a guerra revolucionária]. Paret acabaria se tornando um historiador formidável, mais conhecido por sua pesquisa sobre Carl von Clausewitz. Professor da Escola de Estudos Históricos do Instituto de Estudos Avançados de Princeton, tornou-se particularmente reconhecido nos círculos de estudos estratégicos como o editor da segunda edição de *Makers of Modern Strategy from Machiavelli to the Nuclear Age* [Os criadores da estratégia moderna: de Maquiavel à Era Nuclear], que continua sendo um clássico no ensino da história da estratégia militar. Contudo, como jovem acadêmico, Paret foi uma das primeiras pessoas nos Estados Unidos a descobrir, traduzir e popularizar a doutrina francesa da guerra de contrainsurgência.

Paret praticamente cunhou o termo "guerra revolucionária" para os norte-americanos no início dos anos 1960. Ele foi apresentado aos princípios centrais da guerra revolucionária insurgente, em suas próprias palavras, "durante uma estada na França em 1958". Ele escreveu pela primeira vez sobre isso em um artigo de 1959 intitulado "*The French Army and 'La Guerre Révolutionnaire'*", [O Exército Francês e a Guerra Revolucionária], publicado no *Journal of the Royal United Service Institution*. A partir desses primeiros escritos, Paret desenvolveu um fascínio pela nova abordagem militar e, como colaborador frequente dos estudos de política mundial em Princeton, constantemente dava destaque às mais recentes estratégias e debates em torno da teoria e prática da contrainsurgência.[39]

Em seu livro *French Revolutionary Warfare from Indochina to Algeria: The Analysis of a Political and Military Doctrine* [Guerra Revolucionária Francesa da Indochina à Argélia: a análise de

39 Peter Paret, "The French Army and *La Guerre Révolutionnaire*", *Journal of the Royal United Service Institution*, 1 fev. 1959, p. 59-69; e Peter Paret, *French Revolutionary Warfare* [1964], p. v.

uma doutrina política e militar], publicado em 1964, Paret examinou tanto os princípios da insurgência revolucionária, que os insurgentes anticoloniais estavam desenvolvendo na Indochina e no norte da África, como a doutrina emergente de guerra *contra*rrevolucionária que os comandantes franceses estavam aperfeiçoando no local. Na visão de Paret – compartilhada por muitos acadêmicos e profissionais na época – as estratégias revolucionárias tinham sua origem nos escritos e práticas de Mao Tsé-Tung. A maior parte dos pioneiros franceses dos métodos contrarrevolucionários recorreu a Mao para se orientar e o fizeram desde o início – por exemplo, em 1952, o general Lionel-Max Chassin, que ao publicar *La conquête de la Chine par Mao Tsé-Tung (1945–1949)* [A conquista da China por Mao Tsé-Tung (1945-1949)], lançou as bases para a teoria da guerra moderna.[40]

Um princípio fundador da insurgência revolucionária – ao qual Paret referiu-se como "a principal lição" ensinada por Mao – era que "uma força inferior poderia vencer um exército moderno desde que conseguisse ganhar, pelo menos, o apoio tácito da população na área em disputa".[41] A ideia central era a de que a batalha militar era menos decisiva do que a luta política em relação à lealdade e à fidelidade das massas: a guerra é travada em torno da população, por ela, ou, nas palavras de Mao, "o exército não pode existir sem o povo".[42]

Como resultado dessa interdependência, os insurgentes tinham que tratar bem a população para obter seu apoio. Em relação a isso, Mao formulou desde o princípio, em 1928, suas "oito recomendações" para os quadros do exército:

1. Conversar com as pessoas de maneira educada.
2. Proceder com honestidade nas transações comerciais.
3. Devolver tudo o que for emprestado pelo povo.
4. Pagar por qualquer coisa que tenha sido danificada.

40 Peter Paret, *French Revolutionary Warfare* [1964], p. 7; Marnia Lazreg, *Torture and the Twilight of Empire: From Algiers to Baghdad* (Princeton, Princeton University Press, 2008), p. 19; Anne Marlowe, *David Galula* [2010], p. 1. Para uma análise aprofundada da recepção de Mao entre os comandantes franceses da época, ver Gray Anderson, "Revolutionary Warfare after 1945: Prospects for an Intellectual History", apresentado na *CHESS-ISS Conference*, "War and Its Consequences", na Universidade de Yale, em 13 fev. 2015 (documento de trabalho em posse do autor, 19 jun. 2015).

41 Peter Paret, *French Revolutionary Warfare* [1964], p. 7.

42 S. M. Chiu, "Chinese Communist Revolutionary Strategy, 1945–1949: Extracts from Volume IV of Mao Tse-Tung's *Selected Works*", Center of International Studies, Research Monograph 13, 15 dez. 1961, p. 45.

5. Não agredir nem repreender as pessoas.
6. Não danificar as lavouras.
7. Não molestar as mulheres.
8. Não maltratar os prisioneiros de guerra.[43]

Dois outros princípios foram centrais para a doutrina revolucionária de Mao: primeiro, a importância de ter uma estrutura unificada de poder político e militar que consolidasse, nas mesmas mãos, considerações políticas e militares; e segundo, a importância da guerra psicológica. Mais especificamente, como Paret explicou, "medidas psicológicas adequadas poderiam criar e manter a coesão ideológica entre combatentes e seus partidários civis".[44]

A guerra revolucionária, na visão de Paret, resumia-se a uma simples equação: *combate de guerrilha + guerra psicológica = guerra revolucionária.*[45] Ele sustentava que muitas estratégias revolucionárias deviam ser postas sob a rubrica de guerra psicológica, incluindo, numa ponta do espectro, ataques terroristas destinados a impressionar a população em geral e, na outra ponta, intervenções diplomáticas em organizações internacionais. Em todas essas estratégias, o foco estava na população e o meio era a psicologia. Como escreveu:

> A população, de acordo com a formulação de Mao Tsé-Tung que se tornou uma das citações favoritas dos teóricos franceses, está para o exército assim como a água para os peixes. E mais concretamente, "um exército vermelho... sem o apoio da população e das guerrilhas seria um guerreiro de um braço só". A conquista – isto é, assegurar a cumplicidade – de, pelo menos, setores da população, é vista como o indispensável abre-alas para a guerra insurrecional.[46]

Ou, mais de modo mais sucinto, com base em um processo detalhado de cinco etapas, elaborado por outro analista francês: "o terreno sobre o qual a batalha principal será travada: a população".[47]

43 *Ibid.*, p. 46.

44 Peter Paret, *French Revolutionary Warfare* [1964], p. 7.

45 Peter Paret e John W. Shy, *Guerrillas in the 1960's*, vol. 1, Princeton Studies in World Politics, rev. ed. (New York, Frederick A. Praeger, 1962), p. 39.

46 Peter Paret, *French Revolutionary Warfare* [1964], p. 10-11.

47 *Ibid.*, p. 12.

É claro que nem Paret nem outros estrategistas eram tão ingênuos a ponto de achar que Mao tivesse inventado o combate de guerrilha. Paret passou boa parte de sua pesquisa rastreando os antecedentes e os experimentos iniciais da guerra insurgente e contrainsurgente. "Civis pegando em armas e lutando como rebeldes é algo tão antigo quanto a guerra", enfatizou. César teve que lidar com eles na Gália e na Germânia; os britânicos, nas colônias americanas ou na África do Sul, com os bôeres; Napoleão, na Espanha e assim por diante. De fato, como destacou Paret, o próprio termo "guerrilha" originou-se na resistência camponesa a Napoleão depois da queda da monarquia espanhola entre 1808 e 1813. O historiador desenvolveu estudos de caso sobre a resistência espanhola, bem como análises detalhadas da repressão à rebelião da Vendeia na época da Revolução Francesa entre 1789 e 1796.[48] Muito antes de Mao, Clausewitz dedicara um capítulo de sua famosa obra *Vom Kriege* [Sobre a Guerra] à guerra irregular, chamando-a de "fenômeno do século XIX"; T. E. Lawrence também escreveu e analisou as principais características da guerra irregular depois que ele mesmo liderou levantes na península árabe durante a Primeira Guerra Mundial.

Entretanto, a fim de descrever a "*guerre révolutionnaire*" dos anos 1960, os objetos de estudo mais pertinentes e pontuais foram Mao Tsé-Tung e a Revolução Chinesa. Com base nessa concepção particular da guerra revolucionária, Paret apresentou um modelo de guerra *contra*rrevolucionária. Fundamentando-se, principalmente, em práticas e teorias militares franceses, ele delineou uma estratégia de três frentes, centrada em um misto de coleta de informações, de guerra psicológica, tanto sobre a população quanto sobre os subversivos, e de tratamento severo aos rebeldes. Em *Guerrillas in the 1960's* [Guerrilhas dos anos 1960], Paret resumiu as tarefas de "ação de contraguerrilha" às seguintes:

> 1. A derrota militar das forças guerrilheiras.
> 2. A separação entre guerrilha e população.
> 3. O restabelecimento da autoridade governamental e o desenvolvimento de uma ordem social viável.[49]

48 Peter Paret e John W. Shy, *Guerrillas in the 1960's* [1962], p. 6-15, 17, 24 (NR 9), em referência a T. E. Lawrence, "The Evolution of a Revolt", *The Army Quarterly* 41 (October 1920); e Peter Paret, "Internal War and Pacification: The Vendée, 1789-1796", Research Monograph 12, Center for International Studies, Princeton University, 1961.

49 Peter Paret and John W. Shy, *Guerrillas in the 1960's* [1962], p. 40-41.

Paret enfatizou, valendo-se novamente de Mao, que a derrota militar não é suficiente. "A menos que a população tenha sido afastada da guerrilha e de sua causa, a menos que as reformas e a reeducação tenham atacado a base psicológica da ação guerrilheira, a menos que a rede política que a apoia tenha sido destruída", escreveu ele, "a derrota militar é apenas uma pausa e a luta pode facilmente eclodir novamente". Repassando as lições dos franceses no Vietnã e na Argélia, e dos britânicos na Malásia, Paret ressaltou que "as tarefas da guerra de contraguerrilha são tanto políticas quanto militares – ou até mais; os dois interagem continuamente".[50]

Assim, a tarefa central, segundo Paret, era atacar o apoio popular dos rebeldes para que "perdessem o controle sobre o povo e fossem dele isolados". Havia diferentes maneiras de conseguir isso, desde as derrotas militares amplamente divulgadas, passando pela guerra psicológica sofisticada, até o reassentamento das populações – além de outras medidas mais coercitivas. Mas, para Paret, uma medida se destacava das outras: encorajar as pessoas a formar milícias pró-governo e lutar contra os guerrilheiros. Entre as abordagens, essa tinha o maior potencial, como observa: "Uma vez que um número substancial de membros de uma comunidade comete violência em nome do governo, eles terão chegado ao ponto de quebrar permanentemente o laço entre essa comunidade e os guerrilheiros".[51] Em suma, o modelo francês de guerra contrarrevolucionária, na visão do historiador, tinha que ser entendido como o avesso da guerra revolucionária.

As principais fontes para a síntese de Paret foram os escritos e as práticas de comandantes franceses em campo, especialmente Roger Trinquier e David Galula, embora houvesse outros também.[52] Trinquier, um dos primeiros comandantes franceses a teorizar a guerra moderna com base em sua própria experiência, tinha uma formação militar singular. Atuando na Indochina

50 *Ibid.*, p. 41, 51.

51 *Ibid.*, p. 45, 49.

52 Ver Jean-Jacques Servan-Schreiber, *Lieutenant en Algérie* (Paris, Julliard, 1957); Antoine Argoud, "La guerre psychologique", *Revue de defense nationale* (March/April 1948); e Jean Nemo, "Réflexions sur la guerre subversive", 30 dez. 1958; cf. Grégor Mathias, *Galula in Algeria: Counterinsurgency Practice versus Theory*, trad. Neal Durando (Santa Barbara-CA, Praeger, 2011), p. 25-27. Sobre Argoud, ver Marnia Lazreg, *Torture and the Twilight of Empire* [2008], p. 88-93.

durante a Segunda Guerra Mundial, ele permaneceu fiel ao governo de Vichy, o que resultou em profundas tensões com o general Charles de Gaulle e outros oficiais da França Livre após a guerra.[53] Mas Trinquier foi mantido e respeitado por causa de sua expertise em antiguerrilha. Tornou-se amplamentente reconhecido, em especial por seu *estilo guerrilheiro* de táticas antiguerrilha durante a guerra na Indochina. Ele liderou unidades guerrilheiras anticomunistas no interior do território inimigo e, finalmente, em 1951, recebeu o comando sobre todas as operações de retaguarda. Segundo o correspondente de guerra Bernard Fall, ele era o "centurião" perfeito: "sobrevivera à guerra da Indochina, aprendera sobre Mao Tsé-Tung da maneira mais difícil e, mais tarde, procurou aplicar suas lições na Argélia e até mesmo na França continental".[54]

Em seu livro *La Guerre Moderne* [A Guerra Moderna],[55] publicado na França em 1961 e traduzido rapidamente para o inglês em 1964, Trinquier anunciava um novo paradigma de guerra e, ao mesmo tempo, advertia: "Desde o final da Segunda Guerra Mundial, uma nova forma de guerra nasceu. Chamado às vezes de *guerra subversiva* ou de *guerra revolucionária*, difere-se fundamentalmente das guerras do passado neste ponto: a vitória não é esperada do confronto de dois exércitos em um campo de batalha". A falha em reconhecer essa diferença, pontuava Trinquier, só poderia levar à derrota. "Nossa máquina militar", ele advertia, "lembra um operador de empilhadeira que tenta esmagar uma mosca, insistindo incansavelmente em repetir seus esforços". Ele argumentava que essa nova forma de guerra moderna demandava "um sistema interligado de ações – políticas, econômicas, psicológicas, militares", baseado em "inteligência na escala nacional". Como

53 N.E.: O governo de Vichy (1940-1944) foi o regime colaboracionista dirigido pelo marechal Philippe Pétain, instalado na França após a ocupação de Paris pelos exércitos alemães e a consecutiva rendição francesa aos nazistas, em junho de 1940. França Livre foi o governo francês no exílio em Londres, liderado pelo general Charles de Gaulle, que também reagrupou os militares franceses exilados em torno das chamadas Forças Francesas Livres. Após a derrota alemã para as forças aliadas, de Gaulle dirigiu o governo provisório francês até 1946 e, no contexto da crise política gerada pela Guerra de Independência da Argélia (1954-1962), em 1958, retornou à chefia do governo, onde permaneceu até 1969.

54 Bernard F. Fall, "A Portrait of the 'Centurion'", em Roger Trinquier, *Modern Warfare* [1961/1964], p. xiii, vii; Gray Anderson, "Revolutionary Warfare after 1945" [2015].

55 N.E.: Roger Trinquier, *La Guerre Moderne* (1961), aqui referido a partir da edição norte-americana: "*Modern Warfare: A French View of Counterinsurgency*" [1964].

enfatizava, "uma vez que a guerra moderna impõe sua presença na totalidade da população, temos que estar informados em *todos os lugares*". Informado – a fim de conhecer e atingir a população, acabando com a insurgência.[56]

O outro teórico da contrainsurgência proeminente, David Galula, que também possuía profunda experiência pessoal na Argélia, compreendeu igualmente a importância da informação total e da conquista dos corações e mentes da população em geral.[57] Ele também aprendeu com Mao – incluindo a analogia da mosca, citada na introdução de seu livro *Counterinsurgency Warfare: Theory and Practice* [Guerra de Contrainsurgência: Teoria e Prática],[58] publicado em 1964: "Na luta entre uma mosca e um leão, a mosca não pode executar um nocaute, e o leão não pode voar". No final da década de 1940, Galula estudou a fundo os escritos de Mao – em sua tradução para o inglês no *Marine Corps Gazette* – e, segundo pessoas próximas a ele, "falava sobre Mao e a guerra civil 'o tempo todo'".[59]

Dele, Galula extraiu a lição central: a de que as sociedades eram divididas em três grupos e que a chave para a vitória era isolar e erradicar a minoria ativa, a fim de obter a fidelidade das massas. Galula enfatizava, em *Counterinsurgency Warfare*, que a estratégia central da teoria da contrainsurgência "simplesmente expressa o princípio básico do exercício do poder político":

56 Roger Trinquier, *Modern Warfare* [1961/1964], p. 6, 4, 35 (grifo nosso na parte final da citação).

57 Para detalhes biográficos sobre David Galula, ver Anne Marlowe, *David Galula* [2010]; Grégor Mathias, *Galula in Algeria* [2011]; e A. A. Cohen, *Galula: The Life and Writings of the French Officer Who Defined the Art of Counterinsurgency* (Santa Barbara-CA, Praeger, 2012).

58 David Galula, *Counterinsurgency Warfare: Theory and Practice* (New York: Frederick A. Praeger, 1964). [N. E.: Apesar da origem francesa do autor, o livro – escrito entre abril de 1962 e julho de 1963, em residência de pesquisa no Center for International Affairs da universidade de Harvard – foi originalmente publicado nos Estados Unidos, em inglês. A publicação em francês só ocorreu em 2008, após o *revival* dos escritos de Galula patrocinado pelo general norte-americano David Petraeus e pela *RAND Corporation* (referidos adiante). Tal *revival* incluiu a reedição de *Counterinsurgency Warfare*, em 2005, e a publicação, no ano seguinte, do relatório *Pacification in Algeria 1956-1958* (Pacificação na Argélia, 1956-1958), escrito durante a estadia em Harvard, sob encomenda da *RAND Corporation* (e protegido como documento secreto nesse intervalo de tempo, conforme relatado adiante). Ver detalhes em Bernard Penisson, "David Galula (1919-1967)", 17 abr. 2017: <https://www.institut-jacquescartier.fr/2017/04/david-galula-1919-1967-par-bernard-penisson/>].

59 Ver a introdução ao livro de David Galula, *Counterinsurgency Warfare* [1964], p. x; Grégor Mathias, *Galula in Algeria* [2011], p. 7; e Anne Marlowe, *David Galula* [2010], p. 27.

> Em qualquer situação, seja qual for a causa, haverá uma minoria ativa com ela, uma maioria neutra e uma minoria ativa contra a causa.
>
> A técnica de poder consiste em confiar na minoria favorável para reunir a maioria neutra e neutralizar ou eliminar a minoria hostil.[60]

A batalha era pela população em geral, como enfatizava Galula em sua obra *Counterinsurgency Warfare*, e esse princípio representou a dimensão política chave de uma nova estratégia de guerra.

O general norte-americano David Petraeus começou exatamente de onde haviam parado David Galula e Peter Paret. Amplamente reconhecido como o principal pensador norte-americano e profissional da teoria da contrainsurgência – eventualmente responsável por todas as tropas da coalizão no Iraque e pelo planejamento do reforço das tropas em 2007 – o general iria refinar a lição central de Galula em um parágrafo conciso no primeiro capítulo de sua edição do *US Army and Marine Corps Field Manual 3-24* sobre contrainsurgência, publicado e extensamente divulgado em 2006. Sob o título "*Aspects of Counterinsurgency*" [Aspectos da Contrainsurgência], o manual de campo de Petraeus diz:

> Em quase todos os casos, os contrainsurgentes enfrentam uma população que contém uma minoria ativa apoiando o governo e uma facção militante igualmente pequena que se opõe a ele. O sucesso exige que o governo seja aceito como legítimo pela maior parte desse meio não comprometido, que também inclui defensores passivos de ambos os lados. (Vide Figura 1-2).[61]

A figura referenciada capta a própria essência desse modo de ver o mundo, ecoando exatamente Galula: "Em qualquer situação, seja qual for a causa". Dele e de Mao, Petraeus extraiu não apenas os fundamentos centrais da contrainsurgência, mas uma visão política

60 David Galula, *Counterinsurgency Warfare* [1964], p. 56.

61 US Department of the Army, *Counterinsurgency*, Field Manual 3-24 (Washington-DC, US Department of the Army, December 2006) (daqui em diante "FM"), p. 35. Como a autora de sua biografia, Paula Broadwell, afirma, o general Petraeus formulou o manual de campo em 2006, enquanto esteve em *Fort Leavenworth*, entre suas missões no Iraque. Tal manual receberia o apelido de "A Bíblia do Rei Davi". Paula Broadwell, *All In: The Education of General David Petraeus* (New York, Penguin Press, 2012), p. 54, 59. Ver Fred Kaplan, *The Insurgents: David Petraeus and the Plot to Change the American Way of War* (New York, Simon & Schuster, 2014).

central. Trata-se de uma teoria política, não simplesmente de uma estratégia militar. É uma visão de mundo, uma maneira de lidar com todas as situações – seja no campo de batalha ou fora dele.[62]

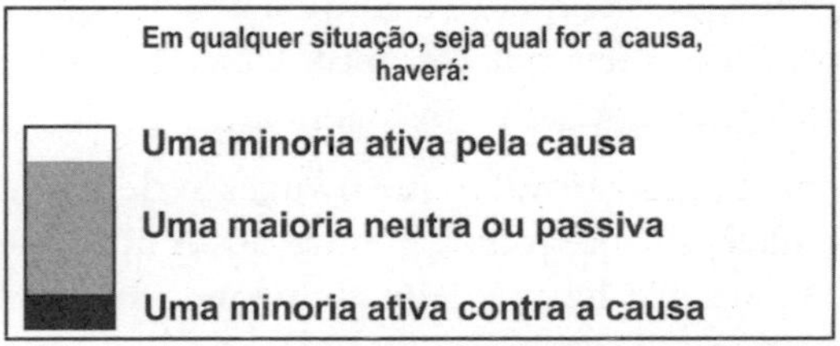

FIGURA I - 2. Apoio pela insurgência

Figura 1-2 no *Counterinsurgency Field Manual* do General Petraeus. [Adaptado]

Sobre essa base política, o manual do general Petraeus estabelece três pilares fundamentais – os quais podem ser chamados de princípios básicos da contrainsurgência.

O primeiro: a luta mais importante é pela população. Em um pequeno conjunto de diretrizes que acompanha seu manual de campo, o general Petraeus enfatiza: "O terreno decisivo é o terreno humano. As pessoas são o centro de gravidade". David Galula havia dito o mesmo: "O objetivo é a população". E continuara: "A população é, ao mesmo tempo, o terreno real da guerra".[63] Essa primeira lição foi aprendida da maneira mais árdua pelos franceses na Argélia e, mais tarde, pelos norte-americanos no Vietnã. Galula havia afirmado, em seu livro de memórias de 1963, que "o apoio da população seria a chave para todo o problema tanto para nós quanto para os rebeldes". Finalmente, a lição foi aprendida e a população em geral se tornou fundamental para a teoria da contrainsurgência. Em um breve "resumo", o manual de campo do general Petraeus enfatiza que "em sua essência, a contrainsurgência é uma luta pelo apoio da população".[64] A batalha principal, portanto, é sobre a população.

62 FM, p. 36.

63 Para o memorando de 24 pontos do general Petraeus, que orientou seu manual de campo, ver Paula Broadwell, *All In* [2012], p. 59; e David Galula, *Pacification in Algeria 1956-1958* (1963; rep. Santa Monica, *RAND Corporation*, 2006), p. 246. Ver também David Galula, *Counterinsurgency Warfare* [1964], p. 58.

64 David Galula, *Pacification in Algeria* [1963/2006], p. 69; FM, p. 51; e FM, p. 35 ("Geralmente não é suficiente para os contrainsurgentes obter 51% do apoio popular;

O segundo princípio é que a fidelidade das massas só pode ser assegurada separando a minoria revolucionária da maioria passiva e fazendo com que ela seja isolada, contida e, finalmente, eliminada. Em suas orientações complementares, o general Petraeus enfatiza: "Procure e elimine aqueles que ameaçam a população. Não deixe que eles intimidem os inocentes. Foque toda a rede, não apenas os indivíduos".[65]

O terceiro princípio central é que o sucesso depende da coleta de informações sobre toda a população. A informação total é essencial para distinguir adequadamente o amigo do inimigo e depois suprimir a minoria revolucionária. É o trabalho do serviço de inteligência [*intelligence*] – o conhecimento total da informação – que torna a contrainsurgência possível. É o que faz a diferença entre, nas palavras do manual de campo do general Petraeus, "boxeadores cegos que gastam energia em adversários invisíveis e talvez causem danos não intencionais", e, por outro lado, "cirurgiões que cortam o tecido canceroso enquanto mantêm intactos os órgãos vitais".[66]

Fortemente influenciado pelos escritos de Galula – assim como pelos do teórico da contrainsurgência britânica Sir Robert Thompson – o manual de campo de Petraeus é uma ode à teoria da contrainsurgência francesa.

"Contrainsurgência não é apenas guerra de homens pensantes — é o nível de pós-graduação da guerra", afirma a epígrafe do primeiro capítulo do manual do general Petraeus. Para ele, a obtenção desse nível de pós-graduação *foi* a estratégia da contrainsurgência francesa da década de 1960, como aduz em suas mais teóricas manifestações. Com base em sua ampla experiência, o general Petraeus gravitou em torno desses primeiros escritos e evidenciou a natureza política da batalha.

Os breves "Agradecimentos" do manual, colocados logo após a assinatura do autor, referem-se a apenas dois livros: *Counterinsurgency Warfare: Theory and Practice* de David Galula e *Defeating*

uma maioria sólida é muitas vezes essencial. No entanto, uma população passiva pode ser tudo que é necessário para que uma insurgência bem apoiada assuma o poder político"); e David C. Gompert e John Gordon, *War by Other Means: Building Complete and Balanced Capabilities for Counterinsurgency* (Santa Monica, RAND, 2008), p. 76 ("As pessoas decidirão se o Estado ou os insurgentes oferecem um futuro melhor e, em grande medida, a qual dos dois será dada a chance").

65 Citado em Paula Broadwell, *All In* [2012], p. 59.

66 FM, p. 41.

Communist Insurgency: The Lessons of Malaya and Vietnam de Robert Thompson, ambos de meados dos anos 1960.

O primeiro capítulo do manual segue o exemplo do livro de Galula e, praticamente parafraseando o comandante francês, ressalta a primazia dos fatores políticos na contrainsurgência. "O general Chang Ting-Chen, do comitê central de Mao Tsé-Tung, afirmou certa vez que a guerra revolucionária consistia em 80% de ação política e apenas 20% de ação militar", diz o manual. Em seguida, adverte: "No início de uma operação de contrainsurgência, as ações militares podem parecer predominantes, já que as forças de segurança realizam operações para proteger a população e matar ou capturar insurgentes; no entanto, *os objetivos políticos devem guiar a abordagem militar*".[67]

O capítulo dois abre com uma epígrafe tirada do livro de David Galula: "Por mais importante que seja, a ação militar é secundária à política, seu objetivo principal é dar ao poder político liberdade suficiente para trabalhar em segurança com a população". O manual de campo volta a mencionar Galula várias páginas depois, afirmando como "David Galula sabiamente observa" que o soldado deve se concentrar temporariamente em tarefas civis. "A última frase de Galula é importante", enfatiza o manual de Petraeus. Redirecionar as forças armadas às suas principais tarefas militares deve ser apenas temporário, "ação que deve ser tomada para abordar circunstâncias urgentes".[68]

A influência de Galula é evidente em toda parte. Como observa o tenente-coronel John Nagl, membro da equipe que ajudou a escrever o manual: "Dos muitos livros que foram determinantes para a redação do *US Army and Marine Corps Field Manual 3-24*, talvez nenhum tenha sido tão importante quanto o *Counterinsurgency Warfare: Theory and Practice*, de David Galula". O historiador Grégor Mathias relata que o general Petraeus "encorajava os oficiais que serviam no Iraque e no Afeganistão a ler [o livro de Galula]".[69] O próprio general Petraeus iria mais tarde se referir a

67 FM, p. 39-40, citando David Galula, *Counterinsurgency Warfare* [1964], p. 89 (grifo nosso).

68 FM, p. 53, citando David Galula, *Counterinsurgency Warfare* [1964]; p. 68; FM, p. 150 (citação de Sir Robert Thompson, *Defeating Communist Insurgency*, p. 171). Na edição da *University of Chicago Press* de 2006, os agradecimentos vêm depois da assinatura e do prefácio; na versão *online*, há o índice entre eles.

69 John A. Nagl, prefácio do *The U.S. Army/Marine Corps Counterinsurgency Field Manual* (Chicago, University of Chicago Press, 2007), p. xix; e Sarah Sewell, introdução ao *The U.S. Army/Marine Corps Counterinsurgency Field Manual*, p. xxiv. O

Galula como "o Clausewitz da contrainsurgência" e à sua *Counterinsurgency Warfare* [Guerra Contrainsurgente] como "o maior livro escrito sobre guerra não convencional". Petraeus acrescentou que, visto deste lado do Atlântico, Galula era "o mais ilustre estrategista francês do século XX".[70]

E por meio de Galula, a sombra de Mao Tsé-Tung se aproxima do manual de Petraeus.[71] O *insight* central de Mao – em relação à natureza política da contrainsurgência – é fundamental. O manual disseca a estratégia de Mao, tal como foi aplicada durante a Guerra Civil Chinesa, no Vietnã e em outros lugares – "o enfoque maoísta, ao modo foquista de Che Guevara, e as abordagens urbanas da insurgência". Depois de analisar os diferentes tipos de abordagens insurgentes, o manual entra em uma longa exegese sobre **"A teoria da guerra popular prolongada de Mao Tsé-Tung"**[72] (grifo no original) e descreve as três fases da estratégia de insurgência política e militar. O manual detalha, em duas páginas e meia, as diferentes fases da estratégia maoísta. Em seguida, elabora as táticas de *dau tranh* ("luta") do Vietnã do Norte, que "oferece outro exemplo de aplicação da estratégia de Mao". O capítulo cinco contém uma história da derrota de Chiang Kai-Shek para a insurgência comunista liderada por Mao, ressaltando sua

manual de campo de Petraeus "incorpora o *insight* do guru da contrainsurgência francesa David Galula" (Grégor Mathias, *Galula in Algeria* [2011], p. xiii).

70 O desenvolvimento de Petraeus dessa avaliação está contido no prefácio da tradução francesa de 2008 de *Counterinsurgency Warfare* de Galula. David Petraeus e John Nagl, prefácio de *Contre-insurrection: théorie et pratique*, trad. Philippe de Montenon (Paris, Economica, 2008). Para uma análise mais aprofundada, ver Grégor Mathias, *Galula in Algeria* (2011), p. xiii; e A. A. Cohen, *Galula* (2012), p. xviii. Muitos profissionais e teóricos de contrainsurgência concordam hoje com a avaliação do general Petraeus sobre a importância e a influência de Galula, incluindo o general Stanley A. McChrystal, que comandou todas as forças dos EUA e da OTAN no Afeganistão de 2009 a 2010; o general francês Ollivier, chefe do centro estratégico do exército francês (*Centre de doctrine d'emploi des forces* ou CDEF); e o especialista em contrainsurgência americano David H. Ucko. Cf. Grégor Mathias, *Galula in Algeria* (2011), p. xiii e 111, nota 2; Bertrand Valeyre e Alexandre Guérin, "De Galula à Petraeus, L'héritage français dans la américaine de la contre-insurrection", *Cahier de la recherché doctrinale* (junho de 2009); e David H. Ucko, prefácio de *Galula in Algeria* por Grégor Mathias, xi.

71 Alguém poderia pensar que estava lendo o livro do historiador intelectual Richard Wolin, *The Wind from the East: French Intellectuals, the Cultural Revolution and the Legacy of the 1960s* (2010), que traça a influência do pensamento de Mao sobre os intelectuais franceses como Michel Foucault, Jean-Paul Sartre, Julia Kristeva, Phillipe Sollers e Jean-Luc Godard. Talvez devêssemos acrescentar a essa lista o general David Petraeus.

72 N.T.: Cf. Mao Tsé-Tung, *Obras escolhidas de Mao-Tsé Tung*, Tomo II (Pequim, Edições do Povo, ago. 1952).

estratégia equivocada ao defender apenas os centros financeiros e industriais costeiros. O último capítulo analisa as teorias da logística de Mao e estabelece a sua importância para a teoria da contrainsurgência: "Mao acreditava que a retaguarda do inimigo era o *front* das guerrilhas; a vantagem das guerrilhas era que elas não tinham uma retaguarda logística discernível".[73]

O resultado é que o manual de campo do general Petraeus e suas recomendações às vezes soam como se tivessem sido escritas pelo próprio Mao Tsé-Tung. É possível ouvir as palavras de Mao na véspera de sua partida para negociar com Chiang Kai-Shek, em 1945: "Devemos sistematicamente conquistar a maioria, opormo-nos à minoria e derrotar [o inimigo] um por um".[74] Ou, talvez, as palavras de Mao, em 1946: "A fim de esmagar [a oposição]... devemos cooperar estreitamente com o povo, e devemos conquistar todos aqueles que podem ser conquistados... devemos tentar conquistar todos aqueles que podem ser contrários à guerra e isolar os amantes da guerra". Ou, ainda, suas palavras em 1947: "devemos cumprir com determinação e persistência a política de conquistar as massas, dando-lhes alguns benefícios para que elas venham para o nosso lado. Só quando conseguirmos realizar essas... coisas, a vitória será nossa".[75] Mao é o fantasma que assombra o manual de campo de Petraeus.

O general descobriu, e, sobretudo, popularizou a lição central de Mao Tsé-Tung: a *guerra de contrainsurgência é política*. É uma estratégia para conquistar as pessoas. É uma estratégia para governar. E é bastante revelador que um trabalho tão devedor de Mao e dos pensadores coloniais franceses da metade do século tenha se tornado tão influente no pós-11/9. O manual de Petraeus continha um roteiro para um novo paradigma de governo. À medida que se dispersa a névoa do 11/9, torna-se cada vez mais claro o impacto que Mao tem em nosso governo do si e dos outros nos dias de hoje.

73 FM, p. 7; 11–13; 13, 14; 11; 159; 258.

74 Carta de Mao Tsé-Tung, 26 de agosto de 1945, em *Mao Tse Tung Hsuan Chi*, vol. 4 (Peking, Jen Min Chu Pan She, 1960), p. 1151-154, reproduzida em S.M. Chiu, "*Chinese Communist Revolutionary Strategy, 1945–1949: Extracts from Volume IV of Mao Tse-tung's Selected Works*", Centro de Estudos Internacionais, Research Monograph 13, 15 dez. 1961, p. 10-11. Ver também Mao Tsé-Tung, "Questions of Tactics in the Present Anti-Japanese United Front", *Selected Works*, vol. 3 (London, Lawrence & Wishart, Ltd, 1954), p. 193-203.

75 Chiu, *Chinese Communist Revolutionary Strategy, 1945–1949*, p. 29, 31.

2. UM PARADIGMA COM A FACE DE *JANUS*[76]

O paradigma político da guerra moderna existiu em duas variações: uma, explicitamente mais brutal, e, a outra, mais legalista. A tensão entre ambas aparecia reiteradamente – assolando a prática contrainsurgente, como modo de governar, por décadas.

O teórico da versão mais violenta foi Roger Trinquier, autor daquele primeiro tratado – *La Guerre Moderne*. Ele, é claro, compartilhava muitos princípios centrais com seus colegas. Também acreditava que o objetivo mais vital era obter a lealdade da população civil: "As táticas e estruturas militares podem ser muito boas e adequadas", escreve Trinquier, "mas elas são completamente inúteis quando se perde a confiança da população junto a qual se está lutando". Embora todos concordassem com a importância de ganhar a confiança da população, discordavam sobre *como* alcançar esse objetivo. Trinquier e alguns outros comandantes franceses na Argélia, como o general Paul Aussaresses, resolveram o dilema seguindo ao pé da letra o conselho de Maquiavel: "É muito mais seguro ser temido do que amado, se você não pode ser ambos".[77]

Trinquier tinha uma visão cruelmente realista de seus inimigos, resultando em um método de guerra implacável e impiedoso. Ele acreditava que o terrorismo era a estratégia mais eficaz dos

76 N.E.: *Janus-faced*, no original. De uso corrente na língua inglesa, a expressão diz respeito à presença, em algo ou alguém, de dois aspectos ou características fortemente contrastantes ou contraditórias (em português, poderia ser vertida como "face dupla"). Deriva daí uma segunda acepção, como sinônimo de insinceridade ou desonestidade (neste caso correspondente ao uso habitual de "duas caras", em português). Em todo caso, a referência ao antigo deus romano Jano (*Janus*, em latim; tradicionalmente representado com duas faces contrapostas) carrega ecos simbólicos notáveis: como divindade dos inícios e dos fins, das passagens e das portas que abrem e fecham – em suma, da mudança e das transições de um estado a outro –, a Jano era atribuída a regulação da paz e da guerra; na Roma antiga, os portões de uma edificação erigida em sua homenagem ficavam abertos durante a guerra e eram fechados em tempos de paz.

77 Roger Trinquier, *La guerre moderne* [1961] / *Modern Warfare* [1964]; Bernard F. Fall, "A Portrait of the 'Centurion'" [1964], p. ix; e Machiavelli, *The Prince* [1532], trad. Quentin Skinner e Russell Price (Cambridge: Cambridge University Press, 1988), p. 59 (tradução modificada) [ed. bras.: Nicolau Maquiavel, *O Príncipe*, trad. Maurício Santana Dias (São Paulo, Penguin, 2010)].

insurgentes. "Sabemos que a condição *sine qua non* da vitória na *guerra moderna* é o apoio incondicional da população", escreveu ele. "Se ele não existe, deve ser garantido por todos os meios possíveis, sendo o mais eficaz o *terrorismo*". A única maneira de enfrentá-lo, argumentou, seria com "a completa destruição" do grupo insurgente. Esse, enfatizava, era "o conceito mestre que deve nos guiar em nosso estudo da *guerra moderna*".[78] E isso implicava usar todos os meios necessários – incluindo tortura e desaparecimentos.

Na opinião de Trinquier, o terrorismo não era um meio à disposição da guerrilha de oposição. Depois de ter discutido a fundo os atos terroristas e de tortura ministrados pela *Front de libération nationale* (FLN)[79] [Frente de Libertação Nacional] na Argélia, Trinquier concluiu: "Na *guerra moderna*, assim como nas guerras tradicionais do passado, é absolutamente essencial fazer uso de todas as armas empregadas pelo inimigo. Não o fazer seria absurdo... Se, como os cavaleiros de antigamente, nosso exército se recusasse a empregar todas as armas da *guerra moderna*, não poderia mais cumprir sua missão. Não haveria mais defesa. Nossa independência nacional, a civilização que prezamos, nossa própria liberdade provavelmente pereceria".[80]

Na obra *La Guerre Moderne*, Trinquier admitiu – de maneira discreta, mas resoluta – a tortura. Os interrogatórios e tarefas afins eram consideradas trabalho policial, em oposição às operações militares, mas tinham exatamente a mesma missão: a completa destruição do grupo insurgente. Ao discutir o interrogatório típico de um detento, capturado e suspeito de pertencer a uma organização terrorista, Trinquier escreveu: "Nenhum advogado está presente em tal interrogatório. Se o preso fornecer as informações solicitadas, o interrogatório será rapidamente encerrado; se não, os especialistas devem forçá-lo à quebra do sigilo. Então, como soldado, ele deve enfrentar o sofrimento e, quem sabe, mesmo a morte, que porventura ele tenha conseguido evitar, até então". Trinquier descreveu especialistas forçando suspeitos a falar usando métodos científicos que não prejudicavam a "integridade dos indivíduos", mas era claro

78 Roger Trinquier, *Modern Warfare* [1961/1964], p. 8–9.

79 N.T.: Partido revolucionário argelino, formado em 1954 a partir da fusão de organizações menores, com o objetivo de obter a independência da Argélia frente à dominação francesa. De 1958 até 1962 constituiu um governo provisório, com quem a França foi obrigada a negociar sua capitulação na guerra de independência, tornando-se, então o governo oficial.

80 *Ibid.*, p. 113, 115.

o que esses métodos "científicos" implicavam.[81] Como o correspondente de guerra Bernard Fall sugere, a situação política na Argélia ofereceu a Trinquier a oportunidade de desenvolver "uma lógica cartesiana" para justificar o uso da tortura na guerra moderna.[82]

Comandantes com semelhante opinião apoiaram o uso de tortura, detenção por tempo indeterminado e execuções sumárias. E não fizeram mistério sobre isso.

Em seu relato autobiográfico *Services Spéciaux. Algérie, 1955-1957* [Serviços Especiais: Argélia, 1955-1957], publicado em 2001, o general Paul Aussaresses admite que os métodos brutais eram a pedra angular de sua estratégia militar.[83] Esclarece que sua abordagem da contrainsurgência assentava-se em uma estratégia de três eixos: primeiro, o trabalho dos serviços de inteligência; segundo, a tortura; e, terceiro, as execuções sumárias. A função da inteligência era essencial porque a estratégia dos rebeldes na Argélia consistia em se infiltrar e se integrar à população, de modo a ficarem complemente inseridos, para depois envolver gradualmente a população na luta. Combater essa estratégia insurgente exigia informação [*intelligence*] – a única maneira de separar os perigosos revolucionários das massas passivas – e, depois, repressão violenta. "O primeiro passo foi enviar as equipes de limpeza, das quais eu fazia parte", escreve Aussaresses. "Os líderes rebeldes tinham que ser identificados, neutralizados e eliminados discretamente. Buscando informações sobre os líderes da FLN, conseguiria automaticamente capturar os rebeldes e fazê-los falar".[84]

Os rebeldes eram obrigados a falar mediante a tortura. Aussaresses acreditava firmemente que a tortura era a melhor maneira de extrair informações. Também servia para aterrorizar a minoria radical e, no processo, reduzi-la. A prática de tortura foi "amplamente usada na Argélia", reconhece o general. Não em todos os prisioneiros, pois muitos falavam voluntariamente. "A tortura era usada apenas quando um prisioneiro se recusava a falar ou negava o óbvio".[85]

81 *Ibid.*, p. 43, 2-22, 23.

82 Bernard F. Fall, "*A Portrait of the 'Centurion'*" [1964], p. xv.

83 Général Paul Aussaresses, *Services Spéciaux. Algérie 1955-1957* (Paris, Perrin, 2001); idem, *The Battle of the Casbah: Terrorism and Counter-Terrorism in Algeria 1955-1957* (New York: Enigma Books, 2004); ver também Gérard Chaliand, *Guerrilla Strategies* [1982], p. 29.

84 Paul Aussaresses, *The Battle of the Casbah* [2004], p. 13; e *Services Spéciaux* [2001], p. 26.

85 Paul Aussaresses, *The Battle of the Casbah* [2004], p. 128; e *Services Spéciaux*

Aussaresses alega que a tortura lhe foi apresentada na Argélia pelos policiais locais, que a usavam regularmente – mas ele rapidamente a incorporou em sua rotina. "Sem a menor hesitação", escreve ele, "os policiais mostraram-me a técnica usada para interrogatórios 'extremos': primeiro, uma surra, que na maioria dos casos era suficiente; depois, outros meios, como choques elétricos, conhecidos como *'gégène'*;[86] e finalmente água". Conforme a explicação do general: "A tortura por choque elétrico foi possível graças aos geradores usados para alimentar os transmissores de rádio de campo, que eram extremamente comuns na Argélia. Os eletrodos eram presos às orelhas ou testículos do prisioneiro, depois cargas elétricas de intensidade variável eram ligadas. Era um procedimento aparentemente bem conhecido, e presumi que os policiais em Philippeville [na Argélia] não o tinham inventado"[87] (métodos similares foram, de fato, usados anteriormente na Indochina).

Aussaresses não poderia ter sido mais claro:

> Os métodos que usei eram sempre os mesmos: espancamentos, choques elétricos e, em particular, tortura com água, que era a técnica mais perigosa para o prisioneiro. Nunca durava mais de uma hora e os suspeitos falavam, na esperança de salvar suas próprias vidas. Assim, ou logo falavam ou não falavam absolutamente.

O historiador francês Benjamin Stora confirma o uso generalizado da tortura. Relata que na Batalha de Argel, sob o comando do general Jacques Massu, os paraquedistas realizavam detenções em massa e "praticavam tortura" usando "eletrodos [...] mergulhados em banheiras, espancamentos". O próprio general Massu, mais tarde, reconheceria o uso da tortura. Numa crítica que escreveu em 1971 para refutar o filme *A Batalha de Argel* (de Gillo Pontecorvo, 1966), Massu descreveu a tortura como "uma cruel necessidade".[88] Segundo Aussaresses, a tortura era tolerada

[2001], p. 155.

86 N.T.: *Gégène* é uma técnica de tortura em que uma máquina produzia eletrochoques a partir da rotação de uma manivela. No Brasil foi utilizada durante a ditadura militar e era conhecida pelos nomes "pimentinha" ou "maricota". A descarga elétrica aumentava conforme a rotação e, além de provocar queimaduras e convulsões, fazia com que a pessoa torturada mordesse sua própria língua, devido à força das descargas elétricas.

87 Paul Aussaresses, *The Battle of the Casbah* [2004], p. 19-20; e *Services Spéciaux* [2001], p. 34. A citação do bloco a seguir refere-se à página 128 (p. 155-156 no original).

88 Benjamin Stora, *Algeria 1830-2000: A Short History*, trad. Jane Marie Todd (Ithaca-NY,

nos mais altos escalões do governo francês. "Quanto ao uso de tortura", sustenta Aussaresses, "foi tolerado, se não efetivamente recomendado. François Mitterrand, como ministro da Justiça, tinha no juiz Jean Bérard um representante *de facto* junto ao general Masu. Bérard acobertava nossas ações e sabia exatamente o que acontecia durante a noite. Eu tinha um excelente relacionamento com ele, sem nada a esconder".[89]

Depois da tortura, no arsenal de Aussaresses, vinham as execuções sumárias. O general não minimiza seu uso, nem o fato de que foram aprovadas nos mais altos escalões do governo francês. "Ao pedir aos militares para restabelecer a lei e a ordem dentro da cidade de Argel, as autoridades civis haviam implicitamente aprovado a realização de execuções sumárias", escreve ele. "A cada vez que sentíamos que era necessário receber instruções mais explícitas, a prática em questão era sempre claramente aprovada". Na verdade, Aussaresses acredita firmemente, a partir de suas conversas pessoais com o general Massu, que havia recebido sinal expresso de que execuções sumárias eram aprovadas pelo governo do primeiro-ministro Guy Mollet: "Quando matamos aqueles [12] prisioneiros, não tínhamos dúvidas de que estávamos seguindo as ordens diretas de Max Lejeune, que fazia parte do governo de Guy Mollet e agia em nome da República Francesa".[90]

Insurgentes suspeitos, culpados ou inocentes, tinham que ser eliminados. Uma pessoa que, ao cabo, não tivesse informações era tão perigosa quanto alguém que houvesse confessado, já que o processo de interrogatório colocaria qualquer pessoa contra o governo francês. Aussaresses explica:

> Raramente os prisioneiros interrogados durante a noite ainda estavam vivos na manhã seguinte. Confessos ou não, eram geralmente neutralizados. Era impossível mandá-los de volta ao sistema judicial, havia muitos deles e a máquina da justiça ficaria entupida de casos,

Cornell University Press, 2001), p. 50. Marnia Lazreg, em seu livro minuciosamente pesquisado, *Torture and the Twilight of Empire*, oferece talvez o mais detalhado e assombroso relato da etnografia completa da tortura na Argélia. Ver Marnia Lazreg, *Torture and the Twilight of Empire* [2008], p. 111-169. General Jacques Massu, *The Real Battle of Algiers*, citado em Michael T. Kaufman, "The World: Film Studies; What Does the Pentagon See in 'Battle of Algiers'?", *New York Times*, 7 set. 2003.

89 Paul Aussaresses, *The Battle of the Casbah* [2004], p. 128; e *Services Spéciaux* [2001], p. 155.

90 Paul Aussaresses, *The Battle of the Casbah* [2004], p. 124, 126; e Aussaresses *Services Spéciaux* [2001], p. 151, 153.

> deixando por completo de funcionar. Além disso, muitos dos prisioneiros provavelmente teriam conseguido evitar algum tipo de punição.[91]

Isso também é confirmado pelo historiador Benjamin Stora, que relata ter havido cerca de 3.024 desaparecimentos na Argélia.[92]

Aussaresses, de sua parte, atribuía legitimidade à violência: "Acho que nunca torturei ou executei pessoas inocentes". Dizia isso, em parte, porque entendia a culpa como algo extensamente imputável. Pois, segundo ele, pelo menos 20 pessoas estariam envolvidas, em diferentes níveis, num ataque a bomba – desde o fabricante da bomba até o motorista, o vigia etc.. E, buscando contrastar com os terroristas, Aussaresses alega: "Eu nunca lutei contra civis e nunca feri crianças. Estava lutando contra homens que fizeram suas próprias escolhas".[93]

Tanto para Aussaresses como para Roger Trinquier, a tortura e os desaparecimentos eram simplesmente um subproduto inevitável de uma insurgência – inevitável em *ambos* os lados da luta. Como o terrorismo estava inscrito na estratégia revolucionária, ele também deveria ser usado em sua repressão. Em um fascinante debate televisionado em 1970 com o líder da FLN e produtor da *A Batalha de Argel*, Saadi Yacef, Trinquier afirmou com segurança que a tortura era simplesmente uma parte necessária e inevitável da guerra moderna. Vai haver tortura – os insurgentes sabem disso. Na verdade, eles esperam por isso. Esta passagem é significativa:

> Eu tenho que dizer. Seja você a favor ou contra a tortura, não faz diferença. Ela é uma arma que será usada em toda guerra insurgente. É preciso saber que... É preciso saber que, numa insurreição, você será torturado.
>
> E você tem que montar uma organização subversiva à luz desse fato e em função da tortura. *Não é uma questão de ser a favor ou contra a tortura*. Você tem que saber que todos os presos em uma insurgência falarão

91 Paul Aussaresses, *The Battle of the Casbah* [2004], p. 126; e *Services Spéciaux* [2001], p. 153.

92 Benjamin Stora, *Algeria 1830-2000* [2001], p. 50; ver também George Armstrong Kelly, *Lost Soldiers: The French Army and Empire in Crisis*, 1947-1962 (Cambridge, MA: MIT Press, 1965), p. 196-205. Para uma discussão mais aprofundada sobre a tortura e as execuções sumárias, ver Marnia Lazreg, *Torture and the Twilight of Empire* [2008], p. 53-55; e Richard Wolin, *The Wind from the East* [2010].

93 Paul Aussaresses, *The Battle of the Casbah* [2004], p. 129-130; e *Services Spéciaux* [2001].

> – a menos que cometam suicídio. Suas confissões serão *sempre* obtidas. Então, uma organização subversiva deve ser montada em função disso, de modo que um prisioneiro, ao falar, não entregue a organização por inteiro.[94]

Na visão de Trinquier, a tortura era inevitável. Ela praticamente definia a guerra revolucionária e a contrainsurgência, em contraposição à guerra convencional. Segundo ele, a FLN se envolvera em atos de tortura, incluindo ataques terroristas letais contra civis e a tortura de membros comuns da população muçulmana que favorecessem os franceses ou que não estivessem comprometidos.[95] Embora a extensão da tortura ainda esteja hoje em disputa, é verdade que a FLN, como outros movimentos de libertação, envolveu-se em atos de terrorismo, muitas vezes dirigidos a populações civis – o que inclui atentados a restaurantes e bares, além de assassinatos planejados de policiais. O argumento de Trinquier era o seguinte: *não* torturar em resposta, *não* torturar para obter informações sobre a insurgência teria significado *não* lutar na guerra. Os franceses também poderiam ter decidido simplesmente abandonar seu poder colonial – o que, no fim, fizeram.

"Tortura?" – pergunta um tenente *aide de camp* [ajudante de campo] no relato de 1958 de Henri Alleg, *La Question*. "Não se faz guerra com coroinhas".[96] Alleg, um jornalista francês e diretor do jornal *Alger Républicain* [Argélia Republicana], foi detido e torturado por paraquedistas franceses em Argel. Seu livro descreve a experiência em detalhes e, em seu relato, a tortura aparece como o produto inevitável da colonização e da luta anticolonial. Como Jean-Paul Sartre escreveu em seu prefácio ao livro de Alleg, a tortura "é a essência do conflito e expressa sua verdade mais profunda".[97] Era intrinsicamente ligada ao colonialismo, ao racismo e à contrainsurgência. Para muitos oficiais franceses, como Trinquier, era um subproduto inexorável da guerra moderna.

94 "*Colonel Roger Trinquier: la bataille d'Alger*", INA, 12 jun. 1970 (http://www.ina.fr/video/CAF86015674); e no *YouTube*: <https://www.youtube.com/watch?v=JLy_Mj-vaYhw>. Um agradecimento especial a Raphaëlle Jean Burns por trazer esse relato à minha atenção.

95 A principal fonte a consultar aqui seria Alistair Horne, *A Savage War of Peace*—Algeria 1954-62 (New York, New York Review books Classics, 2006). Cf. Kelly, *Lost Soldiers*, p. 196 e seguintes.

96 Henri Alleg, *The Question* [1958], trad. John Calder (Lincoln-NE, University of Nebraska Press, 2006), p. 84.

97 Jean-Paul Sartre, prefácio do livro *The Question*, de Henri Alleg, p. xliv.

Em uma sequência impressionante de *A Batalha de Argel*, fica claro que muitos dos oficiais franceses que torturaram indivíduos suspeitos de pertencer à FLN haviam sido, eles próprios, como membros da Resistência Francesa, vítimas de tortura nas mãos da Gestapo. É um momento chocante. Sabemos, é claro, que abuso geralmente gera abuso; no entanto, seria de se esperar que uma vítima de tortura recuasse, por aversão, recusando-se a praticá-la em outras pessoas. Em vez disso, como sugere Trinquier, a tortura se normalizou na Argélia. Isto é, como Sartre descreveu, a "terrível verdade": "Se 15 anos são suficientes para transformar vítimas em algozes, então esse comportamento não é mais do que uma questão de oportunidade e ocasião. Qualquer pessoa, a qualquer momento, pode igualmente tornar-se vítima ou executora".[98]

Em contraste, outros comandantes franceses repudiaram a tortura, pelo menos publicamente. David Galula, por exemplo, sabia que ela era usada por alguns oficiais franceses na Argélia, mas minimizou sua ocorrência. Segundo o militar, as queixas de tortura foram "90% absurdas e 10% verdadeiras".[99] Ele mesmo preferiu evitar a tortura física e usar meios mais psicológicos – como trancar um prisioneiro em um forno e ameaçar acendê-lo[100] –, ou entregar os suspeitos a unidades que a praticassem. Galula fez parte de uma farsa legal que isentava os paraquedistas franceses de responsabilidade sempre que suspeitos eram assassinados. Ele atribuiu uma versão mais legalista à contrainsurgência e manteve maior distância pública da prática de tortura do que outros comandantes.

Galula reconhecia a necessidade de um interrogatório severo. "Como os insurgentes não hesitam em empregar o terrorismo, o contrainsurgente deve fazer o trabalho policial", escreveu ele, usando um eufemismo para tortura. Acreditava

98 Ibid., p. xxviii.

99 Geoff Demarest, "Let's Take the French Experience in Algeria Out of US Counterinsurgency Doctrine", *Military Review* [jul./ago. 2010], p. 24 (n7), citando David Galula, *Pacification in Algeria* [1963/2006], p. 183.

100 David Galula, *Pacification in Algeria* [1963/2006], p. 118-119. Na p. 118, lê-se que "Bakouch trancou Amar em um dos fornos da padaria e disse-lhe que, se não falasse, acenderia o fogo. Dentro de dez minutos, Amar estava gritando para ser solto, dizendo que agora estava pronto para falar". Na p. 119, Galula escreve que, depois de inspecioná-lo, considera o sistema "miraculoso" e pretende usá-lo; ele ordenou que qualquer um que fosse usar o forno deveria consultá-lo antes (não por alguma preocupação ética – mas, segundo sua própria explicação, porque precisava disso para permanecer no controle).

que os paraquedistas precisavam sujar as mãos. "Se alguém acreditar seriamente que sua pureza lhe permitirá obter informações, tudo o que posso dizer é que essa pessoa aprenderá muito quando se deparar com o problema". Mas ele também acreditava que a tortura poderia sair pela culatra e expressou reservas. "Meu único interesse", observou, "era permanecer dentro dos limites decentes e não causar danos ao meu trabalho de pacificação mais construtivo".[101]

Como essa referência a "limites decentes" sugere, Galula adotou uma abordagem mais legalista ou procedimental para o uso da brutalidade. Ele se apoiava no procedimento legal para investigar e encobrir desaparecimentos. Como não foi declarada guerra à Argélia, qualquer morte que resultasse do conflito exigiria imediatamente uma investigação por homicídio. O oficial ou soldado, acusado de homicídio, tinha que comparecer perante um juiz. Era necessário um inquérito sobre o assassinato. Mas esses inquéritos serviam apenas para acobertar as mortes. A lei seria aplicada, uma investigação superficial seria realizada e a sentença seria de assassinato culposo – a morte teria sido acidental. Em uma ocasião, quando esteve envolvido na morte de um prisioneiro que estava sob interrogatório e que supostamente teria tentado fugir do cativeiro, o próprio Galula submeteu-se à farsa. Em suas próprias palavras: "Gendarmes [oficiais] vieram a Ighouna, interrogaram o sentinela e eu, fizeram o habitual relatório de homicídio e o caso, claro, foi arquivado meses depois".[102]

Com efeito, ele usou o procedimento legal como um meio secreto de racionalizar práticas similares àquelas que outros comandantes defendiam mais abertamente. Em vez de abraçar brutalmente a violência, Galula se apoiava na legalidade. Deixou os mecanismos legais justificarem qualquer excesso.

O militar negociava numa linha tênue. Ele insistia no uso da violência, incluindo aquela impiedosa. "É necessário punir de forma exemplar os criminosos rebeldes que capturamos", escreveu. "Os crimes flagrantes dos rebeldes devem ser punidos imediatamente, de forma impiedosa, e no mesmo local onde ocorreram". Galula enfatizava a importância de sempre premiar e punir como forma de persuasão. E, na última seção do relatório *Pacificação na Argélia*, o comandante, assim como Trinquier,

101 David Galula, citado em Grégor Mathias, *Galula in Algeria* [2011], p. 62.
102 David Galula, *Pacification in Algeria* [1963/2006], p. 77, 103.

atribuiu o fracasso na Argélia a uma falta de firmeza dos franceses em relação à população argelina.[103] Apesar de tudo isso, Galula não justificava a tortura explicitamente e não se gabava de sua brutalidade – em contraste, digamos, com o general Aussaresses.

É provavelmente por essa razão que os estrategistas militares norte-americanos mais tarde privilegiariam Galula frente a outros comandantes franceses quando importaram a guerra moderna francesa. Ele sempre representou a face mais bondosa e gentil da teoria da contrainsurgência – e, ainda hoje, na verdade, defende a abordagem que enfatiza a sociedade civil ou, em outros termos, as estratégias "centradas na população", em oposição à "guerra global ao terror", mais militar e repressiva.[104]

Ambas as versões da teoria da contrainsurgência francesa atravessaram o Atlântico rapidamente. O tenente-coronel Trinquier, como se sabe, ganhou enorme reputação por suas táticas de antiguerrilha na Indochina e chamou a atenção de oficiais norte-americanos em Saigon. Ele foi convidado a visitar as instalações de treinamento de contrainsurgência dos EUA na Coreia e no Japão, e também contratado para treinar os militares norte-americanos no início dos anos 1950. Os Estados Unidos também começaram a fornecer equipamentos para suas missões antiguerrilha. O general Aussaresses viajou para os Estados Unidos depois de servir como comandante na Argélia, para ensinar práticas de contrainsurgência à elite das Forças Especiais dos EUA. Já em maio de 1961, Aussaresses serviu como instrutor em Fort Benning, na Geórgia, e em Fort Bragg, na Carolina do Norte, para soldados que estavam sendo treinados para missões especiais no Vietnã. Alguns de seus alunos em Fort Bragg acabariam desenvolvendo o programa Phoenix da CIA, um controverso programa de contrainsurgência no Vietnã, ligado a assassinatos e tortura. Aussaresses, em seguida, tornou-se adido militar da embaixada francesa em Washington, D.C.[105]

103 Damarest, "Let's Take the French Experience", p. 21, citando David Galula, *Pacification in Algeria* [1963/2006], p. 262, 268. Ver também o próprio relatório de Galula, , p. 258-261. Esta última seção incluí um apêndice que apresenta uma hipótese de porque os esforços de Galula não foram tão bem sucedidos como ele havia previsto. Aí, ele discute seu controle sobre os movimentos da população e seu sistema para recompensar provas de lealdade e punir provas de deslealdade. Ver ainda Roger Trinquier, *Modern Warfare* [1961/1964], p. 113.

104 Ver David Gompert e John Gordon, *War by Other Means* [2008], p. 90, nota 8.

105 Bernard F. Fall, "A Portrait of the 'Centurion'" [1964], p. xiii; Paul Aussaresses, *The Battle of the Casbah* [2004], p. 164; idem, *Services Spéciaux* [2001], p. 196; e Anne Marlowe, *David Galula* [2010], p. 41-42. Cf. também Grégor Mathias, *Galula*

A importação da versão mais brutal da teoria da contrainsurgência francesa continuou após o 11/9. Pouco depois da invasão do Iraque, o filme *A Batalha de Argel*, anteriormente proibido, foi exibido no Pentágono pelo Departamento de Defesa dos EUA, servindo de base para discussões sobre a situação política que as tropas americanas enfrentavam no Iraque. Segundo a imprensa, "a ideia veio da *Directorate for Special Operations and Low-Intensity Conflict* [Diretoria para Operações Especiais e Conflito de Baixa Intensidade], que um funcionário do Departamento de Defesa descreveu como um grupo liderado por civis com 'responsabilidade de pensar de forma agressiva e criativa' sobre as questões da guerrilha". A ideia era estimular conversas sobre os paralelos com a Argélia. "Como sugerido pelo folheto da mostra no Pentágono, as condições que os franceses enfrentaram na Argélia são semelhantes às que os Estados Unidos estão encontrando no Iraque", afirma a reportagem. Um funcionário do Pentágono disse: "Mostrar o filme oferece uma visão histórica sobre a conduta das operações francesas na Argélia, e o objetivo foi provocar uma discussão informativa sobre os desafios enfrentados pelos franceses", acrescentando que "a discussão foi animada e que mais sessões provavelmente seriam realizadas".[106]

Enquanto isso, a versão legalista, mais palatável, também foi rapidamente importada para os Estados Unidos, especialmente por meio dos escritos de David Galula. Ele foi originalmente reconhecido e convidado pela *RAND Corporation* para participar de uma reunião de especialistas em abril de 1962 – um simpósio de cinco dias que basicamente lançou pesquisas teóricas e comparativas sobre práticas de contrainsurgência.[107] Os participantes do simpósio da *RAND* estudaram e compararam as várias estratégias de contrainsurgência usadas na Argélia, China, Grécia, Quênia, Laos, Malásia, Omã, Vietnã e Filipinas. No simpósio, Galula aproveitou a ocasião para, logo de início, expor sua visão sobre a contrainsurgência. O resumo da primeira intervenção de Galula se estende por três páginas de espaçamento simples.

in Algeria [2011], p. 99. Aussaresses, Galula e o acadêmico Bernard Fall lecionaram em Fort Bragg.

106 Michael T. Kaufman, "*The World: Film Studies...*" [2003].

107 Anne Marlowe, *David Galula* [2010], p. 7-9, 14-15; e Stephen T. Hosmer e Sibylle O. Crane, *Counterinsurgency: A Symposium*, 16-20 abr. 1962 (Santa Monica: *RAND Corporation*, November 1962), p. xx.

Suas intervenções subsequentes foram igualmente impressionantes. Uma leitura imparcial das atas do simpósio mostra claramente que Galula dominou os cinco dias de encontro.

Ele impressionou tanto seus anfitriões, especialmente os analistas da *RAND*, que foi por eles incumbido de escrever suas memórias sobre a Argélia – as quais foram traduzidas e publicadas por tais patronos, em 1963, como um relatório secreto e confidencial intitulado *Pacificação na Argélia, 1956-1958*. No ano seguinte, a *RAND Corporation* traduziu e ajudou a publicar o trabalho mais teórico de Galula, *Counter-insurgency Warfare: Theory and Practice* [Guerra de Contrainsurgência: Teoria e Prática] – no qual expõe seus oito passos de contrainsurgência.[108] Ele também lecionou em Fort Bragg, passou seis meses no *Armed Forces Staff College* [Colégio das Forças Armadas] em Norfolk, Virgínia, e outros dois anos no *Harvard University's Center for International Affairs* [Centro de Assuntos Internacionais da Universidade de Harvard] como pesquisador associado. Seus escritos tiveram uma influência importante também no desenvolvimento de estratégias de contrainsurgência no Vietnã.[109]

Conforme as duas escolas de contrainsurgência francesa foram ganhando influência nos Estados Unidos, o uso da tortura rapidamente emergia como um assunto central. O historiador Peter Paret, que inicialmente popularizou *la guerre révolutionnaire*, foi um dos primeiros a enfrentar o problema. Sua posição sobre a

108 David Galula, *Counterinsurgency Warfare* [1964]. Galula escreveu esse livro enquanto foi pesquisador associado do Centro de Assuntos Internacionais da Universidade de Harvard, entre 1962 e 1964. Ele foi publicado por Frederick A. Praeger, que também editou, no início dos anos 1960, mais de uma dúzia de outras monografias sobre a teoria da contrainsurgência – incluindo os da série *Princeton Studies in World Politics* para o Centro de Estudos Internacionais da Universidade de Princeton. Peter Paret foi pesquisador associado do Centro de Princeton para Estudos Internacionais a partir de 1960, e publicou nessa série tanto *Guerrillas in the 1960's* (com John W. Shy, 1962) quanto *French Revolutionary Warfare from Indochina to Algeria* [1964]. Em 2006, a *RAND Corporation* finalmente publicou abertamente o livro de Galula de 1963, *Pacification in Algeria*, bem como uma nova edição do simpósio de 1962. Ver Stephen T. Hosmer e Sibylle O. Crane, *Counterinsurgency: A Symposium* [1962]. A *RAND* continua a destacar o trabalho de Galula em sua própria pesquisa contínua sobre contrainsurgência, como em seu abrangente relatório de 519 páginas, por David Gompert e John Gordon, *War by Other Means* [2008].

109 Ver Grégor Mathias, *Galula in Algeria* [2011], p. 103, que discute a influência de Galula no Vietnã, inclusive na operação PHOENIX. Marlowe relata que "Tennenbaum observa que um dos arquitetos do Programa *Phoenix* no Vietnã, Nelson Brickham, foi 'muito influenciado' pela Guerra de Contrainsurgência de Galula e o levou consigo por todo o Vietnã" (Anne Marlowe, *David Galula* [2010], p. 15). No entanto, Marlowe (p. 14) minimiza uma influência mais abrangente.

tortura foi cuidadosamente matizada – a ponto de, possivelmente, apresentar alguma ambiguidade. Explicitamente, Paret se opunha à tortura. "Atrocidades tornaram impossível a reeducação num sentido não-totalitário", escreveu.[110] Mas, ainda assim, reconhecia, como David Galula antes dele, que medidas severas e às vezes excepcionais precisavam ser usadas – pelo menos na época em que estava escrevendo, em 1962. "Raramente as guerrilhas podem ser isoladas do restante do povo sem o uso de medidas coercivas extraordinariamente duras", observou Paret. "A menos que medidas severas sejam empregadas racionalmente e com o claro e geral entendimento de que são medidas de emergência, para serem interrompidas o quanto antes, elas podem realmente quebrar a sensação de segurança com a qual a legitimidade de qualquer governo não totalitário está intrinsecamente ligada".[111]

Em outras palavras, para Paret, medidas extraordinariamente severas eram racionais, desde que fossem excepcionais. De fato, ele observou em uma passagem da *French Revolutionary Warfare from Indochina to Algeria* [Guerra Revolucionária Francesa da Indochina à Argélia]: "A retaliação e o terror poderiam ser considerados racionalmente como armas em uma luta intensa entre adversários ideologicamente opostos e necessariamente implacáveis". Na página seguinte, Paret observou que "a eficácia do terror em imobilizar a oposição ativa entre um povo hostil dificilmente pode ser posta em dúvida".[112] Dado que eliminar a minoria ativa estava no cerne da contrainsurgência, essas palavras eram sugestivas para alguns, para dizer o mínimo.

Décadas mais tarde, o general David Petraeus também, cuidadosamente, distanciava-se da tortura praticada na Argélia, enquanto simultaneamente exaltava a teoria francesa em geral. Seu manual de campo repudiava explicitamente a tortura, retratando-a como um método contraproducente. O manual sugeria que ela foi o que levou à derrota francesa. De fato, uma discussão central das práticas de contrainsurgência na Argélia se dá no contexto de *evitar* a tortura. Ela, observava o manual, "fortaleceu a legitimidade moral da oposição, minou a legitimidade moral francesa e causou uma fragmentação interna entre os oficiais que levou a uma tentativa fracassada de golpe em 1962. No final, o

110 Peter Paret, *French Revolutionary Warfare* [1964], p 66–76.

111 Peter Paret e John W. Shy, *Guerrillas in the 1960's* [1962], p. 47.

112 Peter Paret, *French Revolutionary Warfare* [1964], p. 73-74.

descumprimento das restrições morais e legais contra a tortura prejudicou severamente os esforços franceses e contribuiu para sua derrota, apesar de várias vitórias militares significativas".[113]

Ao mesmo tempo, o manual de campo do general Petraeus soava como uma homenagem à guerra moderna francesa e era, na melhor das hipóteses, profundamente ambíguo quanto ao uso da violência. O biógrafo oficial de Petraeus observa que ele "percebeu a sensibilidade política do manual" e, como resultado disso, editou pessoalmente o capítulo de abertura entre "30 e 40 vezes". Sua correspondência na época reflete que estava ciente da tensão entre versões mais ou menos brutais, e tentou tecer uma linha tênue entre as diferentes variantes.[114]

Não surpreende, portanto, que alguns comentaristas logo tenham argumentado que era uma escolha peculiar confiar tanto no modelo francês. "Por que os escritores dos manuais dão tanta ênfase a essa experiência francesa", escreveu um crítico,

> dado que os franceses falharam estrategicamente, engajaram-se em conduta imoral durante a guerra, provocaram uma crise civil-militar na França e toleraram genocídio e deslocamento em massa da população no norte da África após a retirada das forças francesas? Parece que o governo francês não poderia ter alcançado um conjunto pior de resultados, nem a doutrina dos EUA poderia ter escolhido um modelo pior para admirar – se é que é admiração.[115]

Preferindo evitar a conexão francesa, a edição posterior do manual de campo dos EUA, publicada em 2014, extirpou todas as referências à teoria de Galula e à teoria francesa em geral, e excluiu a bibliografia comentada na qual a obra do militar havia figurado com destaque.[116] O resultado foi um documento muito menos teórico e muito mais modesto intelectualmente. Certa presunção havia cercado a edição anterior – especialmente a referência ao "nível de pós-graduação" da guerra. Tudo isso ficou para trás. O manual agora se cala a respeito dos comandantes franceses. Mas a tensão permanece.

113 FM, p. 252.

114 Paula Broadwell, *All In* [2012], p. 204-205.

115 Geoff Demarest, "Let's Take the French Experience" [2010], p. 19.

116 US Department of the Army, *Insurgencies and Countering Insurgency*, Field Manual 3-24, MCWP 3-33.5 (Washington-DC, US Department of the Army, May 2014); e Gray Anderson, "Revolutionary Warfare after 1945" [2015], p. 22.

A tensão recorrente entre brutalidade e legalidade, tão evidente na Argélia e persistente nos escritos de Paret e Petraeus, é inerente à teoria da contrainsurgência. A guerra moderna baseia-se no policiamento de toda uma população e na erradicação de uma minoria; como resultado, o espectro da tortura, dos desaparecimentos e das práticas de terror pairam sobre a contrainsurgência, quando ela não o inclui abertamente. Certamente, essas práticas sozinhas nem sempre constituem uma guerra de contrainsurgência. Às vezes, outras de suas partes constituintes são menos brutais, até louváveis – por exemplo, a provisão de bens e serviços essenciais para a população. Porém, mesmo quando as práticas não são louváveis, a experiência mostra quão facilmente podem ser legalizadas, como vimos nos inquéritos de homicídios na Argélia. E desde o 11/9 temos testemunhado repetidamente as mais brutais práticas de contrainsurgência sendo perfeitamente legalizadas – como veremos nos longos memorandos que justificam práticas inconcebíveis na guerra contra o terrorismo.

Por fim, o modelo de contrainsurgência teve – desde o princípio – a face de *Janus*. Foi apenas recentemente que o governo aprendeu, ou redescobriu, maneiras de mascarar essa tensão central.

PARTE II
UM TRIUNFO NA POLÍTICA EXTERNA

Desenvolvida por comandantes e estrategistas militares ao longo de décadas de guerras anticoloniais, a guerra da contrainsurgência foi refinada, implementada e testada nos anos que se seguiram ao 11/9. Desde então, o paradigma da guerra moderna vem sendo destilado em uma concisa estratégia de três eixos:

1. Coleta massiva e completa de informações sobre cada integrante da população – cada fragmento de dado e metadado disponíveis. É necessário conhecer tudo sobre todos, e também tornar esse conhecimento acessível para fins de *data-mining*[117] [mineração de dados]. Todas as comunicações devem ser interceptadas. Todos dispositivos precisam ser conhecidos. Cada fragmento de informação precisa ser reunido. Esse é o modelo do programa *Treasure Map* [mapa do tesouro] da NSA (*National Security Agency*) [Agência de Segurança Nacional]. De acordo com a referida agência, "cada dispositivo conectado à *internet* em algum lugar do mundo – cada *smartphone*, *tablet* e computador" precisa ser conhecido.[118] E não apenas os dados da minoria insurgente, mas as informações de *cada cidadão* da população, especialmente a maioria neutra ou passiva. Essa é a única maneira de identificar os insurgentes com precisão. Seja por meio de novas tecnologias digitais de vigilância, seja mediante interrogatórios físicos aprimorados, toda informação deve ser obtida. A partir do cabeçalho em letras garrafais "A INTELIGÊNCIA CONDUZ AS OPERAÇÕES", o manual de campo do general Petraeus sublinha a importância crítica da "informação oportuna, específica e confiável, reunida e analisada no mais detalhado nível possível e disseminada com toda a força".[119] A chave aqui é o *conhecimento total da informação.*

2. Identificar e erradicar a minoria revolucionária. A informação completa sobre todos torna possível discriminar amigos e inimigos. Uma vez que a suspeita é atribuída, os indivíduos

117 N.T.: *Data-mining*, em português, *prospecção de dados* ou *mineração de dados*, é o processo de produzir e explorar grandes quantidades de dados à procura de padrões consistentes, como regras de associação ou sequências temporais, para detectar relacionamentos sistemáticos entre variáveis, detectando assim novos subconjuntos de dados.

118 Andy Müller-Maguhn *et. al.*, "Treasure Map: The NSA Breach of Telekom and Other German Firms", *Der Spiegel*, 14 set. 2014: <https://www.spiegel.de/international/world/snowden-documents-indicate-nsa-has-breached-deutsche-telekom-a-991503.html>.

119 FM, p. 41.

precisam ser tratados severamente para que deles toda a informação possível seja extraída; se necessário, com técnicas aprimoradas de interrogatório; e se, ao cabo, descobre-se que de fato pertencem à minoria insurgente, é preciso livrar-se deles por meio de detenção, sujeição, deportação ou ataque de *drone* – em outras palavras, de assassinato dirigido. Ao contrário dos soldados convencionais do passado, esses insurgentes são perigosos por causa de sua ideologia e não por sua presença física no campo de batalha. Eles precisam ser isolados da população em geral (quando não imediatamente eliminados) para que não a contaminem. Isso corresponde aos aspectos "centrados no inimigo" [*enemy-centric*] da contrainsurgência.[120] Sob o título em maiúsculas "OS INSURGENTES DEVEM SER ISOLADOS DE SUA CAUSA E APOIO", o manual do General Petraeus explica: "Obviamente, matar ou capturar insurgentes será necessário, especialmente quando uma insurgência é baseada em extremismo religioso ou ideológico". É difícil, porém, matar "cada um dos insurgentes", e com frequência é mais efetivo "afastar uma insurgência de seus recursos e deixá-la morrer do que matar a cada um dos insurgentes". Mas "a respeito dos extremistas", o manual de campo aponta: "a tarefa era mais direta: sua completa e absoluta destruição".[121] O segundo objetivo, então, é destruir todos e quaisquer potenciais insurgentes.

3. Pacificar as massas. A população deve ser distraída, entretida, satisfeita, ocupada e, o mais importante, neutralizada ou desradicalizada – se necessário – de modo a assegurar que a vasta maioria de indivíduos comuns permaneça sendo, apenas, *comum*. Esse terceiro eixo reflete a dimensão "centrada na população" [*population-centric*] da teoria de contrainsurgência. É preciso lembrar que, nesse novo modo de ver, a população é o campo de batalha. Seus corações e mentes devem ser garantidos. Na era digital, isso pode ser alcançado, em primeiro lugar, com o direcionamento de conteúdo aprimorado [*enhanced contente*] (como sermões de líderes muçulmanos moderados) voltados a desradicalizar pessoas suscetíveis – em outras palavras,

120 Tal como muitos de seus comentaristas, a teoria da contrainsurgência geralmente se divide em duas abordagens: a "centrada no inimigo" [*"enemy-centric"*] e a "centrada na população" [*"population-centric"*]. Veja, por exemplo: Ganesh Sitaraman, *The Counterinsurgent's Constitution* [2013], p. 5. Eu defendo que ambas são dimensões da teoria contrainsurgente.

121 FM, p. 41; e Ganesh Sitaraman, *The Counterinsurgent's Constitution* [2013], p. 5, 149.

utilizando-se de novas técnicas digitais de guerra psicológica e de propaganda. Em segundo lugar, assegurar apenas o mínimo em termos de bem-estar e assistência humanitária – como reconstrução de escolas, distribuição de dinheiro e reforço de certas instituições governamentais. Como o manual de campo do general Petraeus destaca, "dólares e votos terão efeitos mais importantes do que balas e bombas".[122] Em terceiro lugar, demonstrar à população em geral quem é mais poderoso e quem tem controle sobre o território. Uma das mais importantes lições tiradas de insurgências anteriores é a possibilidade concreta de uma vitória militar numa guerra, ultrapassada, porém, pela derrota política e diplomática.[123] Por essa razão, é essencial privilegiar essas *dimensões políticas* da luta de contrainsurgência. Sob o comando "LEGITIMIDADE É O OBJETIVO PRINCIPAL", o manual de campo enfatiza: "A ação militar pode indicar os sintomas de uma perda de legitimidade. Em alguns casos, pode eliminar números substanciais de insurgentes. Entretanto, o sucesso sob a forma de uma paz durável necessita da restauração da legitimidade, o que, por seu turno, requer o uso de instrumentos de poder nacional. Um esforço [contrainsurgente] não conseguirá obter sucesso duradouro sem que o governo [da nação anfitriã] tenha legitimidade".[124]

E esse passo final, é claro, leva-nos de volta ao primeiro eixo: o do conhecimento total da informação. A fim de conquistar a legitimidade de Estado, é necessário saber tudo sobre a população inteira, de modo a evitar êxitos por parte da minoria ativa. Como escreve o general Michael Hayden, antigo chefe da NSA, em seu livro *Playing to the Edge* [Jogando no Limite], a tarefa primária dessas informações da agência de inteligência é essencialmente o contraterrorismo preventivo.[125] A ideia é identificar a minoria revolucionária antes que ela se materialize. A conciência total da informação está diretamente ligada aos outros dois eixos da contrainsurgência.

122 FM, p. 49.

123 Como escreveu o historiador Edgar O'Ballance "Pode-se dizer, em resumo, que, do ponto de vista militar, a guerra na Argélia foi perdida pelos insurgentes, mas que eles a ganharam por meios políticos e diplomáticos", Edgar O'Ballance, *The Algerian Insurrection, 1954-62* (Hamden-CT, Archon Books, 1967), p. 220.

124 FM, p. 37, 39.

125 Michael Hayden, *Playing to the Edge: American Intelligence in the Age of Terror* (New York, Penguin Books, 2016).

A teoria da contrainsurgência abraçou sua natureza política e tem amadurecido gradualmente, desde uma estratégia militar localizada até uma política externa mais ampla. Essa versão destilada da guerra moderna foi empregada primeiro no Iraque e então, de maneira mais ampla, na guerra global ao terror; mas agora ultrapassou esse limite, chegando a países como o Iêmen ou a Somália, contra os quais não se está em guerra. Primeiro, militarmente, porém, agora, nas relações exteriores, os Estados Unidos governam no exterior por meio do paradigma da guerra moderna. Em síntese, o manual de campo do general Petraeus oferece um catálogo conciso dos "bons costumes" da contrainsurgência, suas práticas apropriadas. Ele inicia com: "Priorizar a inteligência", "focar a população", e "isolar os insurgentes".[126] Essas "práticas apropriadas" podem ser lidas agora como o novo paradigma de governo na política externa dos Estados Unidos.

126 FM, p. 51.

3. CONHECIMENTO TOTAL DA INFORMAÇÃO

O ataque ao *World Trade Center* mostrou a fraqueza na atuação da inteligência norte-americana. Informações ultrassecretas obtidas por uma agência foram apartadas de outras, tornando impossível reunir toda a informação e obter um panorama completo das ameaças à segurança. A CIA sabia que dois dos sequestradores do 11/9 estavam em solo entadunidense (em San Diego), mas não compartilhou a informação com o FBI, que estava tentando ativamente rastreá-los.[127] O 11/9 foi resultado de uma falha devastadora da inteligência e, imediatamente, muitos integrantes da administração do presidente George W. Bush sentiram a necessidade de fazer algo radical, ou seja, um compartilhamento mais amplo de informações, naturalmente. Mas também sentiram a necessidade de fazer muito mais do que isso. Foram criadas ou restabelecidas duas soluções principais: vigilância total e interrogatórios mediante tortura. Essas iniciativas representam o primeiro eixo do método contrainsurgente.

De fato, o 11/9 preparou o terreno tanto para a vigilância total da NSA quanto para o uso da tortura como forma de conhecimento total da informação. A primeira iniciativa se deu no nível mais virtual, etéreo ou "digital" possível, com a produção de material para mineração de dados e análise. A seguinte operou no nível mais físico, corpóreo ou "analógico" possível, obtendo informação diretamente dos suspeitos e daqueles detidos no Iraque, Paquistão, Afeganistão e outros lugares. Mas ambas atenderam ao mesmo objetivo: o conhecimento total da informação, a primeira tática da guerra de contrainsurgência.

A primeira, a vigilância total pela NSA. No rescaldo do 11/9, o governo dos Estados Unidos implementou uma rede de programas de informação ilícitos e lícitos, com a ambição de capturar

127 Ver "National Commission on Terrorist Attacks Upon the United States", *The 9/11 Commission Report* [2004]: <https://govinfo.library.unt.edu/911/report/911Report.pdf>; e Richard Posner, *Preventing Surprise Attacks: Intelligence Reform in the Wake of 9/11* (Lanham-MD, Rowman & Littlefield, 2005).

e coletar toda comunicação ao redor do mundo. Esse esforço deu à luz a programas de coleta de dados em massa – desde o programa da Seção 215 do *USA PATRIOT Act* aos inumeráveis programas da NSA, tornados públicos a partir das revelações de Edward Snowden. Sob os nomes como PRISM, UPSTREAM e *BOUNDLESS INFORMANT*, esses programas de vigilância deram ao governo dos Estados Unidos acesso a todas as comunicações que fluíam por meio de cabos submarinos e de satélites em órbita ao redor da Terra, assim como por intermédio de companhias de servidores de *internet* e das mídias sociais. Esses programas de inteligência pós-11/9 fornecem ao governo dos Estados Unidos acesso a quaisquer *e-mails*, anexos, vídeos, chamadas de *VoIP* de estrangeiros – em suma, a praticamente todas as formas de comunicação digital e tráfego de *Internet* estrangeiros. Os diversos programas são direcionados a diferentes sistemas e usam múltiplas técnicas – desde grampos para fazer cópias integrais de todos os dados digitais em fluxo nos cabos de fibra ótica, até as mais complexas inserções de *malwares* em *hardwares* interceptados e acessados clandestinamente – *hardwares* vendidos para estrangeiros. O que eles almejam é a *totalidade*.

É possível lembrar do programa *Total Information Awareness* (TIA) [Conhecimento Total da Informação], do qual o almirante John Poindexter tentou ser o pioneiro no final dos anos 1990, que foi ressuscitado logo depois do 11/9. O programa trazia uma sinistra imagem de um olho no topo de uma pirâmide vendo o mundo inteiro, com o lema baconiano *scientia est potentia* (conhecimento é poder). O objetivo era um sistema de vigilância massivo que capturasse absolutamente todas as comunicações. Inicialmente, o programa TIA foi arquivado em 1999, em parte por causa da controvérsia em torno do almirante Poindexter, que havia sido o oficial de mais alto escalão da administração Reagan e foi considerado culpado durante o "Caso Irã-Contras".[128] O TIA foi reativado e financiado por um tempo no imediato pós-11/9, antes de ser descartado novamente por causa de novas tormentas em torno de Poindexter.[129] Porém a arquitetura,

128 N.T.: Escândalo político nos EUA, revelado em dezembro de 1986, durante o segundo mandato do Presidente Ronald Reagan, no qual figuras-chave da CIA facilitaram o tráfico de armas para o Irã, que estava sujeito a um embargo internacional de armamentos. O objetivo era financiar os "Contras" nicaraguenses na luta contra a Frente Sandinista de Libertação Nacional.

129 James Bamford, *The Shadow Factory: The NSA from 9/11 to the Eavesdropping on America* (New York, Anchor Books, 2009), p. 102; e Daniel Solove, *Nothing to Hide:*

a visão e a ambição do programa capturavam perfeitamente o primeiro eixo da estratégia da contrainsurgência.

A ambição aqui era a *informação total* e, agora, as nossas novas tecnologias digitais tornaram isso possível. O diretor jurídico da *American Civil Liberties Union* (ACLU) [União Estadunidense pelas Liberdades Civis], David Cole, lembra-nos do *slide* de *PowerPoint* vazado por Edward Snowden, que dá uma noção das capacidades e da ambição de tal programa. Os documentos da NSA revelam, escreve Cole, que "a nova postura de coleta da NSA" é "coletar tudo", "processar tudo", "explorar tudo", "compartilhar tudo", "farejar tudo" e, por fim, "saber de tudo".[130] Sim, "saber de tudo": essa é a meta. Hoje, o governo dos Estados Unidos tenta obter acesso, monitorar e vigiar praticamente todas as comunicações estrangeiras, incluindo *e-mails*, postagens no *Facebook*, mensagens no *Skype*, plataformas de conversas por vídeo do *Yahoo*, postagens no *Twitter*, fotos no *Tumblr*, buscas no *Google* etc. – em suma, todos os dados de telecomunicação, incluindo os de mídia social e tráfego na *internet*. Naturalmente, não é apenas o governo dos Estados Unidos que tenta alcançar tal capacidade, mas também os seus parceiros *Five Eyes* [Aliança Cinco Olhos] – as agências de inteligência da Austrália, Canadá, Nova Zelândia e Reino Unido – e outros aliados, como a França e a Alemanha, assim como as agências de inteligência dos países mais desenvolvidos, incluindo China, Rússia e Israel. E na nossa nova era digital, tal vigilância está se tornando diariamente mais fácil, barata e eficiente.

A meta do programa "conhecimento total da informação" vem sendo executada mediante atividades lícitas e ilícitas – as últimas, ilustradas dramaticamente pelo infame episódio do hospital na noite de 10 de março de 2004. A NSA vinha realizando, havia dois anos, um programa de escuta sem autorização judicial, conhecido como *Stellar Wind* [Vento Estelar], que monitorava telecomunicações e *e-mails* trocados entre cidadãos dos Estados Unidos e estrangeiros, caso qualquer uma das partes estivesse ligada a um grupo terrorista. Esse programa foi, ao final, considerado ilegal pelo Departamento de Justiça. Apesar disso, e logo em seguida, o então assessor da Casa Branca, Alberto Gonzales,

The False Tradeoff Between Privacy and Security (New Haven, Yale University Press, 2011), p. 183-185.

130 David Cole, "Can the NSA Be Controlled?" *The New York Review of Books*, 19 jun. 2014, p. 17: <http://www.nybooks.com/articles/archives/2014/jun/19/can-nsa-be-controlled>.

e o chefe de gabinete do presidente Bush correram para o hospital tarde da noite para encontrar o procurador-geral John Ashcroft, semiconsciente em seu leito na unidade de tratamento intensivo, para reautorizar o programa de escuta sem mandado. Na verdade, Ashcroft estava tão doente que seus poderes haviam sido transferidos para seu representante, James Comey. Controvérsia jurídica significativa também rondou o programa da Seção 215, considerado ilegal por vários juízes federais – antes de ter sido pontual e rapidamente modificado em junho de 2015, para exigir que a indústria de telecomunicações mantivesse os metadados, às expensas dos contribuintes e não da NSA.[131] Até agora [2018], o escopo e alcance completo dos programas da NSA, bem como sua constitucionalidade, não foram suficientemente reconhecidos ou de fato arbitrados juridicamente.

O que está claro, no entanto – como documentei no livro *Exposed* –, é que a miríade NSA, FBI, CIA e as agências de inteligência aliadas produzem informação total, ou seja, o primeiro e mais importante eixo do paradigma da contrainsurgência. É a parte mais importante porque os outros dois eixos dependem desta. Como a *RAND* aponta no seu relatório de 519 páginas sobre o estado atual da teoria e da prática da contrainsurgência: "A governança efetiva depende de conhecer a população, individual e demograficamente". O relatório *RAND* lembra-nos que essa visão não é nova nem inovadora. O documento então volta – deliberadamente, a nosso ver – à Argélia e ao comandante francês David Galula: "Galula, na *Guerra da Contrainsurgência*, argumentou que 'o controle da população começa pelo censo. Cada habitante deve ser registrado e a ele dado uma infalível carteira de identidade'".[132] Hoje, essa carteira de identidade é um endereço de IP, um celular, um aparelho digital, o reconhecimento facial e qualquer impressão digital. Essas novas tecnologias digitais tornaram todos virtualmente transparentes. E com o nosso novo hábito de *selfies,* tuítes, postagens no *Facebook* e navegação na *internet*, agora, todo mundo está exposto.

131 Dan Eggen and Paul Kane "Gonzales Hospital Episode Detailed", *Washington Post*, 16 mai. 2007: <http://www.washingtonpost.com/wp-dyn/content/article/2007/05/15/AR2007051500864.html>; e Bernard E. Harcourt, *Exposed: Desire and Disobedience in the Digital Age* (Cambridge, MA, Harvard University Press, 2015).

132 David Gompert e John Gordon, *War by Other Means* [2008], p. 137; 137, nota 25. Para um fascinante exemplo inicial de um projeto da *RAND* e do Pentágono, a fim de obter conhecimento total da informação sobre uma população, ouvir Malcolm Gladwell "Saigon 1965", *Revisionist History* (podcast), temporada 1, episódio 2: <http://revisionisthistory.com/seasons>.

O segundo aspecto é o interrogatório mediante tortura. A dupla personalidade da guerra de contrainsurgência não é mais evidente em qualquer outra instância a não ser a do intensivo uso de tortura pelos Estados Unidos para obter informação, imediatamente após o 11/9. Completando a primeira tarefa da teoria da contrainsurgência – a vigilância total –, essa prática conjugou a mais extrema forma de brutalidade ligada à guerra moderna com a formalidade do processo legal e do Estado de direito. A combinação entre desumanidade e legalidade foi espetacular.

Nos dias que se seguiram ao 11/9, muitos no governo Bush sentiam que havia apenas uma maneira imediata de lidar com o *déficit* de informações, a saber, praticando "interrogatórios aprimorados" [*enhanced interrogation*] – outro eufemismo para tortura – em suspeitos de terrorismo capturados. É claro que isso não resolveria o problema das informações apartadas, mas eles achavam que pelo menos forneceriam informações imediatas sobre quaisquer ataques pendentes. É possível dizer que os Estados Unidos adotaram a tortura porque muitos no governo acreditavam que o país não possuía serviços de inteligência capazes e adequados, que faltava ao país uma rede de espionagem ou mesmo as habilidades linguísticas para poder se infiltrar e realizar a espionagem tradicional em organizações como a *Al Qaeda*.[133]

Os interrogatórios mediante tortura combinavam a brutalidade extrema com a formalidade do Estado de direito. Já estamos familiarizados com o primeiro; contudo, os detalhes de tais práticas ainda são impressionantes e atordoantes. Submeter um suspeito ao afogamento em mais de 183 vezes. Forçar um detento a permanecer em posição de estresse por 7 dias e meio, ou por quase 180 horas. Trancar um prisioneiro em uma caixa de confinamento do tamanho de um caixão por quase duas semanas. Essas práticas inconcebíveis foram geridas, a partir de 2002, por agentes e contratados da CIA, incluindo psicólogos, em prisões secretas em todo o mundo – do Afeganistão à Tailândia – muitas vezes após extensos e prolongados interrogatórios do FBI.

Mesmo os casos mais comuns de "interrogatório aprimorado" eram angustiantes – e, segundo o relatório do Senado, eram realizados com frequência mesmo depois dos interrogadores compreenderem que não haveria mais informações a obter; por vezes,

133 Anthony Lewis, introdução ao *The Torture Papers* [2005], p. xiii–xvi.

até antes que o detento tivesse a oportunidade de falar. Há a descrição de que um prisioneiro, chamado Ridhar al-Najjar, teria "sido deixado pendurado – o que envolvia algemar um ou ambos os pulsos a uma barra suspensa que não lhe permitiria baixar os braços – por 22 horas durante dois dias consecutivos". Outro prisioneiro, Gul Rahman, foi submetido a "48 horas de privação de sono, sobrecarga auditiva, escuridão total, isolamento, banho gelado e tratamento brutal", antes de ser "acorrentado à parede de sua cela em uma posição que o obrigava a repousar no chão de concreto [...] vestindo apenas uma camiseta". (Ele foi encontrado morto no dia seguinte. A causa da morte foi hipotermia). Outro prisioneiro, Abd al-Rahim al-Nashiri, foi colocado "em uma 'posição de estresse em pé' com 'as mãos afixadas sobre a cabeça' por aproximadamente dois dias e meio", e, depois disso, um oficial da CIA "colocou uma pistola próxima à cabeça de al-Nashiri e ligou uma furadeira sem fio perto de seu corpo".[134]

Ramzi bin al-Shibh foi submetido a esse tipo de tratamento assim que chegou à prisão, antes mesmo de ser interrogado ou de ter a oportunidade de colaborar – o que se tornaria um "padrão" para outros detidos. Ele foi submetido primeiro à "desorientação sensorial" [*sensory dislocation*], o que incluiu "rasparem a cabeça e o rosto de Bin al-Shibh, expondo-o a um ruído alto em uma sala branca com luzes brancas; mantê-lo 'despido e submetido a temperaturas desconfortavelmente frias', e algemar suas 'mãos e pés com os braços estendidos sobre a cabeça (com os pés firmemente no chão, o que não lhe permitia sustentar seu peso com os braços)'". Depois disso, o interrogatório incluiu "domínio da atenção [*attention grasp*], emparedamento [*walling*], imobilização facial [*facial hold*], tapas no rosto, soco abdominal, confinamento restrito [*cramped confinement*], ficar de pé na parede [*wall standing*], posições de estresse, ser submetido a privação de sono de mais de 72 horas e afogamento [*waterboard*], conforme o nível de resistência dele [Bin al-Shibh]".[135] Esse padrão seria então utilizado com outros – servindo como um aviso geral.

As formas mais extremas de tortura também foram acompanhadas por ameaças de confinamento perpétuo na solitária ou, em caso de morte, cremação. A tortura contrainsurgente esteve

134 Senate Report, p. 53, 54, 69.
135 Senate Report, p. 77.

ligada com frequência, no passado, a execuções e desaparecimentos sumários. Sob o governo Bush, estava ligada ao que se poderia chamar de desaparecimentos virtuais.

Durante a guerra da Argélia, como já apontado, o uso generalizado de técnicas brutais de interrogatório significara que aqueles que haviam sido vitimados – tanto os culpados quanto os inocentes – tornavam-se perigosos aos olhos da liderança militar francesa. Os membros da FLN, assim como os outros que poderiam se tornar radicais, precisavam ser silenciados para sempre, por meio do afogamento ou da prática de *gégène* [eletrochoque]. Na Argélia, concebeu-se uma solução simples: os torturados seriam jogados, por helicópteros, no Mediterrâneo. Tornaram-se *les crevettes de Bigeard* (nomeados a partir do comandante das operações com helicópteros na Argélia, o notório general francês Marcel Bigeard): "os camarões de Bigeard", jogados ao mar com os pés concretados – técnica que os militares franceses aparentemente já haviam experimentado anteriormente na Indochina.[136]

Em 2002, a CIA criaria uma solução diferente: ou se torturava o suspeito até a morte acidental e depois cremava-se seu corpo para evitar qualquer contastação, ou se torturava o suspeito a ponto de garantir que ele nunca mais falaria com outro ser humano. Abu Zubaydah teve este último tratamento. Inicialmente preso e interrogado por um longo período pelo FBI, ele fornecera informações úteis e fora colocado em isolamento durante 47 dias, depois que o FBI achou que ele não tinha mais informações valiosas. Em seguida, a CIA assumiu sua custódia, acreditando que ele ainda poderia ser uma fonte.[137] A agência recorreu às formas mais extremas de tortura – utilizando todas as suas dez técnicas mais brutais. Entretando, como um telegrama da equipe de interrogatórios da CIA registra, em 15 de julho de 2002, percebeu-se de antemão que, seria preciso encobrir a tortura, se a morte acontecesse, ou garantir que Zubaydah nunca mais falasse com outro ser humano em sua vida. Segundo o relatório do Senado, "o telegrama declarava que se Abu Zubaydah morresse durante o interrogatório, ele seria cremado. A equipe de interrogatórios encerrou o telegrama afirmando: 'independentemente de qual opção seguirmos, e especialmente à luz das

136 Marie-Monique Robin, *Escadrons de la mort, l'école française* (Paris, La Découverte, 2004), p. 55.

137 Senate Report, p. 77, 30–31, 33.

técnicas planejadas de pressão psicológica a serem implementadas, precisamos ter garantias razoáveis de que [Abu Zubaydah] permanecerá em isolamento e incomunicável pelo resto de sua vida'".[138] Em resposta a esse pedido de garantia, um telegrama da estação da CIA deu à equipe tais garantias, observando que "estava correto em seu 'entendimento que o processo de interrogatório tem a precedência, em prejuízo de procedimentos médico-preventivos'", e acrescenta:

> Há um sentimento bastante unânime na cúpula de comando [*HQS Headquarters*] de que [Abu Zubaydah] nunca será colocado em uma situação na qual tenha qualquer contato significativo com outros e/ou tenha a oportunidade de ser libertado. Embora seja difícil discutir detalhes específicos neste momento, todos os principais atores estão de acordo que [Abu Zubaydah] deve permanecer incomunicável pelo resto de sua vida.[139]

"Incomunicável pelo resto de sua vida": essa declaração deve explicar por que a prisão de Guantánamo permaneceu operante por tanto tempo. Abu Zubaydah fez sua primeira aparição pública em uma audiência do Conselho de Revisão Periódica em Guantánamo anos depois, em 23 de agosto de 2016 – depois de 14 anos incomunicável. Até a data desta publicação [2018], ele permanece detido em Guantánamo. A Agência recebeu uma promessa governamental, garantida pelos mais altos escalões.

Tais medidas e garantias, é claro, não eram produto de um interrogador insano, de um superior perturbado ou de comandantes selvagens. Essas rotinas foram aprovadas no mais alto escalão do governo dos EUA, pelo presidente e seus conselheiros mais próximos. Essas práticas foram executadas e planejadas, cuidadosa e legalmente – de fato, de modo demasiadamente legal – para serem utilizadas contra inimigos suspeitos. Não se tratava de uma aberração. Há, com certeza, longos relatos por escrito de agências de inteligência fora de controle, utilizando técnicas não autorizadas; há um extenso registro, também, da ingenuidade e da criatividade da CIA nesse domínio, incluindo, entre outros exemplos, o manual de Interrogatório de

138 *Ibid.*, p. 35.
139 *Ibid.*, p. 35.

Contrainteligência KUBARK de 1963.[140] Porém, após o 11/9, o modelo foi elaborado na Casa Branca e no Pentágono e se tornou política oficial dos EUA – deliberada, debatida, bem pensada e adotada como medidas legais.

O próprio presidente George W. Bush foi quem aprovou a transferência do primeiro detento que seria interrogado pela CIA, Abu Zubaydah, para uma prisão clandestina [*black site*][141] em um país estrangeiro, porque (dentre outras razões que foram eliminadas do relatório) lá haveria "ausência de jurisdição da corte dos EUA". "Naquela manhã, o presidente aprovou a continuação do plano de transferência de Abu Zubaydah para o país [trecho suprimido]", como afirma o relatório do Senado. Desde então, e de maneira delibera, o presidente se manteve intencionalmente ignorante quanto à localização dos detentos "para evitar revelações inadvertidas", embora tenha aprovado tudo de forma tácita.[142]

Nesse contexto, as decisões explícitas a respeito da transferência e do tratamento dos detentos e os métodos de interrogatório utilizados recaíam sobre os secretários de Defesa e de Estado, sobre o procurador-geral e, sempre que possível, sobre o vice-presidente. John Ashcroft, o procurador-geral dos Estados Unidos e o advogado na posição mais elevada do país, em 24 de julho de 2002, "aprovou verbalmente o uso de 10 técnicas de interrogatório, que incluíam: domínio da atenção [*attention grasp*], emparedamento [*walling*], imobilização facial [*facial hold*], tapas no rosto (como forma de insulto) [*facial/insult slap*],[143] confinamento apertado [*cramped confinement*], de pé na parade [*wall standing*], posições de estresse, privação de sono, uso de fraldas e uso de insetos". Dois dias depois, conforme o relatório do Senado, "*o procurador-geral aprovou verbalmente o uso do afogamento* [*waterboard*]". E, no início de agosto, de acordo com um novo relatório, "o assessor jurídico do Conselho de Segurança Nacional informou ao chefe de gabinete do DCI[144] [*Director of Central Intellingence*]

140 *Ibid.*, p. 18.

141 N.T.: Unidades carcerárias clandestinas mantidas em outros países pela CIA. O termo foi usado principalmente durante a administração Bush na assim chamada "guerra contra o terrorismo".

142 *Ibid.*, p. 18, 22, 23.

143 N.T.: Técnica de tortura que não visa propriamente a causar danos físicos significativos, mas, sobretudo, ser uma forma de horrorizá-lo e humilhá-lo.

144 N.T.: de 1946 a 2005, o DCI (Diretor da Inteligência Central) foi o cargo mais alto da CIA, sendo o principal conselheiro do Presidente dos EUA, bem como o coordenador geral de todas as atividades de inteligência. Após a elaboração do *Intelligence*

que o '[Assessor de Segurança Nacional] dr. Rice havia sido informado de que não haveria instruções do presidente sobre esse assunto', mas que o DCI tinha aprovação política para empregar as técnicas de interrogatório aprimorado da CIA".[145]

Um ano depois, em julho de 2003, após ter sido informado pelo DCI e pelo Conselho Geral da CIA sobre as técnicas aprimoradas de interrogatório – incluindo uma descrição das técnicas de afogamento [*waterboard*] que minimizava substancialmente o número de vezes que essa técnica havia sido usada nos prisioneiros Khalid Sheikh Mohammed e Abu Zubaydah – o vice-presidente Dick Cheney e a secretária de Estado Condoleezza Rice falaram em nome da Casa Branca e reautorizaram o uso da tortura.[146]

Fora, talvez, o uso da broca e do cabo de vassoura, praticamente todas as medidas de interrogatório aprimorado utilizadas haviam sido analisadas, sob a forma de distintos planos de interrogatório, no quartel-general da CIA e aprovadas por seu mais alto escalão. Antes do uso das "técnicas aprimoradas de interrogatório", vários telegramas e autorizações iam e voltavam entre os centros de detenção e o quartel-general da agência.[147] O uso desses métodos de tortura eram planejados, autorizados, supervisionados, analisados, reconfirmados e reforçados pelas mais altas autoridades governamentais.

Em 2003, o Conselheiro Geral da CIA comunicou-se com os diretores do Conselho de Segurança Nacional, com os funcionários da Casa Branca e com a equipe do Departamento de Justiça, expressando a preocupação de que os métodos de interrogatório da CIA "poderiam ser inconsistentes com as declarações públicas do governo de que o tratamento dado pelo governo dos EUA aos detentos era 'humano'". O resultado não foi o que se esperava. Como o relatório do Senado sobre tortura indica, em vez de colocar um fim a essas práticas, seguindo o comunicado, "a secretária de imprensa da Casa Branca foi aconselhada a evitar

Reform and Terrorism Prevention Act, em 2005, a posição foi substituída pela criação do DNI (*Director of National Intelligence*).

145 *Ibid.*, p. 36, 36–37 (grifo nosso), 38.

146 *Ibid.*, p. 118.

147 *Ibid.*, p. 69–70 (incidentes com arma e broca resultaram em punição para o oficial da CIA e do chefe de base envolvidos, ver *Senate Report*, p. 70), p. 117 ("colocar um cabo de vassoura atrás dos joelhos de um detento enquanto a pessoa detida estava em uma posição de estresse", resultaria no descredenciamento do interrogador), 76 (plano de interrogatório para Ramzi bin al-Shibh, que se tornou um modelo), e p. 81–82 (plano de interrogatório de Khalid Sheikh Muhammad).

utilizar o termo 'tratamento humano' quando se referisse à detenção de membros da *Al Qaeda* e do Talibã".[148] Evidentemente, tais práticas não eram acidentais. Elas foram integralmente discutidas, deliberadas e legalizadas. A decisão do governo de evitar falar em "tratamento humano" incorpora perfeitamente a combinação entre violência e sanção oficial, característica de um regime de contrainsurgência.

A face de *Janus* da tortura era composta por sua legalidade formal imiscuída em sua violência chocante. Muitos dos melhores advogados e juristas do país, professores das maiores faculdades de direito estadunidenses, importantes procuradores e, mais tarde, juízes federais debruçaram-se sobre estatutos e jurisprudência para encontrar manobras legais que permitiriam a tortura. É digna de nota a necessidade palpável de legitimar e legalizar a violência – e, é claro, de proteger os funcionários e agentes de processos posteriores.

Os documentos coletivamente conhecidos como "memorandos de tortura" [*torture memos*] dividem-se em duas categorias: a primeira, dos memorandos legais escritos entre 25 de setembro de 2001 e 1º de agosto de 2002, que discutia se os detentos de Guantánamo tinham direito ao *status* de prisioneiros de guerra conforme as Convenções de Genebra; a segunda, com início a partir de agosto de 2002, dos memorandos legais que discutiam se as "técnicas aprimoradas de interrogatório" previstas pela CIA representavam ou não uma tortura proibida pelo direito internacional.

O primeiro conjunto de memorandos, que tratavam das Convenções de Genebra, levou o presidente Bush a declarar, em 7 de fevereiro de 2002, que a Convenção de Genebra Relativa ao Tratamento dos Prisioneiros de Guerra não se aplicava ao conflito contra a *Al Qaeda*. O secretário de Estado Colin Powell havia pedido anteriormente ao presidente que reconsiderasse essa conclusão, argumentando que a convenção deveria ser aplicada.[149] Na troca subsequente, ficou claro que uma das principais preocupações dentro do governo era se o presidente ou outras autoridades estadunidenses estavam à mercê de uma possível responsabilização criminal por violarem a convenção.

148 Ibid., p. 115-116.

149 Karen J. Greenberg e Joshua L. Dratel (eds.); *The Torture Papers: The Road to Abu Ghraib* (New York, Cambridge University Press, 2005), p. 134-135, 122.

Alberto Gonzales, então conselheiro da Casa Branca, deixou clara essa preocupação. Na sua recapitulação dos prós e contras das mudanças de opinião sobre a Convenção de Genebra, ele centrou-se no risco de um processo criminal. Conforme seu argumento, continuar com a visão de que a convenção não se aplicava,

> reduziria substancialmente a ameaça, dentro dos EUA, de processo criminal sob a Lei de Crimes de Guerra (Seção 2441, Título 18 do Código dos EUA). [...] É difícil prever os motivos dos promotores e conselheiros independentes, os quais podem decidir promover acusações injustificadas no futuro, com base na Seção 2441. Sua determinação criaria uma base razoável na lei na qual a Seção 2441 não se aplica, o que proporcionaria uma defesa sólida a qualquer processo no futuro.[150]

O secretário Colin Powell também enfatizou que sua proposta de aplicar a Convenção de Genebra não implicava "qualquer risco significativo de processo contra funcionários dos EUA". O presidente Bush finalmente negou o *status* de prisioneiros de guerra aos detentos, mas ordenou que eles fossem tratados com humanidade. O problema do "promotor desonesto" [*rogue prosecutor*] começou a se avolumar nos memorandos de tortura.[151] O presidente, seu gabinete e os assessores mais próximos tentavam garantir que nunca seriam processados ou que teriam argumentos para sua defesa caso fossem processados por violarem a proibição de tortura. O extenso trabalho jurídico de idas e vindas teria sido proposto para provar que essas autoridades estavam tentando cumprir a lei. E depois que a publicação do relatório do Senado revelou o uso de certas formas extremas de tortura (como "reidratação retal"), John Yoo, que esteve no *Office of Legal Counsel* [Escritório de Assessoria Jurídica da Presidência] e é autor de vários memorandos sobre tortura, afirmou que não estava ciente do tipo de torturas que estavam sendo usadas, as quais provavelmente violariam sua proibição legal. Essa manobra defensiva era precisamente o tipo de proteção buscada e fornecida pela documentação legal.

A próxima série de memorandos dizia respeito ao uso da tortura. Eles começaram imediatamente após a primeira onda, em 26 de fevereiro de 2002, e atingiram o clímax em agosto de

150 Ibid., p. 119-120.

151 Ibid., p. 122-222.

2002. A questão do tempo é importante. O relatório de tortura do Senado revela que Zubaydah estava sendo submetido a afogamento em agosto de 2002, e outros relatos sugerem que estava sendo torturado mesmo antes disso. Esses memorandos de tortura vinham sendo escritos para justificar práticas que *já estavam ocorrendo*. Eles justificavam a tortura ao estabelecer um patamar tão alto que as garantias mínimas só seriam acionadas em casos de abuso físico extremo, com intenção específica de causar morte ou falência de órgãos. Como Jay Bybee, à época parte do Escritório de Aconselhamento Jurídico da Presidência e agora juiz federal, escreveu em seu memorando de 1º de agosto de 2002:

> Nós concluímos que tortura, tal como definida e proscrita pelas seções 2340-2340-A [Título 18 do Código dos EUA], abrange somente atos extremos. Dor severa é, genericamente, aquela que é difícil para a vítima suportar.
>
> Onde a dor é física, ela deve ser de uma intensidade semelhante àquela que acompanha ferimentos físicos graves, *como a morte ou a falência de órgãos*. A dor mental severa [para ser tipificada como tal] requer sofrimento não apenas no momento da imposição, mas também dano psicológico duradouro, visto em transtornos mentais como de estresse pós-traumático. [...] Como os atos que infligem tortura são extremos, existe uma gama significativa deles que, embora possam constituir tratamento ou punição cruel, desumano ou degradante, não chegam ao nível de tortura.[152]

Essa definição de tortura era tão restrita que excluía as práticas violentas que estavam sendo usadas pelos Estados Unidos. Ela estabeleceu um padrão jurídico federal baseado, essencialmente, na morte ou na falência dos órgãos.

Em outubro de 2002, as equipes de interrogatório estavam pedindo permissão para aplicar métodos que incluiam o afogamento – "Uso de uma toalha molhada e gotejamento de água para induzir à falsa percepção de sufocamento" – e outras formas de tortura reconhecidas em geral. O secretário de Defesa Donald Rumsfeld aprovou uma série de técnicas em 2 de dezembro de 2002 – e acrescentou, numa nota escrita à mão, que ele mesmo permanecia em pé oito horas por dia. Quando Rumsfeld finalmente aprovou uma lista ainda maior de técnicas, em 16 de abril de 2003, estas

152 *Ibid.*, p. 213-214 (grifo nosso).

somavam 24 e foram redigidas de maneira a parecerem inócuas – o que incluía também o afogamento.[153] Elas se pareciam mais com o tipo de técnicas de interrogatório forense discutidas no caso Miranda v. Arizona, ou nos infames manuais policiais de interrogatório da época. O relatório de tortura do Senado, no entanto, documenta as maneiras excepcionalmente brutais por meio das quais foram de fato implementadas.

A virada para a legalidade e para o processo legal – para o tratamento mais legalista nos níveis mais altos da legislação dos Estados Unidos, incluindo o procurador-geral e o Escritório de Assessoria Jurídica da Presidência – é reveladora. Os autores dos memorandos de tortura não eram oficiais militares que, sob fogo hostil, improvisavam no campo de batalha. Nem estavam sob a pressão de uma bomba-relógio.[154] Ao contrário: eles participaram de uma negociação legal lenta, burocrática e deliberada, totalmente embasada, relativa à regulamentação governamental de conduta proibida, no momento em que um profundo consenso internacional – incluindo tratados internacionais e lei consuetudinária – sustentava que ações como afogamento violavam as responsabilidades soberanas.

Nada disso é novidade, é claro. De fato, a tortura foi, por séculos, totalmente legal e completamente regulamentada – tanto a tortura inquisitorial, para obter informação, quanto a punitiva, voltada a penas corporais ou capitais. A história da supervisão e da regulação minuciosa da tortura – sancionada pelo Estado em seu mais alto nível – é muito antiga. O *Digesto* de Justiniano codificou o estrito procedimento do uso de tortura em escravos e serviu de modelo a codificações posteriores, durante o início da Idade Média, e para as práticas da Inquisição. Uma boa ilustração desta última, por exemplo, é a metódica e meticulosa recitação do afogamento – a *toca*, forma clássica e elucidativa de tortura durante a Inquisição Espanhola – no interrogatório formal de Marina González em Toledo, em 1494, conforme relatado pelo notário no julgamento. Esse interrogatório teria ocorrido, como era usual, em uma câmara secreta isolada, onde apenas Marina González, o inquisidor e o notário estariam presentes. Eis uma tradução de um arquivo do século XV:

153 *Ibid.*, p. 227–228, 237, 360–361.

154 Embora essas metáforas de bombas-relógio sejam elas mesmas enganosas e mascaram a realidade da tortura. Ver Michelle Farrell, *The Prohibition of Torture in Exceptional Circumstances* (Cambridge, UK: Cambridge University Press, 2013).

> Ela foi despida de suas velhas saias e pendurada no cavalete, seus braços e pernas foram amarrados com cordas. Também tinha um cordão amarrado firmemente em volta de sua cabeça. Eles colocaram um capuz em seu rosto e, com uma jarra de mais ou menos um litro e meio, começaram a derramar água por seu nariz e garganta. [...] Sua Reverência ordenou que ela recebesse água até que o frasco acabasse; ela não soltou sequer uma palavra. [...] Eles a amarraram novamente e começaram a derramar mais água do recipiente, que foi reabastecido [...]. Deram-lhe mais água e ela então disse que contaria tudo, pelo amor de Maria Santíssima.[155]

Essas práticas eram fortemente regulamentadas e delimitadas, porém completamente codificadas pela lei e supervisionadas pelos magistrados durante a Inquisição. Elas eram também domesticadas, se comparadas às práticas do novo milênio.

Os memorandos sobre a tortura tentaram, efetivamente, replicar essa estrutura legal, porém o fizeram de uma maneira singular. Em vez de codificar as práticas oficialmente – o que seria impossível devido aos tratados, às leis e ao direito consuetudinário internacional –, o Poder Executivo assumiu uma função *quasi* judicial. O próprio governo Bush formou um minijudiciário, com pareceres legais aqui e acolá, argumentos jurídicos e opiniões judiciais simuladas. Ao se autoconstituir como um sistema jurídico, "legalizou" as práticas.

Por meio desse processo de legalização, os homens do presidente se apropriaram da função judicial. Os advogados da Casa Branca e os Departamentos de Justiça, Estado e Defesa arquivavam dossiês, tentando persuadir uns aos outros, contestando mas, por fim, decidindo sobre as questões em jogo – eles definitivamente julgavam. Os memorandos tornaram-se, primeiro, "resumos jurídicos" [*legal briefs*] – na verdade, é o que está escrito em muitos deles[156] – e, posteriormente, de fato, decisões judiciais. O Poder Executivo transformou-se em um minijudiciário, sem supervisão efetiva ou revisão jurídica. E, no final, funcio-

155 Lu Ann Homza, *The Spanish Inquisition, 1478–1614: An Anthology of Sources* (Indianapolis: Hackett Publishing Company, 2006), p. 45–46. Ver também a descrição do notário sobre o uso do cabide e da tortura com água no caso de Maria González, em Toledo, em 1513, em Homza, *The Spanish Inquisition*, p. 56–57.

156 Ver, por exemplo, Karen J. Greenberg e Joshua L. Dratel (eds.), *The Torture Papers* [2005], p. 229.

nou. Os homens que escreveram esses memorandos nunca foram processados nem seriamente responsabilizados, em via legal, por suas ações. O povo estadunidense permitiu que um semijudiciário funcionasse autonomamente, durante e depois. Esses juízes autonomeados escreveram os documentos jurídicos, julgaram e redigiram pareceres legais que legitimavam as práticas brutais da contrainsurgência. No processo, a tornaram totalmente legal. Inscreveram a tortura dentro do tecido da lei.

É possível ir mais longe. Os memorandos sobre a tortura empreenderam uma nova resolução dentro da tensão entre brutalidade e legalidade que jamais havíamos testemunhado na história. Era uma audaciosa legalidade semijudicial que raramente havia sido vista antes. Ao legalizar a tortura dessa forma, o governo Bush proporcionou uma infraestrutura para a *contrainsurgência como governo* de forma mais ampla.

Nesse sentido, é ilusório traçar distinções, como fazem os teóricos contemporâneos da contrainsurgência, entre as formas boas e ruins da guerra moderna – entre o chamado método de "capturar-matar" [*kill-capture*] ou o de "conquistar a população" [*win-the-population*], entre as estratégias "centradas no inimigo" e as "centradas na população", ou mesmo entre a "*war on terror*" [guerra ao terror] do presidente Bush e a mais recente "*global war on terror*" (GWOT) [guerra global ao terror]. Todas essas variações são *versões* diferentes do paradigma da contrainsurgência, que giram em torno das mesmas três estratégias centrais.[157] Algumas partes desse paradigma são mais centradas no inimigo – como extrair informações por meios brutais e erradicar a minoria ativa. Outras são mais centradas na população – como o conhecimento total da informação e a conquista dos corações e mentes. Mas elas não representam modelos distintos de guerra, apenas variações no tema do modelo da contrainsurgência. E a virada à legalidade do governo Bush criou um protótipo legal para que o paradigma da contrainsurgência se tornasse uma forma de governar – para que sua natureza *política* fosse liberada.

157 Todavia, não vou tão longe quanto Marnia Lazreg, que sugere, em seu livro *Torture and the Twilight of Empire*, que a tortura é o resultado *direto e necessário* da teoria da guerra moderna ou que ela "não poderia ser implementada com sucesso sem o uso de tortura" (Marnia Lazreg, *Torture and the Twilight of Empire*, 2008, p. 15); ver também a página 3. Em certas variações da teoria da contrainsurgência, a tortura pode ser evitada e substituída por outros métodos psicológicos ou ataques com drones. Isso, no entanto, não redime a teoria da contrainsurgência. Apenas representa diferentes estilos de guerra moderna.

Em última análise, tornar a tortura uma prática legal – ainda fora do sistema legal formal, mas regulada por esse semijudiciário – afrouxou todas as restrições: a tortura passou a permear os espaços limítrofes e a exceder as barreiras da mera extração de informações. Abu Ghraib, prisões secretas [*black sites*], Guantánamo – esses espaços tornaram-se locais de tortura, não apenas as salas de interrogatório, mas também por meio do confinamento solitário, das condições terríveis, até mesmo das medidas ordinárias de detenção.[158] Todos os espaços foram preenchidos com tortura, já que ela era a nova norma legal.

E por meio desse processo de legalização, essas práticas mais amplas extravasaram para o segundo eixo da contrainsurgência: o da erradicação da minoria ativa. A tortura começou a funcionar como uma maneira de isolar, punir e eliminar os suspeitos de insurgência.

158 Laleh Khalili, *Time in the Shadows: Confinement in Counterinsurgencies* (Stanford, Stanford University Press, 2013).

4 . DETENÇÃO POR TEMPO INDETERMINADO E ASSASSINATOS POR *DRONE*

"*MP*, Senhor, eu não consigo respirar!... *MP*, Senhor, por favor", Mohamedou Slahi implorava, enquanto era transportado da Base Aérea Bagram, no Afeganistão. Tendo um saco sobre a cabeça, uma máscara em sua boca e nariz, estando fortemente amarrado pelo estômago por um cinto atado ao banco traseiro, algemado com mãos e pés na altura da cintura, Slahi mal podia respirar. Ele achava que iria morrer sufocado pelas medidas de segurança impostas nesse tipo de transporte. "Eu não conseguia suportar a dor", Slahi relatou no manuscrito de 466 páginas que escreveu à mão em sua cela, na prisão de Guantánamo, em 2005.[159] Escrito como relato legal com o objetivo de impetrar um pedido de *habeas corpus*, o manuscrito foi publicado posteriormente sob o título *Diário de Guantánamo.*

Esse suplício específico não constituia outra cena de interrogatório da CIA, embora certamente fosse torturante. "Eu senti que iria morrer. Só conseguia gritar por ajuda. 'Senhor, eu não consigo respirar ...'", escreve Slahi. "'Não consigo respirar!', dizia, apontando para o meu nariz".[160] Ele estava sendo transportado para o campo prisional de Guantánamo, para cumprir um período indeterminado de detenção. Lá ele permaneceria de 2002 a outubro de 2016, sem nunca ter sido julgado, condenado ou sentenciado. Tratado como um "combatente inimigo" em uma guerra não declarada contra o terrorismo, Slahi estava incomunicável. Durante o período em Guantánamo, ele foi torturado, colocado em confinamento solitário, espancado, humilhado e levado para o mar em um helicóptero para uma simulação de execução.

159 Mohamedou Ould Slahi, *Guantánamo Diary*, ed. Larry Siems (New York, Back Bay Books, 2015), p. 29-30.

160 *Ibid.*, p. 29-30.

A detenção por tempo indeterminado em Guantánamo constituia uma das duas principais estratégias para erradicar a minoria insurgente. A outra eram os ataques com *drones* – ambas inteiramente consistentes com os ditames da teoria da contrainsurgência. Com a transição do governo Bush para o governo Obama, observa-se uma ênfase distinta da primeira para a segunda. Mas isso não significou um enfraquecimento da influência da contrainsurgência. Na verdade, os ataques com *drones* representaram o aprofundamento da contrainsurgência na política externa norte-americana.

O segundo eixo da teoria da contrainsurgência – eliminar a minoria insurgente – foi levado a cabo pela primeira vez logo após o 11/9, com a captura e detenção por tempo indeterminado de suspeitos em prisões secretas [*black sites*], prisões norte-americanas no exterior e no campo de detenção da baía de Guantánamo. A detenção por tempo indeterminado com isolamento por meses é uma forma de tortura por si só, é claro; mas também é uma maneira eficaz de eliminar pessoas. Uma maneira particularmente torturante de fazê-lo, do começo ao fim.

O relato de Mohamedou Slahi é arrepiante. Oito meses em completo isolamento, espancamentos, privação de sono, pisca-pisca coloridos [*colored blinkers*][161], música estridente – e, depois, detenção por tempo indeterminado, que durou mais de 12 anos. Uma das características mais marcantes da narrativa de Slahi é, precisamente, o quão torturantes foram até mesmo os momentos mais rotineiros de seu confinamento. No último capítulo, encontramos a brutalidade extrema – o afogamento, os confinamentos em caixões, o isolamento. Outras experiências de custódia mais banais, contudo, também foram profundamente violentas.

No dia a dia, as medidas de segurança rotineiras tornaram-se violentas. Os dispositivos de contenção – as algemas e tornozeleiras que cravavam na pele, as correntes na cintura, a cadeira reta [*straight chair*] por longas horas; o sujeito da outra cela que acidental ou descuidadosamente arrancou a corrente, cravando as algemas de metal em seus ossos. A incapacidade de mudar de posição, a dormência, o formigamento, os membros que adormeciam durante horas. Tudo isso também era torturante. "Um guarda apareceu e

161 N.T.: Tortura psicológica que afeta os sentidos do torturado e VISA privá-lo do sono, por meio da exposição a fortes luzes piscantes muito próximas ao seu campo de visão.

tirou a máscara do meu nariz", contou Slahi. "Eu respirei fundo e me senti muito aliviado. Mas, para meu espanto, ele colocou a máscara de volta no meu nariz e na boca. 'Senhor, eu não consigo respirar... *MP*... *MP*'. O mesmo sujeito apareceu mais uma vez, mas em vez de tirar a máscara do meu nariz, tirou o fone do meu ouvido e disse 'Pode esquecer!', e imediatamente recolocou o fone de ouvido. Era duro [...]. Eu estava em pânico, tinha apenas um mínimo de ar, a única maneira de sobreviver era convencer o cérebro a ficar satisfeito com o pouquinho de ar que tinha".[162]

Há uma característica anestesiante no relato de Slahi – talvez a indefinição do tempo e a própria tortura sejam anestesiantes. Talvez ficar anestesiado seja a única maneira de suportá-la. Uma cronologia, um registro – uma crônica de abuso, uma lista obscena de violência gratuita:

> Agora as correntes nos meus tornozelos cortam o sangue dos meus pés. Eles ficaram dormentes. Eu ouvia apenas o gemido e o choro de outros detentos. Espancamento era a ordem do dia. Eu não fui poupado: o guarda continuou batendo na minha cabeça e apertando meu pescoço contra outro detento.[163]

A detenção indefinida e as medidas ordinárias brutais serviram como uma forma de eliminar esses homens – capturados no campo ou trocados por dinheiro de recompensa, quase como os escravizados de antanho. O confinamento incomunicável em si satisfazia a segunda vertente da teoria da contrainsurgência.[164] Mas, de alguma forma, também alçava mais do que a mera detenção, aproximando-se de uma forma de desaparecimento ou morte virtual. As condições em que esses homens se encontravam eram tão extremas que é quase como se eles estivessem mortos.

Não podemos deixar de concordar com o filósofo Giorgio Agamben, ao lermos as descrições atordoantes de Slahi, que esses homens em Guantánamo não eram, em suas palavras, mais do que "vida nua".[165] Esse conceito capta bem as dimensões de

162 Ibid., p. 29-30.

163 Mohamedou Slahi, *Guantánamo Diary* [2005], p. 31-32.

164 As continuidades no tratamento de suspeitos detidos ao longo da história das contrainsurreições são analisadas em profundidade em: Laleh Khalili, *Time in the Shadows* [2013].

165 Giorgio Agamben, *Homo Sacer: Sovereign Power and Bare Life*, trad. Daniel Heller-Roazen (Stanford, Stanford University Press, 1998), p. 114.

desumanização e degradação que caracterizavam suas vidas: os internos foram reduzidos a nada mais do que a existência animal nua. Eles não eram mais humanos, mas coisas que viviam. A detenção por tempo indeterminado e a tortura em Guantánamo conseguiram uma negação total da sua humanidade.

Em todos os aspectos, o tratamento conferido a eles, em prisões secretas e em centros de detenção, reforça essa noção de vida nua: não eram apenas os métodos aflitivos físicos e psicológicos que os reduziam apenas a seus corpos, nem somente as caixas do tamanho de caixões ou os afogamentos, mas o fato de que seus corpos teriam sido anonimamente cremados; de que nem mesmo o presidente precisou ser informado sobre eles; de que as prisões secretas estavam geograficamente localizadas a fim de evitar a jurisdição dos tribunais dos EUA; de que os detentos torturados permaneceriam incomunicáveis pelo resto de suas vidas e nunca mais teriam contato com outras pessoas. Todas essas práticas esvaziaram sua humanidade, excluíram-lhes como humanos, removeram-lhes da face da Terra. A detenção por tempo indeterminado era um método de eliminação.

Desde então, um grande número de prisioneiros de Guantánamo foi deportado, sob rígidos acordos de segurança, para países estrangeiros cujos governos devem a garantir sua contínua vigilância e monitoramento. Alguns foram processados em seus países após o retorno. Outros são agora mantidos em prisões no exterior. Na maior parte dos casos, suas vidas foram despedaçadas e destruídas – até mesmo aqueles que agora estão livres foram efetivamente eliminados.[166]

Tempos depois, os Estados Unidos continuaram se envolvendo em debates sobre os prisioneiros que permaneceram em Guantánamo – a maioria dos quais nunca compareceu perante um tribunal, nem foi processada ou julgada. Os membros republicanos do Congresso se recusaram a permitir que Guantánamo fosse fechada, apesar da promessa do presidente Obama de fazê-lo durante sua campanha presidencial de 2008.[167] Se sucessor Donald Trump,

166 Jenifer Fenton, "Freed Guantanamo Detainees: Where are they now?" *Aljazeera*, 11 jan. 2016: <https://www.aljazeera.com/features/2016/1/11/freed-guantanamo-detainees-where-are-they-now>; e Noah Rayman, "Where Are All Those Freed Guantanamo Detainees Now?" *Time*, 8 dez. 2014: <http://time.com/3624445/guantanamo-detainees-uruguay/>.

167 Andrew Taylor, "Speaker: Legal Steps to Stop Obama from Closing Guantánamo", *US News & World Report*, 24 fev. 2016: <https://www.usnews.com/news/politics/articles/2016-02-24/speaker-legal-steps-to-stop-obama-from-closing-guantanamo>.

por sua vez, assumiu o cargo prometendo, explicitamente, manter Guantánamo aberta, até mesmo para lotá-la com novos suspeitos de terrorismo da guerra contra o ISIS [*Islamic State of Iraq and Syria*],[168] incluindo cidadãos norte-americanos.

Nesses polêmicos debates públicos, as vozes e experiências daqueles que haviam desaparecido virtualmente raramente recebiam a devida atenção – em todo caso muito menor do que as mais positivas representações cinematográficas da guerra ao terror. Muito embora o livro de Slahi tenha ficado entre os cem livros mais vendidos da *Amazon* em janeiro de 2015, e que figurou na lista dos livros notáveis do *New York Times* de 2015, seu número de leitores empalidece em comparação com o público de *Zero Dark Thirty* [A Hora mais Escura, dir. Kathryn Bigelow, 2012], um *thriller* que retrata a captura e assassinato de Osama bin Laden – que teve mais de 16 milhões de espectadores e arrecadou mais de 132 milhões de dólares em todo o mundo.[169]

No imaginário do público norte-americano, a representação da detenção por tempo indeterminado deu-se não pelo depoimento de Slahi, mas tal como retratado no filme *Zero Dark Thirty*. Filmes como este fabricam uma verdade distinta sobre a contrainsurgência: a de que, mesmo com relutância, a violência brutal e a detenção por tempo indeterminado compensam. A representação cinematográfica em *Zero Dark Thirty* convence sutil, lenta e pacientemente o espectador sobre os benefícios das estratégias de contrainsurgência. Em última análise, ele valoriza as técnicas da guerra moderna de várias maneiras. Primeiro, convencendo os espectadores de que métodos como a prisão indefinida e a tortura são efetivos. Em segundo lugar, fazendo parecer que os prisioneiros se recuperam completamente após sua detenção e tortura. E, terceiro, desumanizando os detentos e valorizando os agentes da contrainsurgência. Filmes como esse, servem como um popular resumo da eficácia da detenção e tortura. Tratar a detenção por

168 N.T.: Organização jihadista islâmica de orientação sunita, criada após a invasão do Iraque em 2003. A partir de 2014, passou a se autodenominar simplesmente "Estado Islâmico".

169 Tom Kludt, "Gitmo Diary Cracks Amazon's Top-Sellers List", CNN: Media, 21 jan. 2015: <http://money.cnn.com/2015/01/20/media/guantanamo-diary-mohamedou-ould-slahi-aclu/>; "*Guantánamo Diary*", Little, Brown and Company, 10 mai. 2017: <https://www.littlebrown.com/titles/peter-ganim/guant%C3%A1namo-diary/9781478983231/>; "Zero Dark Thirty", Box Office Mojo, 10 mai. 2017: <http://www.boxofficemojo.com/movies/?id=binladen.htm>. O filme arrecadou mais de 132.800.000 milhões de dólares em receita de bilheteria, o que, a um preço médio de 8,15 dólares (a média nacional na época), significaria mais de dezesseis milhões de ingressos vendidos.

tempo indeterminado e a tortura como eventos comuns, como algo rotineiro, cotidiano, apenas serve para normalizar e naturalizar tais condutas, como sugere o filósofo Slavoj Žižek.[170] E essa normalização, é claro, relaciona-se perfeitamente com o terceiro eixo da contrainsurgência — conquistar os corações e mentes das pessoas, sobre o qual trataremos em breve.

O *drone Predator* armado com um míssil *Hellfire AGM-114C* é o outro método importante usado para eliminar a minoria insurgente. Como observado anteriormente, o governo dos EUA iniciou operações com *drones* no Afeganistão logo após o 11/9 e, posteriormente, intensificou seu uso no Paquistão durante o governo Obama. *Drones* também foram utilizados em certos períodos no Iêmen e na Somália. Durante o governo Obama, uma "lista de mortes" era elaborada toda terça-feira, em uma reunião semanal, com mais de cem especialistas em segurança nacional, para recomendar ao então presidente quem deveria ser o próximo alvo – reunião apelidada de "Terça do Terror".[171]

O aplicativo de celular *Dronestream* listou os seguintes ataques em maio de 2016:

> 27 de maio de 2016: Na sexta-feira, no centro-sul da Somália, os Estados Unidos dispararam um míssil no senhor Da'ud (Somália) *washingtonpost.com/news*
> 21 de maio de 2016: talvez fosse o senhor Mansour. Vários *drones* dos EUA atingiram um carro próximo a Ahmad Wal, matando duas pessoas (Paquistão) *nytimes.com/2016/05/22*
> 19 de maio de 2016: quinta-feira, no meio do deserto, dois mísseis lançados por *drones* destruíram um carro. Duas pessoas morreram (Iêmen) *pic.twitter.com/7vIoJV7rBI*
> 12 de maio de 2016: duas pessoas feridas. Cinco pessoas mortas (Somália) *nbcnews.com/news/us-news*

Em abril de 2017, o Escritório de Jornalismo Investigativo reportou que houvera 2.250 ataques por *drones* confirmados, resultando num número de mortos que girou entre 6.248 e 9.019, dos quais, 736 a 1.391 eram civis inocentes e, destes, entre 242 a

170 Slavoj Žižek, "Zero Dark Thirty: Hollywood's Gift to American Power", *Guardian*, 25 jan. 2013: <https://www.theguardian.com/commentisfree/2013/jan/25/zero-dark-thirty-normalises-torture-unjustifiable>.

171 Grégoire Chamayou, *A Theory of the Drone* [2015], p. 46.

307, crianças.[172] Apesar do número significativo de mortes de civis, os ataques com *drones* continuaram em ritmo constante. Na verdade, sob o comando do presidente Trump, eles foram acelerados. A *NBC News* noticiou 20 ataques em um único dia – 2 de março de 2017 – no qual as províncias de Abyan, Al Bayda e Shabwah, no Iêmen, foram os alvos.[173] Nos quatro primeiros meses do governo Trump, a taxa média mensal de ataques letais no Paquistão, na Somália e no Iêmen aumentou quase quatro vezes em relação à média do governo anterior.[174]

Existe um debate em andamento, entre os estrategistas militares, sobre se a guerra por *drones* se encaixa no paradigma da contrainsurgência. Entretanto, por mais interessante que seja o debate, ele perde de vista a questão-chave: a prática da contrainsurgência se apresenta em diferentes variações e qualquer contradição aparente em relação aos ataques com *drones* reflete perfeitamente as tensões internas que alcançam o coração da contrainsurgência: são precisamente as mesmas tensões que vimos no contexto da tortura. Examinar se a guerra por *drones* se encaixa na teoria da contrainsurgência, no entanto, ajuda a compreender melhor a lógica mais profunda da guerra moderna.

Como aponta Grégoire Chamayou, em seu livro *Teoria do Drone* (2013), especificamente no capítulo intitulado "Contrainsurgência pelo ar", os teóricos tradicionais da contrainsurgência sempre argumentaram que a guerra moderna deveria ser centrada no solo ["*boots on the ground*"]. Desde os primeiros dias da teoria da contrainsurgência, o poder aéreo era visto, como se convencionou, como algo contraproducente frente ao objetivo declarado de conquistar as massas passivas.[175] Em consonância com essa visão tradicional, muitos argumentaram que os ataques com *drones* não se encaixavam no paradigma da contrainsurgência, pois os danos

172 The Bureau of Investigative Journalism, "Drone Warfare", 23 abr. 2017: <https://www.thebureauinvestigates.com/projects/drone-war>.

173 Ken Dilanian, Courtney Kube e William M. Arkin, "US Launches Airstrikes in Yemen", *NBC News*, 2 mar. 2017: <http://www.nbcnews.com/news/us-news/u-s-launches-air-strikes-yemen-n728186>.

174 Murtaza Hussain, "US Has Only Acknowledged a Fifth of Its Lethal Strikes, New Study Finds", *The Intercept*, 13 jun. 2017: <https://theintercept.com/2017/06/13/drone-strikes-columbia-law-human-rights-yemen/>; Alex Moorehead e Waleed Alhariri, "US Secrecy and Transparency in the Use of Lethal Force", *Just Security*, 13 jun. 2017: <https://www.justsecurity.org/42059/u-s-secrecy-transparency-lethal-force/>.

175 Grégoire Chamayou, *A Theory of the Drone* [2013/2015], p. 64.

colaterais infligidos por ataques de *drones*, especialmente contra civis inocentes, descontentam a população em geral – um argumento que, como devemos lembrar, reflete debates semelhantes sobre o uso de tortura em operações de contrainsurreição.

No editorial do *New York Times*, "*Death from Above, Outrage Down Below*" [Morte nas Alturas, Indignação em Terra Firme], David Kilcullen e Andrew McDonald Exum, dois especialistas em contrainsurgência, adotaram essa visão. Argumentam que os ataques de *drones* desafiam a lógica da guerra moderna – assim como os ataques aéreos durante as guerras coloniais haviam sido contraproducentes e serviram para afastar as populações locais: "A estratégia do *drone* é semelhante ao bombardeio aéreo francês na Argélia rural nos anos 1950", sugerem eles, "e aos métodos de 'controle aéreo' empregados pelos britânicos, nos anos 1920, sobre as áreas tribais hoje pertencentes ao Paquistão. A ressonância histórica do feito britânico encoraja as pessoas nas áreas tribais a ver os ataques dos *drones* como uma continuação das políticas da era colonial".[176]

Por outro lado, há aqueles que argumentam que os *drones* se encaixam perfeitamente no paradigma da contrainsurgência, porque a precisão e a natureza direcionada dos *drones* são uma forma mais segura de erradicar uma minoria insurgente: causam o mínimo de efeitos colaterais ou o menor dano colateral possível. Alguns acrescentam que, por não ser tripulado e ser invisível, o *drone* efetivamente priva os insurgentes de um alvo tangível contra o qual se enfrentar – nas palavras de Chamayou, os *drones* "privam o inimigo de um inimigo".[177] Como resultado, o *drone*, nessa visão, mina uma estratégia central de recrutamento da insurgência.

Esse debate entre proponentes, centrados mais na população, e os defensores da contrainsurgência, centrados mais no inimigo, soa familiar. Ele repete a controvérsia sobre o uso de tortura ou outros métodos contestados dentro do paradigma da contrainsurgência. Reproduz os debates estratégicos entre os implacáveis e os mais contidos. Ensaiam-se, assim, as tensões entre Roger Trinquier e David Galula.

176 David Kilcullen e Andrew McDonald Exum, "Death from Above, Outrage Down Below", *New York Times*, 16 mai. 2009: <http://www.nytimes.com/2009/05/17/opinion/17exum.html>. Também citado em Grégoire Chamayou, *A Theory of the Drone* [2015], p. 65.

177 Grégoire Chamayou, *A Theory of the Drone* [2015], p. 62.

No entanto, assim como a tortura é central em certas versões da guerra moderna, o ataque por *drones* é tão importante quanto para certas variações da abordagem contrainsurgente. Os ataques com *drones*, na verdade, podem atender praticamente a todas as funções do segundo eixo estratégico da guerra de contrainsurgência. Por meio deles, elimina-se a minoria insurgente identificada. O terror é incutido entre aqueles que vivem perto da minoria insurgente, dissuadindo não somente a estes, mas a qualquer outro que cogite juntar-se aos revolucionários. Eles projetam poder e capacidade infinita. Demonstram quem possui a superioridade tecnológica. Como diz um oficial da Força Aérea, "a real vantagem dos sistemas aéreos não tripulados é que eles permitem que você projete poder sem projetar vulnerabilidade".[178] Ao aterrorizar e projetar poder, os *drones* dissuadem a população de se unir aos insurgentes.

Drones certamente são aterrorizantes – trata-se, de novo, de uma faca de dois gumes. Como Kircullen e Exum escreveram, "a guerra do *drone* criou uma mentalidade de cerco entre os civis paquistaneses". Eles acrescentam: "Os ataques estão estimulando uma oposição visceral sobre um amplo espectro da opinião paquistanesa em Punjab e Sindh, as duas províncias mais populosas do país. Com ampla cobertura da mídia, acredita-se que os ataques com *drones* causaram ainda mais vítimas civis. A persistência desses ataques no território paquistanês ofende os sentimentos mais profundos das pessoas, afasta-as de seu governo e contribui para a instabilidade no Paquistão".[179]

Em julho de 2016, o governo Obama divulgou um relatório estimando o número de vítimas civis resultantes de operações com *drones fora* das zonas de guerra convencionais, como Afeganistão, Iraque e Síria. O relatório incluiu ataques com *drones* na Líbia, Paquistão, Somália e Iêmen durante o período de 2009 a 2015 – países que não eram cenários de guerra dos Estados Unidos – e, portanto, cujos ataques teriam de ter sido justificados como assassinatos seletivos no cumprimento de legítima defesa. O governo Obama relatou entre 64 e 116 mortes de transeuntes civis e entre 2.372 e 2.581 mortes de supostos militantes terroristas, durante o curso de 473 ataques fora de áreas de guerra ativas, no período de 20 de janeiro de 2009 a 31 de dezembro de 2015.[180]

178 *Ibid.*, p. 12.

179 David Kilcullen e Andrew McDonald Exum, "Death from Above, Outrage Down Below" [2009].

180 US Director of National Intelligence, "Summary of Information Regarding US

Em outras palavras, durante tal período, foram oficialmente reconhecidas entre 64 e 116 mortes de civis inocentes – mortes de transeuntes, fora de área de guerra, em nome da legítima defesa de norte-americanos. O governo Obama fez uma distinção clara entre *drones* usados em zonas de guerra convencionais, em situações de conflito armado, e *drones* usados fora dessas áreas, no "exercício do direito de autodefesa inerente a um Estado". O governo caracterizou essas situações como se apresentassem uma "contínua e iminente ameaça às pessoas dos EUA", nas quais haveria "quase certeza" de que mortes de civis seriam evitadas.[181]

As ONGs ocidentais que documentam as mortes de civis alegaram que os números apresentados subestimam o montante real de baixas civis. Agências independentes estimaram um número entre 200 e 800 vítimas civis, fora das zonas de conflito, desde 2009. A *Human Rights Watch*, por exemplo, investigou sete ataques aéreos, uma pequena parcela dos 473 reconhecidos pelo governo Obama, e documentou as mortes de civis, com números que chegaram a 57 ou 59 mortos – quase tanto quanto a estimativa mínima do governo em relação a todos os ataques assumidos. O Escritório de Jornalismo Investigativo [*Bureau of Investigative Journalism*] acompanhou de perto 12 ataques em 2012 e reportou 57 mortes de civis.[182] A Clínica de Direitos Humanos da Escola de Direito da Universidade de Colúmbia [*Human Rights Clinic at Columbia Law School*] e o Centro de Es-

Counterterrorism Strikes Outside Areas of Active Hostilities": <https://www.odni.gov/files/documents/Newsroom/Press%20Releases/DNI+Release+on+CT+Strikes+Outside+Areas+of+Active+Hostilities.PDF>, Office of the Press Secretary, "Executive Order on the US Policy on Pre & Post-Strike Measures", The White House, Statements and Releases, 1 jul. 2016: <https://www.whitehouse.gov/the-press-office/2016/07/01/fact-sheet-executive-order-us-policy-pre-post-strike-measures-address>; Charlie Savage e Scott Shane, "US Reveals Death Toll From Airstrikes Outside War Zones", *New York Times*, 2 jul. 2016: <https://www.nytimes.com/2016/07/02/world/us-reveals-death-toll-from-airstrikes-outside-of-war-zones.html>.

181 Charlie Savage e Scott Shane, "US Reveals Death Toll" [2016].

182 Jack Serle, "Obama Drone Casualty Numbers a Fraction of Those Recorded by the Bureau Comments", Bureau of Investigative Journalism, 1 jul. 2016: <https://www.thebureauinvestigates.com/stories/2016-07-01/obama-drone-casualty-numbers-a-fraction-of-those-recorded-by-the-bureau>; Charlie Savage e Scott Shane, "US Reveals Death Toll" [2016]; e Greg Miller, "Why the White House Claims on Drone Casualties Remain in Doubt", *Washington Post*, 1 jul. 2016: <https://www.washingtonpost.com/world/national-security/why-the-white-house-claims-on-drone-casualties-remain-in-doubt/2016/07/01/7eb968e8-3c70-11e6-a66f-aa6c1883b6b1_story.html>.

tudos Estratégicos Sana'a [*Sana'a Center for Strategic Studies*] estimam que o governo dos EUA só havia reconhecido um quinto, ou 20%, de seus ataques letais.[183]

Esses números também não incluem os civis mortos *dentro* das zonas de guerra, como no Afeganistão ou no Iraque. Somente no Afeganistão, o Escritório de Jornalismo Investigativo documentou 1.544 ataques com *drones* confirmados, que mataram ao todo entre 2.580 e 3.376 de pessoas, das quais entre 142 e 200 eram civis transeuntes, e entre 24 e 49 eram crianças – ataques ocorridos em um período de apenas 27 meses, de janeiro de 2015 a abril de 2017.[184]

Os países afetados geralmente possuem relatórios com números muito mais altos de vítimas. A imprensa paquistanesa, por exemplo, informou que há cerca de 50 civis mortos por cada militante assassinado, resultando em uma taxa de acerto de cerca de dois por cento. Como Kilcullen e Exum argumentam, independentemente do número exato, "cada um desses não combatentes mortos representa uma família despedaçada, um novo desejo de vingança e mais recrutas para um movimento militante que tem crescido exponencialmente, na proporção que os ataques com *drones* têm aumentado".[185]

Para aqueles que vivem no Afeganistão, Iraque, Paquistão, Somália, Iêmen e países vizinhos, os *drones Predator* são aterrorizantes. Contudo, novamente, essa é precisamente a tensão central no coração da teoria da contrainsurgência – o terror pode ser uma ferramenta produtiva para a guerra moderna. Ele geralmente dissuade as pessoas de se unirem à minoria insurgente. Pode, inclusive, convencer alguns insurgentes a abandonar seus esforços. Como visto, o terror não é de modo algum antitético ao paradigma da contrainsurgência. Pode-se dizer que é um meio necessário.

183 "Out of the Shadows: Recommendations to Advance Transparency in the Use of Lethal Force", Columbia Law School Human Rights Clinic and Sana'a Center for Strategic Studies, jun. 2017: <https://web.law.columbia.edu/sites/default/files/microsites/human-rights-institute/out_of_the_shadows.pdf>; e Murtaza Hussain, "US Has Only Acknowledged a Fifth of Its Lethal Strikes" [2017].

184 "Strikes in Afghanistan", the Bureau of Investigative Journalism: <https://www.thebureauinvestigates.com/projects/drone-war/charts?show_strikes=1&location=afghanistan&from=2015-1-1&to=2016-1-1>.

185 David Kilcullen e Andrew McDonald Exum, "Death from Above, Outrage Down Below" [2009].

Os *drones* não são de forma alguma um sistema bélico perfeito, nem mesmo para seus proponentes. Dentro das Forças Armadas dos EUA, houve reação negativa. Alguns ex-operadores fizeram críticas à guerra dos *drones*, divulgando o trauma psicológico que vivenciaram. No documentário intitulado *National Bird* (2016), os cineastas Wim Wenders e Errol Morris exploram o dano psicológico que os *drones* podem causar mesmo àqueles que os administram em total segurança. A diretora, Sonia Kennebeck, enfatiza, em referência aos operadores de *drones*: "Eles falam sobre o quão difícil é estar nos EUA e se posicionar e lutar, estando em casa e em segurança". Ela explica: "Eu acho que a mente humana tem um problema em lidar com isso, porque você entra nesse ambiente secreto e eis uma verdadeira zona de guerra: você está matando pessoas. Então você vai para casa e se senta à mesa de jantar com sua família. É esquizofrênico, de certa forma, operar assim. Sua família não tem ideia do que se passa e não é permitido que você conte a eles sobre suas experiências".[186]

Em contexto semelhante, com relação à tortura, alguns homens expuseram os efeitos psicológicos de torturar outras pessoas. Eric Fair, que trabalhava para uma empresa de segurança privada, a CACI,[187] foi interrogador civil durante os primeiros meses da Guerra do Iraque, encarregado de administrar os aspectos mecânicos do programa de "interrogatório aprimorado": acordar detentos para garantir a privação do sono, despi-los, fazendo-os ficar em pé em posições de estresse, bater neles – enfim, aquelas tarefas subalternas de "interrogatório aprimorado" que tinham que ser feitas por alguém. Fair, que realizou essas tarefas por três meses, no início de 2004, logo percebeu que não era o homem certo para o trabalho e foi embora. Tendo sido criado como presbiteriano em Bethlehem, na Pensilvânia, sentiu que se identificava mais com os homens que estavam sendo torturados do que com os torturadores. Sentiu também que deveria estar atendendo às suas necessidades, em vez de explorar suas fraquezas.

186 Henry Barnes, "'The PTSD Stems from This Dirty Work': New Film Documents Regretful Drone Pilots", *Guardian*, 15 fev. 2016: <https://www.theguardian.com/film/2016/feb/15/sonia-kennebeck-us-air-force-drone-war-home-roost>. Hugh Gusterson examina a questão da proximidade e da distância dos assassinatos remotos em seu livro: *Drone: Remote Control Warfare* (Cambridge-MA, MIT Press, 2016).

187 N.T.: *California Analysis Center Inc.* é uma multinacional americana de capital aberto na Bolsa de NY que presta serviços de informação e tecnologia. Com sede em Arlington, Virginia, presta serviço nos setores de defesa, segurança nacional, inteligência e sistema de saúde ao governo federal estadunidense: <https://www.caci.com/>

No entanto, a experiência vivida por Fair deixou marcas. “Um homem sem rosto me encara do canto de um quarto”, escreveu em um ensaio de 2007. “Ele pede ajuda, mas tenho medo de me mexer. Ele começa a chorar. É um som lamentável que me faz passar mal. Ele grita, mas quando eu acordo, percebo que os gritos são meus. Esse sonho, juntamente com uma série de outros pesadelos, têm me atormentado desde meu retorno do Iraque no verão de 2004”. Em seu livro *Consequence* [Consequência], Fair conta que ainda é assombrado pela “voz do general, vinda da confortável cabine de interrogatório, pelos gritos da prisão, pelos soluços da ‘cadeira palestina’ e pelo som da cabeça de um ancião sendo socada contra a parede”.[188] E o fato de os métodos terem total respaldo jurídico não fez nenhuma diferença para ele. Nas palavras de Fair:

> Utilizávamos em nossos interrogatórios técnicas autorizadas. Arquivamos documentos, seguimos as diretrizes e obedecemos às regras. Porém, a cada prisioneiro forçado contra uma parede, ou obrigado a ficar nu em uma cela fria, ou impedido de adormecer por longos períodos, sentíamo-nos cada vez menos como homens decentes. Sentíamo-nos cada vez menos estadunidese.[189]

Esses homens – ex-operadores de *drones* e ex-torturadores – prestaram relatos de arrepiar.[190] As histórias contadas nas entrevistas são assustadoras. Infelizmente, eles são poucos. Das legiões de soldados, agentes e prestadores de serviço que participaram de ataques de *drones*, tortura e terror, é possível contar nos dedos aqueles que resolveram falar sobre os efeitos psicológicos decorrentes de tais ações.

No final das contas, os *drones* até podem não ser perfeitos do ponto de vista da contrainsurgência, mas nenhum sistema de armas o é. Eles garantem a eliminação da minoria insurgente, bem como servem a outros objetivos aterrorizantes da guerra moderna. Nesse sentido, os *drones* devem ser vistos, dentro da estrutura do paradigma contrainsurgente, como uma alternativa à detenção por tempo indeterminado, aos desaparecimentos

188 Eric Fair, “An Interrogator’s Nightmare”, *Washington Post*, 9 fev. 2007: <http://www.washingtonpost.com/wp-dyn/content/article/2007/02/08/AR2007020801680.html>; e Eric Fair, *Consequence: A Memoir* (New York, Henry Holt and Company, 2016).

189 Eric Fair, “Owning Up to Torture”, *New York Times*, 19 mar. 2016: <http://www.nytimes.com/2016/03/20/opinion/sunday/owning-up-to-torture.html>.

190 Para alguns desses relatos, ver: Eric Fair on *Democracy Now*: <https://youtu.be/2oGh93UnxQg> e <https://youtu.be/VRQzf2QcidA>; ou a operação com *drones* em *Democracy Now*: <https://youtu.be/S6sqUJaxMdM e https://youtu.be/ArlvkgvfvgA>.

ou às execuções sumárias. Na opinião de muitos no governo dos EUA, os *drones* são, de longe, a alternativa mais higiênica, virtual e segura, entre todas as demais. Do ponto de vista do alvo, é claro, quase não há distinção: há danos psicológicos, assim como a letalidade bruta do *drone* – com seus 15 metros de alcance mortal. Mas para o operador, o dano, se houver, é sobretudo psicológico, não diretamente físico. Do ponto de vista daquele que ataca, o *drone* é um meio mais seguro – e apenas uma variação do segundo eixo da estratégia contrainsurgente.

Grégoire Chamayou questiona como determinados sistemas armamentícios afetam tanto a relação do atacante para com seu inimigo quanto, em suas palavras, "a relação do Estado com seus próprios sujeitos".[191] Os dois aspectos estão ligados, é claro, e o que sugere Chamayou é que, no caso do *drone Predator*, a total segurança para seus operadores, o fato de que eles voltam para casa e para suas famílias no final do expediente, o alcance global e a natureza cirúrgica dos ataques alteraram drasticamente nossas realidades política e social, bem como a decisão democrática de matar. Havia muito tempo que a teoria crítica abordara a questão dos *drones*. Talvez a última vez tenha sido quando Theodor Adorno escreveu sobre as bombas-robô de Hitler – os infames foguetes V-1 e V-2 que os nazistas lançaram em direção a Londres.[192] No entanto, novas circunstâncias demandam novos olhares.

Em relação à primeira questão, um *drone* deve ser compreendido como um sistema de armas combinadas, que funciona em vários níveis. Compartilha características com o míssil alemão V-2, mas também com a guilhotina francesa e a injeção letal norte-americana. Combina segurança total para aquele que ataca, morte relativamente precisa e rápida e, ainda, um certo efeito anestesiante – assim como o terror absoluto. Para o país que administra o ataque, o *drone* é perfeitamente seguro. Não há risco de vítimas nacionais. Por sua morte rápida e aparentemente cirúrgica, ele pode ser retratado, tal qual a guilhotina, como quase humanizado. E os *drones* têm tido um efeito anestesiante na opinião popular, especialmente por causa de sua suposta precisão e higiene – como a injeção letal fez, em grande medida, no contexto da

191 Grégoire Chamayou, *A Theory of the Drone* [2015], p. 16, 15 e 177.

192 Theodor Adorno, *Minima Moralia: Reflections on a Damaged Life* (1944; repr. London, Verso, 2005); ver a mesma discussão em: Grégoire Chamayou, *A Theory of the Drone* [2015], p. 205.

pena de morte. Além disso, os *drones* são praticamente invisíveis, ficam fora de vista – ao menos do país que os utiliza, embora sejam aterrorizantes para as comunidades sob seu alvo.

A segunda questão de Chamayou é, talvez, a mais importante. Esse novo sistema de armas mudou a relação do governo dos EUA com seus próprios cidadãos. Não há melhor evidência disso do que o assassinato planejado e dirigido por *drones* de cidadãos dos EUA no exterior e em nações aliadas – como veremos.[193] É aqui que podemos identificar o efeito real do *drone*. Um assassinato seletivo convencional, realizado por um agente da CIA, especialmente de um cidadão norte-americano no exterior, certamente chocaria a consciência coletiva em seu país natal. Um assassinato assim levantaria questões políticas e legais que são simplesmente contornadas pelo uso de um *drone Predator*, controlado remotamente a milhares de quilômetros de distância. Embora não haja diferença no objetivo e no resultado, a novidade do *drone* significa que ele não carrega a bagagem simbólica dos assassinatos seletivos da CIA nem a longa história de debate sobre sua legalidade. Não está carregado com o fardo dos excessos do passado.

Uma analogia da pena de morte ainda pode ser útil. Nessa, também, os meios empregados dizem respeito a dimensões éticas da prática em si. A câmara de gás e a cadeira elétrica – ambas usadas nos Estados Unidos mesmo depois do Holocausto – tornaram-se carregadas de significado. Seus simbolismos azedaram a opinião pública sobre a pena de morte. Em contraste, a natureza clínica ou médica da injeção letal inicialmente reduziu a controvérsia política em torno das execuções. Apenas com o passar do tempo, com injeções letais defeituosas e questionamentos sobre os coquetéis de drogas e seus verdadeiros efeitos, levantaram-se mais questionamentos. Mas levou tempo para a publicidade negativa chegar à injeção letal. Os *drones*, neste momento, continuam preocupando menos do que os assassinatos seletivos convencionais.

O caráter de novidade do *drone*, sua pontaria cirúrgica e o fato de que não há vítimas do lado atacante, nenhuma contagem de corpos no noticiário, nem mesmo a possibilidade de morte de um cidadão local – tudo isso facilita sua utilização. Mas o ponto não é apenas

193 Ver Chris Woods e Jack Serle, "Hostage Deaths Mean 38 Westerners Killed by US Drone Strikes, Bureau Investigation Reveals", Bureau of Investigative Journalism, 23 abr. 2015: <https://www.thebureauinvestigates.com/stories/2015-04-23/hostage-deaths-mean-38-westerners-killed-by-us-drone-strikes-bureau-investigation-reveals>.

que os *drones* são mais fáceis de usar. Acima de tudo, eles tornam o paradigma da contrainsurgência uma abordagem mais fácil de ser aceita. Facilita maior tolerância até mesmo para o assassinato de cidadãos norte-americanos. E essa tolerância é, precisamente, o que conduz à erosão das fronteiras entre política externa e política interna de governo, algo que veremos a seguir, na Parte III.

Como toda nova tecnologia militar, que parece a princípio invencível – o submarino, o V-2, a metralhadora – a tecnologia do *drone* será menos onipotente um dia. Chegará um dia, provavelmente, em que tecnologias ainda mais novas permitirão que os alvos invadam o sistema de controle remoto e enviem os mísseis *Hellfire* de volta ao *drone Predator*, ou pior, em direção a populações civis. E, então, um novo dispositivo de matar, perfeitamente seguro, será inventado. Mas, por enquanto, são esses *drones* que sintetizam a lógica da teoria da contrainsurgência: uma máquina letal que elimina a minoria revolucionária, aterroriza seus vizinhos e projeta o poder do governo dos EUA – de modo a convencer a população geral de sua força e confiabilidade superiores. É um novo anexo letal à guerra moderna.

O *drone* proporcionou um impulso real na transformação histórica que testemunhamos nas últimas décadas. Parte daquilo que contribuiu para o triunfo da estratégia de contrainsurgência como uma política externa – e para sua internalização – é justamente a de que os avanços tecnológicos que tornaram possível o sonho do conhecimento total da informação e a aspiração de eliminar cirurgicamente a minoria insurgente atingível. A inovação tecnológica – a capacidade de capturar todo o tráfego digital ou de empreender, com total segurança, um ataque de *drones* a oceanos de distância – torna possível imaginar que nos aproximamos do ideal almejado pela teoria da contrainsurgência. Essas novas tecnologias ajudam a fazer a guerra moderna. E, em última análise, prepararam o terreno para a internalização do paradigma da guerra contrainsurgente.

5 . CONQUISTANDO CORAÇÕES E MENTES

O terceiro eixo da teoria da contrainsurgência consiste em conquistar, na população em geral, corações e mentes, de modo a conter o fluxo de novos adeptos à minoria insurgente e a ganhar vantagem na luta. Essa meta pode ser alcançada pela conquista ativa da lealdade da população, pela pacificação de sua parcela já passiva ou, ainda, simplesmente pela distração das massas. Para atingir tais objetivos sobre a contrainsurgência, o esforço, a rigor, é baixo, pois as pessoas já são majoritariamente passivas. Como observou Roger Trinquier, em 1961: "A experiência tem demonstrado que não é de modo algum necessário desfrutar da simpatia da maioria das pessoas para obter seu apoio; a maioria é amorfa, indiferente". Ou, como afirma o general Petraeus em seu manual, a grande maioria é "neutra" e "passiva"; o que representa um "centro descompromissado" com "apoiadores passivos de ambos os lados".[194] Esse terceiro eixo visa, portanto, a aliviar, acalmar, ou, talvez, simplesmente distrair as massas indiferentes.

No caso das guerras no Iraque e no Afeganistão e na política externa, o terceiro eixo estratégico tem-se traduzido, especialmente, em três táticas: investimento em infraestrutura, novas formas de propaganda digital e terror generalizado. Aplicadas conjuntamente, elas justapõem instâncias beneficentes ou humanitárias e instâncias apavorantes ou aterrorizantes. Incluem algumas inovações, em especial as novas tecnologias digitais, que atualizam os métodos tradicionais de cortejar a população. E com o passar do tempo – desde a ocupação no Iraque até a guerra contra o Estado Islâmico (ISIS) –, o enfoque foi deslocado, do investimento em infraestrutura para a propaganda digital. Para reforçar ambas, vem a terceira tática: a ameaça do terror generalizado, que serve como um método fundamental e de constante iminência.

194 Roger Trinquier, *Modern Warfare* [1961/1964], p. 105; FM, p. 35.

No livro *How Everything Became War and the Military Became Everything* [Como Tudo se Tornou Guerra e os Militares se Tornaram Tudo], Rosa Brooks diz que, desde o 11/9, temos testemunhado a expansão das forças militares e sua intromissão em assuntos civis. "Temos visto", em suas palavras, "a constante militarização da política externa dos EUA, visto que se tem atribuído a nossos militares muitas das tarefas que outrora foram dadas a instituições civis". Brooks alerta sobre um novo mundo em que "as fronteiras entre guerra e não guerra, militar e não militar foram corroídas". É um mundo no qual, observa a autora, as Forças Armadas não estão mais confinadas a armas e batalhas, mas realizam todos os tipos de tarefas civis – como "treinar juízes e parlamentares afegãos, criar novelas televisivas para o público iraquiano e realizar patrulhamentos antipirataria na costa da Somália... Eles monitoram as comunicações telefônicas e eletrônicas; pilotam, a milhares de quilômetros de distância, *drones* armados por meio de simuladores de *cockpits* e ajudam a desenvolver e planejar novos modos de guerra de alta tecnologia – de sistemas armamentícios autônomos, operados por computadores através de inteligência artificial, até armas biológicas ligadas ao DNA".[195]

Estamos enfrentando, de fato, como Brooks demonstra vigorosamente, um novo mundo no qual tudo é invadido pelo aspecto militar. Mas o que isso revela, acima de tudo, é a ascensão do paradigma de governo de contrainsurgência. Foi o modelo da guerra de contrainsurgência – o movimento inicial de Galula, de voltar-se à construção de escolas e instalações de saúde, esforços focados na conquista dos corações e mentes da população em geral – que empurrou os militares para esses domínios tradicionalmente civis, que incluem a vigilância total, os projetos legais, a inteligência artificial, o entretenimento etc. Com efeito, o *paradigma de governo de contrainsurgência* tornou-se o todo, ao passo que *tudo se tornou contrainsurgência*. Essa zona cinzenta que divide um governo de guerra e um governo de paz não é apenas o resultado contingente do 11/9, mas a culminação de um longo e deliberado processo de modernização da guerra.

O diagnóstico de Brooks – de uma invasão militar nos assuntos civis desde o 11/9 – pode ser melhor entendido no contexto mais amplo da ascensão da contrainsurgência como uma política

195 Rosa Brooks, *How Everything Became War and the Military Became Everything: Tales from the Pentagon* (New York, Simon & Schuster, 2016), p. 344, 341.

externa. As nebulosas linhas entre guerra e política externa, identificadas, por exemplo, na criação de novelas e projetos sociais no Iraque, não são algum tipo de acaso feliz. Representaram, ao contrário, a crescente influência do pensamento contrainsurgente.

A primeira tática, então, é investir em infraestrutura e na sociedade civil – uma estrtatégia que tem, pelo menos no início, um caráter humanitário. Essa foi uma das principais estratégias da guerra moderna de David Galula. Ele próprio investiu, na Argélia, uma enorme quantidade de tempo na criação de escolas, na construção de estradas e de fortes e na melhoria do atendimento médico.[196] O general Petraeus seguiu o exemplo e seu manual de campo enfatizou a importância do engajamento em projetos sociais. Muitos reconheceram a relutância de alguns militares de engajar-se em projetos sociais – assim como a sua falta de competência na área. No entanto, o manual enfatizava que "o sucesso para uma política duradoura exige o equilíbrio entre o uso medido da força e a ênfase nos programas não militares. Programas políticos, sociais e econômicos são mais comuns e apropriadamente associados a organizações civis e a especialistas; no entanto, a implementação efetiva desses programas é mais importante do que quem executa as tarefas".[197]

Prover necessidades básicas, rotuladas como "serviços essenciais", no manual de campo, é uma prática-chave de contrainsurgência. Consiste principalmente em garantir que haja "comida, água, roupas, abrigo e tratamento médico" para a população. O manual do general Petraeus explica tal raciocínio em termos muito simples: "As pessoas buscam as necessidades essenciais até que sejam atendidas, a qualquer custo e de qualquer forma. As pessoas apoiam aqueles que atendem as suas necessidades. Se for uma fonte insurgente, a população provavelmente apoiará a insurgência. Se o governo oferecer serviços essenciais confiáveis, é mais provável que a população o apoie. Os comandantes, portanto, identificam quem fornece esses serviços essenciais para cada grupo dentro da população".[198]

196 Ver o capítulo 2 de Grégor Mathias, *Galula in Algeria* [2011], que detalha o que Galula realmente fez em Djebel Aïssa Mimoun, Argélia.

197 FM, p. 54–55.

198 FM, p. 98. Conforme Ganesh Sitaraman, *The Counterinsurgent's Constitution* [2013], p. 11: "Economicamente, os contrainsurgentes buscam um ambiente estável que promova projetos de reconstrução e desenvolvimento. Socialmente, os contrainsurgentes fornecem serviços essenciais, como água, esgoto e

O manual de campo do general Petraeus apresentou o exemplo, em particular, dos esforços de desenvolvimento na cidade de Tal Afar, no norte do Iraque, alvo de uma acalorada insurgência no início de 2005. O 3º Regimento de Cavalaria Blindada – sob a liderança do tenente-general H. R. McMaster, que mais tarde se tornaria conselheiro de Segurança Nacional do presidente Donald Trump[199] – reivindicou a área no verão de 2005 e, depois de expulsar os insurgentes, iniciou um projeto de reconstrução. O manual descreve tais esforços nestes termos:

> Com a assistência do Departamento de Estado e do Escritório de Iniciativas de Transição da Agência dos EUA para o Desenvolvimento Internacional [*US Agency for International Development's Office of Transition Initiatives*], os esforços para restabelecer os sistemas municipais e econômicos seriamente começaram. Essas iniciativas incluíram a prestação de serviços essenciais (água, eletricidade, esgoto e coleta de lixo), projetos de educação, postos de polícia, parques e esforços de reconstrução. Também foi estabelecido um programa que garantia o devido processo legal para reivindicação e compensação voltado aos locais para resolver queixas por danos.
>
> À medida que as condições de segurança e de vida em Tal Afar melhoraram, os cidadãos começaram a fornecer informações que ajudaram a eliminar a infraestrutura da insurgência. Além das informações recebidas nas ruas, as forças multinacionais estabeleceram centros de coordenação conjuntos em Tal Afar e em comunidades próximas, os quais se tornaram postos de comando multinacionais e instalações de compartilhamento de informações com o exército e a polícia iraquianos.
>
> A união de esforços entre líderes locais iraquianos, as forças de segurança iraquiana e as forças dos EUA foram cruciais para o sucesso. A vitória ficou evidente quando muitas famílias que haviam fugido retornaram para a cidade, então segura.[200]

lixo, e representam os costumes religiosos e culturais locais". Ver também, na mesma obra, p. 38.

199 Peter Baker, "Trump Chooses H. R. McMaster as National Security Adviser", *New York Times*, 20 fev. 2017: <https://www.nytimes.com/2017/02/20/us/politics/mcmaster-national-security-adviser-trump.html>; FM, p. 375; e "Clear-Hold-Build in Tal Afar, 2005-2006: Office of the Assistant Secretary of Defense (Public Affairs)", news briefing with Col. H. R. McMaster, January 27, 2006.

200 FM, p. 183-184.

O general Petraeus também enfatizou a necessidade correlata de se relacionar positivamente com a população local. Lembremos das "Oito Recomendações" de Mao a seus combatentes, mencionadas anteriormente, que os instava a "conversar com as pessoas de maneira educada", "proceder com honestidade nas transações comerciais" e "devolver tudo que foi emprestado pelo povo". Galula fez prescrições similares, tais como implantar forças de contrainsurgência "onde a população realmente vive e não em posições consideradas de valor militar".[201] O general Petraeus aprendeu bem as lições de Mao e Galula. Aqui estão alguns dos 24 mandamentos de Petraeus que acompanhavam, em memorando, seu manual de campo:

> VIVA COM O POVO. Não podemos nos deslocar para a luta. Posicionar bases comuns e postos de combate tão próximos quanto possível daqueles que procuramos dar segurança...
>
> CAMINHE. Dê uma volta, não dirija. Patrulhe a pé sempre que possível e envolva a população. Tire seus óculos de sol. A consciência situacional só pode ser obtida na interação cara-a-cara, não separada por um vidro blindado ou um *Oakley*.
>
> SEJA UM BOM HÓSPEDE. Trate o povo afegão e sua propriedade com respeito. Pense em como nós dirigimos, como patrulhamos, como nos relacionamos com as pessoas e como ajudamos a comunidade. Veja as nossas ações através dos olhos dos afegãos e, em conjunto com os nossos parceiros, consulte os mais velhos antes de buscar novas iniciativas e operações.[202]

Nota-se que, na versão original do último ponto, o general Petraeus havia escrito: "Veja suas ações através dos olhos dos afegãos. Alienar os cidadãos afegãos é semear a nossa derrota".[203]

Para cumprir todas essas promessas e investir na sociedade civil, o governo norte-americano inundou os territórios ocupados de dinheiro. Os Estados Unidos gastaram 113 bilhões de dólares no Afeganistão entre 2001 e o início de 2016 para a sua reconstrução, o que representou muito mais do que o Plano Marshall na Europa do pós-guerra. Gastou-se cerca de 14 bilhões

201 David Galula, *Counterinsurgency Warfare* [1964], p. 78.
202 Citado em Paula Broadwell, *All In* [2012], p. 59, 61-62.
203 Paula Broadwell, *All In* [2012], p. 62.

de dólares por ano em empreitadas. O general Petraeus promoveu agressivamente "a prática de injetar dinheiro na economia do Afeganistão", argumentando que os dólares iriam comprar a paz. "Empregar dinheiro como um sistema de armas", escreveu Petraeus em 2008. "Dinheiro pode ser 'munição.'"[204] A maior parte desses dólares foi para empresas privadas norte-americanas e para estabelecimentos locais, servindo a outro objetivo, o de minimizar vítimas norte-americanas.

O resultado foi uma distribuição vertiginosa de dinheiro, marcada por corrupção extrema. Com pouquíssima supervisão sobre as licitações contratadas e com a necessidade estratégica de confiar em amigos e aliados aparentes, os contratos foram distribuídos de maneira a criar fortunas instantâneas para aqueles bem afortunados e bem relacionados. Apenas entre 2007 e 2014, os Estados Unidos distribuíram 89 bilhões de dólares em contratos no Afeganistão.[205] Como relatou Matthieu Aikins no *New Yorker*:

> "Havia tantos contratos por aí que você poderia ganhar o que quisesse", coutou-me Simon Hilliard, um ex-soldado britânico que trabalhou na KAF (a principal base dos EUA, conhecida como Kandahar *Airfield*), como diretor administrativo da *Watan Risk Management*, uma empresa de segurança afegã. "As margens de lucro eram insanas", ele disse que, em 18 meses, as receitas da *Watan* aumentaram de quinhentos mil dólares para cinquenta e oito milhões de dólares.[206]

A corrupção foi documentada em casos como o processo *Estados Unidos da América v. a quantia de 70.990.605 de dólares e outros*, no qual o Departamento de Justiça dos EUA [*US Justice Department*] acusou um empresário afegão de suborno; e casos criminais ligados à corrupção, como aqueles nos quais oito soldados dos EUA se declararam culpados em acusações relacionadas. O Centro de Integridade Pública [*Center for Public Integrity*][207] pu-

204 Matthieu Aikins, "The Bidding War", *New Yorker*, 7 mar. 2016: <http://www.newyorker.com/magazine/2016/03/07/the-man-who-made-millions-off-the-afghan-war>; e Alissa J. Rubin, "Afghan Commander Issues Rules on Contractors", *New York Times*, 12 set. 2010: <http://www.nytimes.com/2010/09/13/world/13petraeus.html>.

205 Matthieu Aikins, "The Bidding War" [2016].

206 *Ibid.*

207 N.T.: organização não-governamental norte-americana sem fins lucrativos de jornalismo investigativo cuja missão afirma ser revelar abusos de poder e corrupção por parte de poderosas instituições públicas e privadas, de modo que atuem com

blicou um estudo em maio de 2015 que constatou que "desde 2005, pelo menos, 115 membros do serviço dos EUA, que se deslocaram para o Iraque e Afeganistão, foram condenados por suborno, furto e por fraude contratual".[208]

Naturalmente, grande parte do dinheiro encontrou seu caminho para o Talibã e para as forças contra as quais os militares norte-americanos estavam lutando. Uma auditoria forense realizada em 2010 pelas Forças Armadas, *Task Force 2010*, descobriu, por exemplo, que, do total de aproximadamente 31 bilhões de dólares em contratos inspecionados, em torno de 360 milhões de dólares acabaram nas mãos do Talibã, de funcionários corruptos ou de criminosos; e isso foi apenas o que se pôde averiguar diretamente. Reconhecendo alguns desses problemas, o general Petraeus implementou, em setembro de 2010, diretrizes para reduzir a corrupção e conter o fluxo de dinheiro destinado aos talibãs. Nas palavras dele, "A escala de nossa contratação no Afeganistão representa tanto uma oportunidade quanto um perigo". E acrescentou: "Com a contratação de supervisão adequada, é possível estimular o crescimento econômico e o desenvolvimento".[209]

Em última análise: a teoria da contrainsurgência exige o fornecimento de bens sociais e a construção de infraestrutura, contudo, no Iraque e no Afeganistão, o governo seguiu esse ditame de maneira parcial e ociosa, o que conduziu a muita corrupção. Esse resultado reflete, é claro, tanto a dificuldade de seguir a teoria da contrainsurgência quanto sua adoção imperfeita. Por outro lado, como veremos, também revela a corrente subterânea mais sólida da guerra moderna, a saber, o uso do terror.

Uma segunda abordagem para garantir a neutralidade da maioria é aquela de cariz mais psicológico. Nos primórdios da guerra moderna, exemplos dessa abordagem incluíam, nas palavras de especialistas em contrainsurgência, medidas como o reassentamento de populações, "para controlá-las melhor e barrar os insurgentes". Isso é o que os britânicos fizeram na Malásia e os franceses na Argélia. Outros exemplos incluíram campanhas de propaganda básica.[210]

honestidade e responsabilidade, sobretudo colocando o interesse público acima de tudo. Ver <https://publicintegrity.org/>.

208 *Ibid.*

209 *Ibid.*; Paula Broadwell, *All In* [2012], p. 77–79; e Alissa J. Rubin, "Afghan Commander Issues Rules on Contractors" [2010].

210 Gérard Chaliand, *Guerrilla Strategies* [1982], p. 29; Marnia Lazreg, *Torture and the*

Com o passar do tempo, novas tecnologias digitais viabilizaram novas formas de guerra de contrainsurgência psicológica. Uma das mais novas envolve a propaganda digital, refletida, mais recentemente, no Centro de Engajamento Global [*Global Engagement Center*][211], criado no início de 2016, durante o governo Obama. Com o objetivo de evitar a radicalização de jovens vulneráveis, o centro adotou estratégias pioneiras dos gigantes do Vale do Silício, como *Google, Amazon, Netflix* – e teve originalmente um financiamento de cerca de 20 milhões de dólares. Com foco naquelas pessoas consideradas, por sua vulnerabilidade, mais propensas à radicalização, conteúdo aprimorado e elaborado de terceiros foi enviado a elas na tentativa de dissuadi-las, subliminarmente, de se tornarem rebeldes ou de se juntarem ao ISIS. Nas palavras de um jornalista investigativo, "o governo Obama está lançando uma sorrateira campanha de mensagens anti-Estado Islâmico, enviadas por *proxies*[212] e direcionadas a pretensos indivíduos extremistas, da mesma forma que a *Amazon* ou o *Google* enviam sugestões de compras com base no histórico de navegação *on-line* das pessoas".[213]

Essa abordagem envolveu várias etapas, todas modeladas com base nas mais recentes recomendações de técnicas algorítmicas de gigantes digitais como a *Google* e os mais sofisticados métodos de publicidade digital do *Facebook* e outras mídias sociais.

O primeiro passo foi coletar e fazer mineração de dados [*data mining*] sobre os rastros digitais – que todos os usuários da *internet* deixam nas redes sociais, em *sites* de compra, na navegação na *web*, em *videogames* e noutros locais digitais – com o objetivo de identificar pessoas sob risco de radicalização pelo ISIS ou por outros grupos extremistas. Assim como a *Target*, gigante varejista, conseguia identificar mulheres grávidas antes mesmo de seus

Twilight of Empire [2008], p. 58. A respeito disso, é interessante notar que depois de sua posição de comando na Argélia, David Galula passou vários anos a trabalhar na contrapropaganda de rádio através do "Psychological Action Branch", do Ministério da Defesa na França. Ver o capítulo 5 de Grégor Mathias, *Galula in Algeria* (2011).

211 N.T.: Entidade intergerencial localizada no Departamento de Estado do governo estadunidense encarregada de coordenar as mensagens de contraterrorismo dos EUA para o público estrangeiro. Ver <https://2009-2017.state.gov/r/gec/>.

212 N.T.: *Proxy* é um servidor (um sistema de computador ou um aplicativo) que age como um intermediário para requisições de clientes, solicitando recursos de outros servidores.

213 Kimberly Dozier, "Anti-ISIS-Propaganda Czar's Ninja War Plan: We Were Never Here", *The Daily Beast*, March 15, 2016: <http://www.thedailybeast.com/articles/2016/03/15/obama-s-new-anti-isis- czar-wants-to-use-algorithms-to-target-jihadis.html>.

próprios familiares por meio dos rastros digitais que elas deixavam, o Centro de Engajamento Global coletaria todos os rastros digitais para identificar aqueles suscetíveis a radicalismos, mesmo antes que sucumbissem a alguma influência de fato.[214]

O segundo passo foi identificar conteúdo de terceiros que tivesse um efeito moderador, mais do que radicalizante, e depois aprimorar esse conteúdo para que ele se tornasse ainda mais eficaz. Ao fornecer consultoria e apoio financeiro a terceiros, o Centro garantia que estes estivessem utilizando as melhores práticas da indústria de publicidade digital, como, por exemplo, a aplicação de mais imagens e de melhores estratégias retóricas. A ideia aqui, segundo os relatos, seria "prover a organizações locais sem fins lucrativos, a líderes regionais ou a ativistas, apoio financeiro não visível e conhecimento técnico para fazer com que seus vídeos, *sites* ou programas de rádio parecessem profissionais – e permitir que eles próprios distribuíssem a mensagem". Nessa movimentação, o Centro aproveitou a deixa do setor privado, contando, especialmente, com as melhores práticas da indústria de publicidade digital. Aparentemente, ele trabalhou diretamente com o *Facebook*. Sua porta-voz, Jodi Seth, inclusive, indicou que o *Facebook* compartilhou suas pesquisas com o Centro para mostrar aos funcionários da administração "fatores que ajudam a tornar o contradiscurso mais bem-sucedido", tal como uma melhor formatação do conteúdo (acredita-se, por exemplo, que incluir fotos e vídeos aumenta a probabilidade de leitura das postagens) e a melhora no tom do conteúdo (aqui, por exemplo, crê-se que é melhor ser construtivo e usar sátira ou humor ao em vez de produzir apenas anúncios em tom de ataque).[215]

O terceiro passo, então, consistiu em medir o sucesso das informações dirigidas para determinar se elas foram recebidas, abertas, visualizadas e clicadas. Aqui, mais uma vez, o Centro usou os métodos mais modernos do ramo da publicidade digital, tendo como missão medir impressões e a recepção sobre tais dados. Depois de direcionar o conteúdo aprimorado de terceiros para os destinos identificados, o Centro media em tempo real a recepção das informações. Esse foi um passo crítico, no qual o *big data* realmente importava: não era suficiente

214 Para mais comentários acerca da capacidade da *Target* em identificar digitalmente mulheres recém-grávidas, ver: Bernard E. Harcourt, *Exposed* [2015], p. 124, 194 e 246; e Kimberly Dozier, "Anti-ISIS-Propaganda Czar's Ninja War Plan" [2016].

215 Kimberly Dozier, "Anti-ISIS-Propaganda Czar's Ninja War Plan" [2016].

simplesmente identificar os alvos – era preciso determinar se o conteúdo almejado estava sendo aberto e exibido. Para isso, o Centro contratou empresas privadas para realizar a mineração de dados, a fim de interpretar os traços digitais que os usuários atingidos deixavam para trás.[216]

A ideia era imitar a conduta do inimigo, que foi, aparentemente, a de copiar o método utilizado por *Google* e *Amazon*. De acordo com o chefe do centro, Michael Lumpkin, a estratégia era "imitar o modo como o ISIS vai atrás de seus seguidores": "Geralmente começa no *Twitter*, depois vai para o *Facebook*, então para o *Instagram* e, por fim, vai para o *Telegram* ou algum outro espaço criptografado de ponta a ponta", explica Lumpkin. "Eles estão fazendo o que a *Amazon* faz. Direcionam informações selecionadas para um indivíduo com base em sua receptividade. Precisamos fazer a mesma coisa".[217]

Naturalmente, nessa estratégia, o Centro apagou todas as marcas de "*Made in USA*". "O novo Centro 'não vai se concentrar em mensagens dos EUA com um carimbo do governo sobre elas, mas sim em amplificar vozes verossímeis e moderadas na região e em toda a sociedade civil', disse Lisa Monaco, falando no Conselho de Relações Exteriores. [...] 'Reconhecer quem vai ter a voz mais legítima e fazer tudo o que pudermos para alçar essa mensagem sem que ela precise ser uma mensagem dos EUA'". Por sua vez, o chefe do Centro, Michael Lumpkin, acrescentou: "Face a um oponente ágil, que se adapta, desvinculado da verdade ou da ética, nosso pessoal foi deixado imerso na burocracia, utilizando tecnologia ultrapassada".[218] A ideia por trás do Centro era a de atualizar nossa tecnologia, tornando-a mais ágil.

Ademais, é claro, era necessário que todos nós compartilhássemos todas as nossas informações por meio de mídias sociais e tecnologias digitais invasivas que alimentam aquilo que chamo de nossa sociedade expositiva [*expository society*]. Como David Galula enfatiza em suas memórias de 1963, *Pacification in Algeria* [Pacificação na Argélia], informação é "a chave para o sucesso".[219] Precisamos, agora, compreender a sociedade expositiva como a base essencial de um novo paradigma do governo da contrainsurgência.

216 *Ibid.*

217 *Ibid.*

218 *Ibid.*

219 David Galula, *Pacification in Algeria* [1963/2006], p. 102.

A abordagem do Centro de Engajamento Global captura perfeitamente essas novas técnicas e algoritmos digitais – e como eles mesclam, exploram e implantam as melhores e mais recentes práticas de publicidade digital e entretenimento, mensagens subliminares e propaganda leves.[220] Aqui, é claro, as fronteiras entre a contrainsurgência como política externa e como governança interna começam a desmoronar, na medida em que mais e mais dados são necessários para uma mineração de dados eficaz. Quanto mais a batalha contra o terror torna-se global, o mesmo acontece com as populações alvo – incluindo nós mesmos.

O terceiro conjunto de medidas foi ainda mais fundamental: o terror. A maneira mais implacável de conquistar corações e mentes é aterrorizar a população local para garantir que ela não aprove nem ajude a minoria insurgente. Quando Paul Aussaresses descreveu o tratamento brutal que deu a suspeitos de pertencer à FLN e os métodos de tortura que empregou na Argélia – a já mencionada técnica de choque elétrico, o afogamento, as execuções sumárias –, o general francês incluiu essas práticas sob a rubrica de *La Terreur* [O Terror][221] – também título do capítulo onde aparecem. Ele sabia do que estava falando. Desde o 11/9, a mesma ideia passou a guiar a política externa dos EUA. Estratégias como gastos sociais e propaganda digital, na verdade, são meros ornamentos para uma estrutura mais basilar e duradoura de terror.

A brutalidade da contrainsurgência serve, naturalmente, para reunir informações e erradicar a minoria revolucionária. Mas também almeja ir além: sua ambição, como bem reconheceu o general Aussaresses, é aterrorizar os insurgentes, assustá-los *e* amedrontar a população local, a fim de evitar que ela se junte ao grupo insurgente. Hoje, o uso extraordinariamente brutal de tortura, o assassinato por *drones* de suspeitos-alvo e a detenção por tempo indeterminado em solitárias visam não apenas a eviscerar o inimigo, mas também a advertir os demais, espalhar o medo e conquistar sua submissão e obediência. Os *drones* e a detenção por tempo indeterminado esmagam aqueles que atingem, ao passo que atingem com terror qualquer um que sequer cogite simpatizar com a minoria revolucionária. *Drones* e detenção por tempo indeterminado exibem um domínio que

220 Kimberly Dozier, "Anti-ISIS-Propaganda Czar's Ninja War Plan" [2016].

221 Ver Paul Aussaresses, *Services Spéciaux* (2001); e Aussaresses, *The Battle of the Casbah* [2004].

atrai e seduz as massas. Legitimam a minoria contrarrevolucionária. O terror, na verdade, é o que realmente conquista e coloniza os corações e as mentes das massas. E, na política externa dos EUA desde o 11/9, o terror tem servido como meio de assegurar a submissão da maioria passiva, e não apenas da minoria insurgente. Por fim, o terror é a chave que compõe o terceiro eixo da estratégia da contrainsurgência.

Desde a Antiguidade, o terror tem servido para separar os civilizados dos bárbaros, para distinguir o cidadão livre dos escravizados. O homem livre na Grécia Antiga tinha o privilégio de fazer um juramento aos deuses, de testemunhar em seu nome. O escravo, ao contrário, só poderia dar testemunho sob tortura. Esta, nesse sentido, determinava liberdade e cidadania pela humilhação e seleção – pela imposição de estigmas àqueles que *poderiam* ser torturados. Serviu para demarcar os fracos. Marcou os vulneráveis. Paradoxalmente, serviu também para conceber os "mais civilizados". Esse talvez seja o maior paradoxo da brutalidade da contrainsurgência: *ser civilizado é torturar judiciosa, criteriosa, racionalmente*. Esse paradoxo nasceu na Antiguidade, mas segue em curso. Há uma passagem impressionante em uma entrevista com o general francês Jacques Massu, famoso por ter violentamente comandado a Batalha de Argel, na qual ele compara os torturadores franceses a "coroinhas": "Eu não tenho medo da palavra tortura", Massu explica, "mas acho que na maioria dos casos, os militares franceses obrigados a usá-la para vencer o terrorismo eram, felizmente, coroinhas se comparados aos rebeldes e ao seu uso da tortura. A extrema selvageria desses últimos nos levou a alguma ferocidade, é verdade, mas permanecemos dentro da lei do olho por olho, dente por dente".[222] A tortura era, nas palavras de Massu, "uma necessidade cruel", mas aparentemente isso só revelava, mais do que qualquer coisa, como os franceses eram civilizados.

A administração racional do terror é a marca da civilização. Ser civilizado é promover o terror de forma apropriada, criteriosa, com moderação, de acordo com as regras. Apenas os bárbaros praticavam uma tortura selvagem, cruel, sem limites. Os civilizados, ao contrário, sabiam como e quando domar a tortura, como tomar as rédeas do terror, aplicando-o com discernimento e discrição. Comparado aos bárbaros

222 General Massu, *The Real Battle of Algiers*, citado em: "The World: Film Studies".

– as decapitações do ISIS são um exemplo moderno do ponto em questão – *somos* comportados e judiciosos; mesmo quando torturamos, não nos comparamos àqueles bárbaros. E desde o 11/9, o uso racional do terror tem sido uma estratégia fundamental dos EUA. No final, ele funciona com uma miríade de meios para conquistar os corações e mentes das massas sob o paradigma de governo da contrainsurgência.

6 . GOVERNANDO POR MEIO DO TERROR

Afogamento, detenção por tempo indeterminado, isolamento e confinamento solitário, ataques com *drones*, sepultamento vivo em caixões e cercas de arame farpado – essas práticas são, com certeza, componentes estratégicos da guerra de contrainsurgência: funcionam para extrair informações, eliminar a minoria radical e controlar as massas. Nesse sentido, elas servem bem aos três eixos da teoria da contrainsurgência. Entretanto, isso não é tudo.

O terror não é apenas o elo que une as três estratégias centrais da contrainsurgência; ele também funciona de modos múltiplos na promoção da contrainsurgência como paradigma de governo – produz a verdade da eficácia do terror, legitima o regime do terror, cria medo e impõe disciplina à minoria contrarrevolucionária, e muito mais. O terror vai muito além do esperado. Produz um todo muito maior do que a soma de suas partes.

O terror é o que torna a teoria da contrainsurgência tão elástica, apesar do fato de que a guerra moderna raramente tenha sido bem-sucedida militarmente, se é que alguma vez o tenha sido. Praticamente todas as guerras de contrainsurgência culminaram em independência nacional para os insurgentes e no fracasso estrondoso de seus arquitetos. Mas a contrainsurgência sempre foi perfeitamente resiliente no plano político mais amplo porque seus proponentes puderam e sempre podem alegar que sua derrota se deve à aplicação insuficiente: a lógica da contrainsurgência jamais teria falhado; a falha estaria na execução de sua lógica – a falha de não ter sido suficientemente firme. Cada vez que a contrainsurgência fracassou – na Indochina, na Argélia, no Vietnã –, foi sempre porque os militares não demostraram brutalidade suficiente frente à minoria insurgente. "Perdemos a guerra na Indochina, em grande medida, porque hesitamos em tomar as medidas necessárias ou o fizemos demasiado tarde", enfatizou Roger Trinquier. "Pela mesma razão", previu, "vamos perder a guerra na Argélia".[223]

223 Roger Trinquier, *Modern Warfare* [1961/1964], p. 113.

A culpa sempre recai sobre a falta de determinação suficiente – falta de terror suficiente. Essa resiliência fomentou o paradigma da contrainsurgência.

O terror, ao cabo, sempre foi um elemento-chave da contrainsurgência. Alguns defensores adotaram-no explicitamente. Outros, cheios de dedos, reconheciam seu poder, mas tentavam ignorá-lo ou evitá-lo. No entanto, ele sempre esteve presente, mesmo como uma sombra. Assombrava os processos judiciais forjados. Lançava sombra sobre os memorandos de tortura. Estava presente na concepção de que o terrorismo é a ferramenta mais eficaz dos insurgentes. Ou ainda na sugestão de que nenhum método deve ser tirado da jogada. Estava sempre lá porque, ao final, a *guerra moderna é um paradigma de governo por meio do terror.*[224]

Todavia, o terror não é um componente inédito de governo, ainda que seu papel no modelo de contrainsurgência possa ser singularmenteconstitutivo. Ele se fez presente desde a escravidão na Antiguidade, passando pelas muitas inquisições, até os campos de concentração na história moderna. E, em cada uma de suas manifestações, também funcionou em múltiplos níveis para reforçar diferentes modos de governo. Olhando para trás na história, o terror cumpriu muito bem o seu papel. Hoje também o faz. E para melhor mensurar tudo o que o terror hoje alcança– para além dos três eixos da teoria da contrainsurgência – é útil examinar a história, recordando suas diferentes funções e tudo o que realizou. Seus reflexos no presente são estonteantes.

Mais histórico e teórico, este capítulo retornará, em detalhes, a cinco episódios que revelam o trabalho do terror na história e como ele se reflete hoje no paradigma da contrainsurgência de governo. A ambição deste capítulo é mostrar o quão essenciais para as estratégias contrarrevolucionárias são a brutalidade

224 A ideia de governar por meio do terror, que desenvolvo neste capítulo, é tributária dos escritos de Foucault sobre governamentalidade, bem como dos de Ian Hacking [N.T.: Cf., entre outros, *Why is There Philosophy of Mathematics at all?* (New York, Cambridge University Press, 2014); *Historical Ontology* (London, Harper University Press, 2002); *The Social Construction of What?* (Cambridge, Harvard University Press, 1999); *The Taming of Chance* (New York, Cambridge University Press, 1990); "Biopower and the Avalanche of Printed Numbers", *Humanities in Society*, 5, 3/4, 1982, p. 279-295; *Logic of Statistical Inference* (New York, Cambridge University Press, 1976); *The Emergence of Probability: a philosophical study of early ideas about probability induction and statistical inference* (New York, Cambridge University Press, 1975)] e ao brilhante livro de Jonathan Simon sobre as técnicas de governo na guerra contra o crime, *Governing Through Crime* (New York, Oxford University Press, 2006).

excessiva, a tortura e o terror. Grande parte, mas não tudo, girará em torno da tortura – onde nossa discussão sobre a política pós-11/9 dos EUA começou, com a tortura como meio de obter informação [*torture-as-intelligence*]; e agora a tortura como terror [*torture-as-terror*]. Mas este tem outras manifestações, e é por isso que essa categorização mais ampla é, em última análise, a mais adequada atualmente.

O primeiro episódio remonta à Antiguidade, mas refere-se a um tema recorrente ao longo da história: o terror muitas vezes serviu para fabricar sua própria verdade – especialmente em termos de sua eficácia. "Todos eles falam". Esse é um refrão constante na maior parte dos textos sobre interrogatórios mediante tortura. É a cena de abertura de *A Batalha de Argel:* "Ele finalmente desembuchou!", diz o jovem interrogador. Todos disseram isso a Mohamedou Slahi, assim como a Henri Alleg. Não apenas uma vez, mas a todo instante: "Você vai responder, eu prometo". "Todos falam. Você terá que nos contar tudo – e não apenas um pouquinho da verdade, mas ela toda!"; "Você vai falar! Todo mundo fala aqui!".[225]

Tentar convencer um suspeito de que ele vai falar, dizendo-lhe que irá, naturalmente, é uma técnica psicológica, mas muito mais do que isso. É também uma forte crença dos teóricos da contrainsurgência, para além da sala de interrogatório. Roger Trinquier, por exemplo, insiste nesse ponto em seu debate televisionado com Saadi Yacef, em 1970 – e ele não está lá tentando dobrar outro suspeito. Até mesmo a FLN parece ter acreditado nisso, e, portanto, ordenava a seus membros que resistissem por pelo menos 24 horas, o tempo necessário para que outros membros da FLN conseguissem se esconder. Todo mundo afirma que a vítima de tortura irá falar – e todos passam a acreditar nisso. E, eventualmente, essa se torna a verdade do terror.

Fabricar a verdade: essa é, talvez, a primeira grande função do terror. É um poder do qual o terror dispõe, especialmente diante de homens e mulheres comuns – de humanos, demasiadamente humanos. Tem sido assim desde as inquisições da Idade Média, e antes, desde a Antiguidade. Quanto a isso, pouco mudou.

Em seu livro *Torture and Truth* [Tortura e Verdade, 1991], sobre a escravidão na Antiguidade grega, Page duBois argumenta que a ideia de verdade hoje dominante no pensamento

225 Henri Alleg, *The Question* [1958/2006], p. 38, 41, 47.

ocidental está indissoluvelmente ligada à prática da tortura – enquanto a própria tortura está profundamente conectada à vontade de descobrir algo que está sempre além do nosso alcance. Como resultado, uma após a outra, as sociedades voltam à tortura, em uma reincidência quase eterna, como meio de buscar a verdade que está além da nossa compreensão. DuBois mostra que em épocas antigas a tortura funcionava, metaforicamente, como a pedra de toque da verdade e como meio de estabelecer uma hierarquia social. Nas palavras da autora, "o desejo de criar uma alteridade e o desejo de extrair a verdade são inseparáveis, no sentido de que o outro sujeito, porque é um outro, é constituído como uma fonte de verdade". Em suma, a verdade está sempre "inextricavelmente ligada à prática da tortura".[226]

DuBois abre seu livro com uma discussão etimológica do termo grego para tortura, *basanos* – o qual se referia à pedra de toque que era usada para testar o valor do ouro, uma prática de comerciantes. A autora mostra como, na Antiguidade, os gregos acreditavam que a tortura de um escravo era uma fonte importante de acesso à verdade, servindo como a melhor prova e a mais confiável. "A evidência extraída do corpo do escravo e relatada ao tribunal", escreve, "é considerada superior àquela concedida livremente no tribunal, perante o júri, na presença dos litigantes". A tortura de escravos produzia verdade de tão alta qualidade que, de fato, alcançou a tripla função de demarcar a liberdade, de estabelecer a ordem social e de levar a cabo a busca pela verdade. Esta, conforme o argumento de duBois, "reside no corpo escravo".[227]

Neste sentido é que a tortura de escravos na Antiguidade tornou-se a pedra de toque da verdade: trata-se do teste final de legitimidade do metal precioso, da genuinidade ou autenticidade do que foi dito. Como duBois sugere: "Primeiro, os gregos usaram o significado literal de *basanos* – 'pedra de toque' – para então metaforizá-lo e conotar um teste; e, por fim, reconcretizam-no e rematerializam-no na tortura para que significasse, novamente, um teste físico".[228] Existe uma curiosa semelhança entre a real operação do *basanos* – a ferramenta em si – e a práti-

226 Page duBois, *Torture and Truth* (New York, Routledge, 1991), p. 7, 152.
227 *Ibid.*, p. 64, 65.
228 *Ibid.*, p. 35.

ca de tortura: esfrega-se o ouro contra a ferramenta, a pedra de lidita, despedaçando fisicamente partes do metal precioso para ver a cor da marca remanescente. A tortura física, ao que parece, imita esse ato físico: é a fricção do corpo físico contra todos os tipos de ferramentas – nos tempos antigos, o tronco [*rack*] ou a água, e ainda hoje o emparedamento [*wall slam*], a bofetada, o afogamento, os choques elétricos – tudo para tornar a verdade *visível*. A metáfora – de atritar o corpo, como se atritava o ouro, para ver o resíduo da verdade – é assombrosa.

Além do mais, o terror produzia diferença social e hierarquia. Os limites à tortura nas sociedades antigas serviam para definir o que significava estar entre aqueles que poderiam ser torturados – a divisão entre ser um escravo ou ser livre. Nos tempos antigos, portanto, o testemunho de um escravo só podia ser obtido por meio da coerção e, em litígios, só se tornava admissível mediante tortura. Apenas cidadãos livres – do sexo masculino – poderiam fazer um juramento ou resolver uma controvérsia por meio do discurso. As regras sobre quem poderia ser torturado nos tempos antigos não apenas selecionava quem eram as vítimas de tortura, mas as regras eram, em si mesmas, constitutivas do que significava ser um escravo. As leis demarcavam e definiam como era essa liberdade e o que ela implicava.

A tragédia de Sófocles, Édipo Rei tem capturado por séculos nossa imaginação em questões sobre destino e poder. Todavia, é possível que seja em torno da questão do terror e da verdade que a peça gire. No clímax da tragédia – momento central em que a verdade finalmente surge para ser vista e reconhecida por todos – há uma cena de terror. O escravo pastor que detinha o conhecimento sobre os antepassados de Édipo é ameaçado com tortura. E apenas essa ameaça – na culminância de toda uma série de inquéritos sem sucesso – produz a verdade: a tortura faz com que o pastor confesse, e isso permite a Édipo reconhecer seu destino. Mas mais do que isso, a tortura reafirma a ordem social em Tebas – uma ordem social na qual os deuses governam, os oráculos dizem a verdade, os profetas divinizam, os reis fatalmente governam e os escravos servem. Em última análise, é o direito de aterrorizar que revela o poder de Édipo e o lugar do pastor na sociedade. A tortura constituía a servidão: só quem não podia fazer um juramento haveria de ser aterrorizado. Mas ela também devolve os deuses e profetas ao seu devido lugar.

De maneira análoga, hoje o terror produz sua própria verdade – a verdade sobre a efetividade da tortura em elucidar os fatos, os fatos sobre sua efetividade em subjugar os insurgentes, sobre a justeza da contrainsurgência.

Como segundo ponto, o terror – mais especificamente o quadro regulatório que o circunda – legitima as suas próprias práticas. Isso pode soar paradoxal ou circular – mas essa tem sido uma realidade na história. As estruturas que moldam e regulam a gerência das práticas de terrorismo têm o efeito inesperado de legitimar o uso de métodos brutais e os regimes de terror.

A rigorosa codificação Justiniana do uso de tortura nos escravos, no Livro 48 do Digesto,[229] servia para inscrever na lei as práticas de terror – em um procedimento que simultaneamente conteria a barbárie dessas práticas extremas e habilitaria as autoridades que as supervisionavam. A natureza extrema da tortura, uma vez inscrita no tecido jurídico, concentrava o poder nas mãos daqueles que tinham o conhecimento e habilidade, a *techne*, para dominar a brutalidade. O código Justiniano serviu de modelo para codificações posteriores ainda na alta Idade Média e para as ações da Inquisição.

Práticas extremas exigem uma supervisão especializada e permitem maior concentração de poder nas mãos daqueles que as dominam melhor. Nesse sentido, a tortura não apenas fornece informações e elimina a minoria insurgente, como também concentra o poder nas mãos dos seus administradores. Em outros termos, ela centraliza o poder, produz um novo judiciário e atribui imunidade aos torturadores – precisamente porque são eles os que reivindicaram e assumiram o maior de todos os poderes: o poder sobre a vida e a morte. Outros cedem à sua audácia. A concentração de poder por meio do terror tem uma longa história.

Muito tempo depois do Código Justiniano, nos séculos XII e XIII, a lei romana ressurgiu e começou a competir com os regimes jurídicos dos visigodos e de outros germânicos. A tortura foi reinscrita nos códigos legais na Idade Média, mais uma vez tornando-se parte do sistema jurídico. O código legal de Alfonso X de Castela, conhecido como *Las Siete Partidas* – brilhantemente elucidado pelo historiador do direito Jesús R. Velasco –,

229 N.E.: Digesto (do latim *Digesta seu Pandectae*) é um compêndio de textos jurídicos ligados ao sistema legal da Roma antiga, compilado em 530-33 d.C. por ordem do imperador bizantino Justiniano.

foi elaborado por um corpo coletivo de juristas em meados do século XIII e concluído por volta de 1265; ele integrou a tortura ao tecido legal, assim como o Digesto havia feito anteriormente.[230] Esse código legal incorporou a tortura, especificamente, em sua *Partida 7*, Título 30, "Da Tortura", ao mesmo tempo valorizando-a e domesticando-a – ao criar uma proteção contra ela mesma, refinar sua prática, assegurar instâncias contra seu excesso. A tortura só era permitida mediante ordem judicial, bem como só poderia ser administrada se houvesse uma testemunha confiável e se o suspeito fosse "um homem de má reputação ou de nível inferior". Certas classes de indivíduos poderiam ser torturadas, outras não. Alguma moderação no interrogatório tinha que ser respeitada. Ainda mais importante, e em contraste com grande parte da Inquisição Espanhola, a responsabilidade, em caso de lesão, recaía sobre o inquisidor, não apenas sobre a vítima torturada.[231] Haveria, assim, consequências em caso de abuso.

Naqueles primeiros séculos, a tortura ia sendo regulamentada e regularizada. As mesmas rotinas foram replicadas na Inquisição Espanhola, estendendo-se de 1478 a 1834, como é refletido nos vários manuais de instrução inquisitoriais, como o de Gaspar Isidro de Argüello, de 1627, *Instruções do Santo Ofício da Inquisição* (1484-1561), que se referem a meias-provas e penitência, a confiscos, a prisões perpétuas e a outras práticas reguladas de punição.[232] A tortura era imiscuída ao

230 Não que os visigodos não usassem torturas. Eles também tinham regras e normas sobre seu uso - talvez regras e normas ainda mais "responsabilizadoras", regulamentos que impunham maior responsabilidade à pessoa que aplicava tortura. Ver o resumo dos regulamentos visigóticos de Robert Burns, de particular interesse aqui, em: *Las Siete Partidas*, ed. Robert I. Burns, trad. Samuel Parsons Scott (Philadelphia, University of Pennsylvania Press, 2000) (de agora em diante "LSP"), 1462; e também: Jesús R. Velasco, *Dead Voice* (Philadelphia, University of Pennsylvania Press, 2020).

231 LSP, p. 650, 1459, 1459-1460. Os avisos de responsabilidade são particularmente interessantes. Como escreve Homza, "os inquisidores advertiam explicitamente os réus de que quaisquer ferimentos sofridos durante a tortura seriam de sua própria responsabilidade" (tradução livre) (Lu Ann Homza, *The Spanish Inquisition* [2006], p. xxv). Isso aparece em todos os casos de tortura. Por exemplo, também no caso de Marina González, julgada em Toledo em 1494, os inquisidores "disseram que se durante a tortura algum mal, dano, ferida ou morte lhe acometesse, seria culpa dela e não deles" (Homza, *The Spanish Inquisition*, p. 45). Ou, no caso de María González em Toledo em 1513, os inquisidores enfatizavam que "se ela morresse, fosse ferida ou a perdesse algum membro durante a tortura, seria culpa dela mesma". (Homza, *The Spanish Inquisition*, p. 55). Em contrapartida, a responsabilidade parecia cair sobre o Inquisidor nas *Partidas*.

232 Lu Ann Homza, *The Spanish Inquisition* [2006], p. xiii-xiv, 64-79.

tecido da lei ao mesmo tempo em que era restringida. Essa rarefação no período medieval servia a um fim político: tornar a tortura ainda mais apavorante. Se ela tivesse se generalizado ou sido frequente demais, poderia ter perdido sua excepcionalidade e seu efeito de aterrorizar.

A tortura era raramente aplicada e, como observado por um historiador, era infligida com "o máximo cuidado e moderação".[233] Tomemos como exemplo o arquivo da Corte da Inquisição em Pamiers, no sul da França, liderada pelo bispo Jacques Fournier, de 1318 a 1325, descrito com maestria por Emmanuel Le Roy Ladurie em *Montaillou: The Promised Land of Error* [Montaillou: A Terra Prometida do Erro] de 1978. O arquivo é surpreendente, em parte pela ausência de tortura confessional e pelo baixo número de sentenças de morte. Durante o período em que operou, entre 1318 e 1325, o Tribunal da Inquisição em Pamiers realizou 578 interrogatórios – 418 interrogatórios de acusados e 160 de testemunhas, num total de 98 casos, com 114 pessoas acusadas de heresia, principalmente de crença albigense.[234] Desses 98 casos, apenas um envolvia torturas. De acordo com Le Roy Ladurie, "em apenas um caso Jacques Fournier torturou suas vítimas: num caso em que agentes franceses trouxeram-no junto aos leprosos, os quais produziram confissões selvagens e absurdas em virtude do envenenamento de poços com pó de sapo etc.".[235]

A raridade garantida pelo uso limitado e pela regulamentação legal da tortura no período medieval serviu para garantir sua persistência e seu papel como dispositivo social epistemológico – como produtor de verdades, especialmente da verdade sobre si mesma. Séculos depois, o governo Bush e seus principais advogados recriaram uma arquitetura legal em torno do uso da tortura. Ela incluía uma lista aprovada de técnicas. Também incluía a exigência de que o próprio secretário de Defesa, Donald Rumsfeld, aprovasse um pequeno subconjunto de outras técnicas ainda mais torturantes. A criação de um arcabouço jurídico para empreender a tortura, por meio de memorandos legais e de autorizações telegráficas [*cable authorizations*], teve exatamente o mesmo efeito: centralizar o poder, adequar a

233 *Ibid.*, p. xiv; LSP, p. 1462n.

234 N.E.: "Crença albigense" refere-se a uma seita cristã que adotava doutrinas maniqueístas radicais, surgida no sul da França entre os séculos XII e XIII.

235 Emmanuel Le Roy Ladurie, *Montaillou: The Promised Land ofError* (New York: Vintage Books, 1978), p. xiv-xv.

tomada de decisões judiciais, autorizar os administradores, empoderá-los e dotá-los de imunidade. O arcabouço legal serviu para legitimar as práticas em si.

Terceiro, a regulamentação legal do terror também legitima o regime político mais abrangente. Aqui existe, igualmente, uma longa história de tortura contra escravos no sul dos Estados Unidos, durante o período pré-Guerra Civil [*antebellum*], como evidenciada por suas práticas também altamente regulamentadas. Novamente, tais efeitos persistem.

No período anterior à Guerra Civil, o judiciário sulista ativamente policiava a admissibilidade legal de confissões de escravos obtidas sob tortura – numa época em que era comum o tratamento potencialmente brutal de escravos por parte de seus senhores. Essas notáveis decisões judiciais tornavam o sistema de escravidão mais palatável e estável. A supervisão judicial negociava com sutileza um equilíbrio que serviu para manter a economia política da escravidão. Ainda hoje, o uso e a regulamentação legal de torturas ou ataques de *drones* pelos presidentes norte-americanos funcionam de maneira similar: estabilizam e equilibram os interesses estadunidenses de maneira a assegurar e firmar o regime político. A intrincada negociação legal sobre o uso da tortura durante o governo Bush, por exemplo, bem como a decisão do presidente Obama de não processar ninguém pelos excessos, foram cuidadosamente negociados, resultando em esforços para estabilizar o país durante um período de turbulência política global.[236]

A escravidão nos EUA era, sem dúvida, uma forma de terror. Basta olhar para as decisões judiciais pré-Guerra Civil, que despreocupada e regularmente descrevem formas desumanas de terror administradas com frequência sobre os escravos. "Bob [um escravo] foi levado por Joshua Morse, genro de seu dono, e por outros vizinhos que o açoitaram e, a seguir, derramaram sal sobre as feridas provocadas", consta em uma típica decisão judicial.[237] O sistema de escravidão era desumano, perpetrando um estado permanente de terror em uma classe inteira da sociedade.

Mas, de modo notável, dentro desse sistema de tortura, os magistrados estaduais reformaram a admissão de algumas confissões por coerção. No Alabama, por exemplo, em uma série

236 Cf. Karen J. Greenberg, *Rogue Justice: The Making of the Security State* (New York, Crown Publishers, 2016), p. 174-182.

237 Bob v. State, 32 Ala. 560, 562 [1858].

de decisões judiciais relativas a confissões de escravos torturados, desde pelo menos 1847, a Suprema Corte do estado desenvolveu uma regra estrita em relação a provas que policiava a admissibilidade das confissões de escravos em processos legais. Como os juízes do Alabama declararam em 1860, no caso "Mose (um escravo) contra o Estado" [*Mose (a slave) v. the State*] – episódio em que Mose, vulgo "Moisés", foi acusado pelo assassinato de seu capataz, um homem branco chamado Martin Oaks: "É uma regra do maior rigor, a de que se uma confissão foi obtida uma vez por meios indevidos, nenhuma confissão subsequente de caráter semelhante é válida como prova, a menos que seja demonstrada que tal influência indevida foi removida".[238] Com base nessas decisões, os juízes do Alabama reverteriam as condenações de escravos e as sentenças de morte, mesmo nos casos mais extremos de lesão ou morte de um proprietário de escravos.

O caso "O Estado do Alabama contra Clarissa, uma escrava" [*The State of Alabama v. Clarissa, a slave*] é ilustrativo. Clarissa, cujo advogado conseguiu recorrer de sua sentença de morte, depois de condenada por tentar envenenar seu mestre, Hezekiah Bussey, e seu capataz, Nelson Parsons – dois homens brancos. Havia provas de envenenamento: Clarissa havia confessado pelo menos duas vezes e sua mãe admitiu tê-la visto mexer no café daqueles homens. A primeira confissão, claro resultado de uma surra severa, não foi admitida no processo, mas sua segunda admissão tácita foi apresentada ao júri. O advogado de defesa postulou por sua inadmissibilidade, alegando que não era confiável, mas o tribunal a reconheceu. Em recurso, a Suprema Corte do Alabama declarou que a confissão não deveria ter sido admitida no julgamento e indicou que, em qualquer novo julgamento, a segunda confissão não seria admissível. A Suprema Corte do Alabama reconheceu que, ordinariamente, a confissão de um escravo obtida sem brutalidade poderia ser admitida, porém não poderia sozinha provar a sua culpa. Como o juiz James Ormond explicou, "as confissões livres e voluntárias de escravos, não influenciadas por ameaças ou promessas, devem, como no caso das pessoas brancas, ser recebidas como prova"; e o juiz imediatamente acrescentou: "Deve-se admitir que sua condição na escala social lance certo grau de descrédito

238 Mose v. State, 36 Ala. 211, 226 [1860].

sobre qualquer confissão de culpa que possam fazer, e torna inseguro, se não impróprio, atuar apenas com tal evidência, sem outra prova que a corrobore".[239]

Sem decidir se uma segunda confissão *sempre* teria de ser excluída após uma primeira confissão por coação, a Suprema Corte do Alabama deu a entender que seria melhor nunca admitir uma segunda confissão após um espancamento: "Quando uma confissão tiver sido extorquida por ameaças ou castigos, ou obtida por promessas de favorecimento, parece que nenhuma confissão subsequente dos mesmos fatos, no caso de escravos, em nenhuma circunstância poderia ser admitida, nem mesmo uma retratação do que uma vez foi admitido poderia expor o acusado novamente à punição".[240] No fim, entretanto, a Suprema Corte do Alabama absteve-se de articular uma regra tão estrita, declarando que, nesse caso, acerca dos fatos limitados ao caso, haveria motivo claro e independente para que se excluísse a segunda confissão, revertendo a condenação.

Pode parecer surpreendente, ou no mínimo paradoxal, que os tribunais anteriores à Guerra Civil protegessem uma escrava acusada de envenenar seu mestre. Mas há uma explicação: o intrincado arcabouço legal em torno da criminalização e punição de escravos fugidos durante esse período serviu para manter e estabilizar a escravidão no sul – foi útil para equilibrar a economia política escravocrata. Isso serviu para equilibrar os interesses, de maneira que nem senhores nem escravos levassem a um desarranjo do sistema escravista. Desse modo, tribunais e políticos manejaram cuidadosamente esse equilíbrio delicado.

Assim, por exemplo, para evitar um excesso de senhores de escravos fazendo justiça com as próprias mãos, assassinando seus escravos – ou, por outro lado, simplesmente vendendo um escravo incriminado sem revelar seu suposto crime, ou encobrindo um escravo para evitar um possível prejuízo – o estado do Alabama indenizaria um proprietário pela metade do valor de seu escravo se ele fosse condenado à morte e executado.[241] Esse foi um acordo delicadamente negociado,

239 State v. Clarissa, 11 Ala. 57 [1847], p. 61-62.

240 *Ibid.*, p. 62.

241 Como o Supremo Tribunal do Alabama explicou, o senhor de escravos tinha "interesse em impedir uma condenação, cuja consequência seria a perda certa de metade do seu valor, e a possível perda de todo o seu valor". *The State v. Marshall*, 8 Ala. 302, 307 [1845].

reconhecido por todas as partes – incluindo os escravos. Em um caso de 1858, "Bob contra o Estado" [*Bob v. State*], por exemplo, é relatado que o carcereiro que mantinha o escravizado sob custódia disse a ele que era melhor confessar para que não fosse linchado e para que seu mestre pudesse pelo menos ser indenizado pelo seu valor.[242]

De fato, a perda financeira associada à execução de um escravo era vista como a única maneira de garantir aos proprietários que seus escravizados receberiam um julgamento justo. Durante a sessão legislativa de 1842-1843, a Assembleia Geral aprovou um projeto de lei que previa a indenização integral pelos escravos executados – aumentando a restituição de 50% para 100%. O governador, Benjamin Fitzpatrick, vetou tal dispositivo porque isso eliminava qualquer incentivo para garantir que os escravos recebessem um julgamento justo. Em uma mensagem de veto à Assembleia Geral, o governador escreveu que " tal como se encontra agora previsto no estatuto, a humanidade é o único incentivo para que o mestre se empenhe na garantia essencial ao seu escravo que é a de um julgamento justo e imparcial quando acusado".[243]

Outras regras complexas que envolviam os julgamentos de escravos serviram para controlar o risco de abuso e estabilizar o sistema. Durante todo o período pré-Guerra Civil do século XIX, por exemplo, os escravos acusados de um crime capital no Alabama recebiam assessoria jurídica no julgamento às expensas do seu senhor. Os proprietários de escravos também administravam o processo criminal devido ao fato de que participavam dos júris aos quais os escravos sendo julgados tinham direito. Os senhores também tinham garantido um certo número de votos no julgamento de um escravo – de novo, um equilíbrio delicado. Havia outras acomodações na lei que regia o julgamento de escravos. Como, por exemplo, admitia-se que os proprietários fossem testemunhas no julgamento de seus próprios escravos – mesmo que fossem partes interessadas. Os tribunais também dispunham o arbítrio nas mãos dos

242 O carcereiro, McGehee, disse ao escravo Bob, enquanto o mantinha detido na cadeia do condado: "Bob, você é um tolo; é melhor confessar sua culpa; todo mundo por aqui acredita que você é culpado; e você deveria saber que seria melhor confessar, para que seu mestre tenha seu valor no bolso, do que você ter seu pescoço partido e ele ficar sem o dinheiro por sua causa". Bob v. State, 32 Ala. 560, 562–563 (junho de 1858).

243 Flag of the Union, 7 dez. 1842.

proprietários de escravos – que não apenas determinavam a culpa, como também a punição, o valor e o reembolso.[244]

Essas complicadas negociações em relação às regras criminais acompanharam as práticas da escravidão no Alabama – como uma forma de terror – e serviram para legitimar a economia política da escravidão em larga escala. Elas ofereciam estabilidade à economia escravagista, fazendo com que os diferentes participantes do processo criminal e do próprio regime de escravidão – os proprietários de escravos, os capatazes, os magistrados e o público em geral – sentissem mais confiança em toda a organização. A extensa regulamentação legal da tortura de escravos não tratava de justificar a tortura, nem de resolver questões filosóficas ou éticas. Em vez disso, serviu para equilibrar e estabilizar a instituição da escravidão.

Ao longo da história da regulamentação do terror – do período pré-Guerra Civil aos regulamentos de ataque com *drones* – vimos estruturas legais formais servirem aos objetivos mais amplos de legitimação das instituições de poder e, de forma mais geral, da economia política predominante. No final, os memorandos legais relativos à aplicabilidade das Convenções de Genebra, ao uso de tortura e à possibilidade de usar *drones* contra cidadãos norte-americanos serviram para legitimar a guerra contra o terrorismo – e, mais genericamente, o paradigma da guerra de contrainsurgência.

Quarto ponto a ser destacado: a capacidade de utilizar o terror – e de sair impune – tem um poderoso efeito sobre os demais. A audácia e o domínio impressionam as massas. Há algo na própria vitória ou ao menos em derrotar o inimigo que seduz a população. As pessoas gostam de vencedores, e a vitória é pressuposta na aplicação do terror sobre os outros.

O desejo de dominar, a vontade de vencer, a ambição de derrotar os outros – é impossível desvincular esses impulsos profundos da realidade do terror. Talvez Dostoiévski tenha dito melhor, na voz do grande inquisidor em os *Irmãos Karamázov*: "Vamos forçá-los à obediência e serão eles quem mais nos admirarão. Eles nos considerarão como deuses e sentir-se-ão gratos àqueles que consentiram em liderar as massas e arcar com seu

244 Cf. Bernard E. Harcourt, "Imagery and Adjudication in the Criminal Law: The Relationship Between Images of Criminal Defendants and Ideologies of Criminal Law in Southern Antebellum and Modern Appellate Decisions", *Brooklyn Law Review* 61 [1995]: 1206–214.

fardo de liberdade governando-os – de modo que ao final terão medo de ser livres!".[245] Ter sucesso, vencer – isso se inscreve no coração do terror e exerce profunda força entre homens e mulheres. O fato de ganhar está de alguma forma ligado à dominação, ao comando, à vitória – abater o outro. Talvez não devêssemos nos surpreender com o duplo sentido dessa expressão: "abater o outro" ["*beating the other*"] – bater e derrotar. Ela combina perfeitamente tortura e vitória. A vitória convence e conforta. Ela acalma e dá confiança para seguir. Afinal de contas, é a essência do terror, porque vencer resultará, em última análise, na conquista dos corações e mentes da população.

A incorporação da tortura pelo presidente Donald Trump foi entrelaçada à ideia de vitória, da derrota do outro. "Minha vida é vencer", disse ao *New York Times* antes de sua eleição. "Eu venço. Eu sei como vencer. A maioria das pessoas não sabe como ganhar. No golfe, nos esportes, na vida – eu sempre ganho". Em outra ocasião, depois de vencer as preliminares em Louisiana e a convenção do Partido Republicano em Kentucky, Trump declarou: "Eu tenho competido durante toda a minha vida e não há nada mais emocionante do que vencer". "Ganhar em negociações, vencer campeonatos ou o que você quiser, não há nada parecido", anunciou Trump. Aliás, ele ainda acrescentou durante a campanha: "Nós teremos tanto a ganhar, se eu for eleito, que pode ser que vocês fiquem entendiados de tantas vitórias".[246]

Para o presidente Trump, "ganhar" dos terroristas significava ultrapassar os limites do terror. Como anunciou em sua campanha, ele apoiou técnicas de tortura ainda piores do que o afogamento. Disse que estava preparado para torturar membros completamente inocentes das famílias de supostos terroristas. Esse entusiasmo, esse excesso de terror e, especialmente, sua impunidade, estavam ligados à conquista das massas.

245 Fiódor Dostoiévski, "The Grand Inquisitor", trad. Helena Blavatsky (1881; repr. Project Gutenberg, 2005): <https://www.gutenberg.org/files/8578/8578-h/8578-h.htm>.

246 Ashley Parker e Maggie Haberman, "Donald Trump, After Difficult Stretch, Shows a Softer Side", *New York Times*, 20 abr. 2016: <http://www.nytimes.com/2016/04/21/us/politics/donald-trump- interview.html>; Alex Myers, "Donald Trump Compares Winning Presidential Primaries to Winning Club Championships", *GolfDigest*, 6 mar. 2016: <http://www.golfdigest.com/story/donald-trump-compares-winning-presidential-primaries-to-winning-club-championships>; Ian Schwartz, "Trump: 'We Will Have So Much Winning If I Get Elected That You May Get Bored with Winning,'" *Real Clear Politics*, 9 set. 2015: <https://www.realclearpolitics.com/video/2015/09/09/trump_we_will_have_so_much_winning_if_i_get_elected_that_you_may_get_bored_with_winning.html>.

Da mesma forma, a crueldade do presidente das Filipinas, Rodrigo Duterte, foi o que lhe garantiu a popularidade. Partidário da doutrina de lei e ordem, Duterte declarou guerra contra os viciados em drogas, comandando o assassinato pela polícia de cerca de 3600 viciados e traficantes, num período de nove meses após sua posse em junho de 2016 (algumas fontes confiáveis afirmam que esse número é de 7000 pessoas). A visão de mundo de Duterte é simples: ele matou, literalmente, com as próprias mãos, supostos criminosos. E admitiu isso abertamente. Demandou esses assassinatos. Referindo-se aos viciados em drogas, disse: "Ficaria feliz em abatê-los. Eu tenho minha própria filosofia política. Não destrua meu país ou o matarei".[247] Apesar disso, ou talvez precisamente por causa disso, Duterte foi eleito presidente por uma maioria consistente e só adquiriu maior popularidade desde então. Não há dúvida de que sua popularidade era ligada à sua audácia e à disposição de aterrorizar. "Eu poderia entrar para a história como *o açougueiro*", admitiu em janeiro de 2017.[248]

Afinal, há algo que Roger Trinquier havia dito: o terror é parte integrante da insurgência colonial e da contrainsurgência. Mas não apenas porque ambos os lados esperam por isso. Não apenas porque revoluções e contrainsurgências devem antecipá-lo. O terror é essencial para a luta colonial porque está ligado à ideia de mostrar o domínio de alguém, a disposição de fazer o que for preciso para vencer. E quando chega a hora de convencer os outros a seguir, ou quando chega a hora de tranquilizar, esse domínio é muitas vezes a característica mais importante. Porque todos nós respeitamos os vencedores – praticamente todos nós, ao menos. A maioria de nós está do lado do vencedor.

Quinto ponto a expor: o terror tem gênero, o que também tende a reforçar o poder e o apelo das práticas de contrainsurgência mais brutais. A brutalidade é frequentemente associada à metade dominante de um casal, àquele que controla, e por mais que possamos protestar, isso tende a fortalecer a atração.

Noções de domínio tecem a maioria dos relatos sobre tortura. Uma passagem marcante, por exemplo, no final do memorando

247 Richard C. Paddock, "Becoming Duterte: The Making of a Philippine Strongman", *New York Times*, 21 mar. 2017: <https://www.nytimes.com/2017/03/21/world/asia/rodrigo-duterte-philippines-president-strongman.html>.

248 *Ibid.*

The Question, de Henri Alleg, reflete bem a masculinidade da tortura. Ele escreve sobre um episódio ocorrido logo após o fim de sua sessão de tortura:

> Eu podia sentir, pela atitude diferente dos paraquedistas em relação a mim, que eles consideravam minha recusa em falar como parte de um jogo. Até o grande paraquedista do grupo mudou sua atitude. Ele veio a minha cela uma manhã e me disse:
>
> "Você foi torturado na Resistência?"
>
> "Não; essa é a primeira vez", respondi.
>
> "Você se saiu bem," disse ele com o ar de conhecedor. "Você é durão".[249]

Havia, na verdade, uma dimensão esportiva masculinista em seu suplício, como se fosse um jogo entre atletas, entre gladiadores. A tortura de Alleg era um teste de sua virilidade. Outro soldado iria admirá-lo por não ceder à tortura. O jornalista prossegue:

> Durante a noite, outro paraquedista, que eu não conhecia, entrou no turno. [...] Ele disse com um grande sorriso: "Sabe, eu estive presente o tempo todo! Meu pai me contou sobre os comunistas na Resistência. Eles morriam, mas nunca falavam. Isso é muito bom!". Eu olhei para esse jovem de rosto simpático, que tinha a capacidade de falar das sessões de tortura que eu havia passado como se fosse um jogo de futebol que ele lembrava e conseguia me parabenizar sem rancor, como se eu fosse um atleta campeão.[250]

O homem – note-se que estamos falando principalmente sobre homens aqui, embora muitas mulheres também tenham sido vítimas de tortura na Argélia, como no documento de Marnia Lazreg[251] – aqui, porém, o *homem* que consegue resistir à tortura torna-se um atleta campeão. Essa ideia aparece ao longo de todo o depoimento de Alleg e dá credibilidade à noção de que estamos lidando com uma forma de competição. Mais uma vez, quando Alleg ainda estava sendo torturado, um jovem paraquedista o enaltecia: "Por que você está tão determinado a não falar?", perguntou. "Você tem que

249 Henri Alleg, *The Question* [1958/2006], p. 81–82.

250 *Ibid.*, p 82.

251 Marnia Lazreg, "Women: Between Torture and Military Feminism", em *Torture and the Twilight of Empire* (2008), p. 145–169.

ter muita coragem para aguentar assim". Da mesma forma, quando Alleg encontrou, mais tarde em seu cativeiro, o ajudante de campo do general Massu, este confidenciou-lhe: "Admiro sua resistência".[252]

Sua resistência – pelo menos como conta Alleg – é admirável. E, compreensivelmente, sua coragem se torna parte de sua própria identidade. Alleg sente-se orgulhoso de não ter apagado a localização de seus protetores ou a identidade de outros colaboradores. É compreensível – não pretendo, de modo algum, minimizar ou banalizar sua coragem, e não tenho opinião sobre a veracidade de seu relato. "Fui exaltado pela luta à qual eu havia sobrevivido sem me enfraquecer", escreve Alleg no final do livro, "e pelo pensamento de que eu morreria como sempre desejei morrer, fiel às minhas crenças e aos meus companheiros batalha".[253] E continua: "De repente, senti orgulho e felicidade. Não havia cedido. Agora tinha certeza de que poderia resistir, se eles começassem de novo, que poderia aguentar até o fim e que não facilitaria o trabalho deles deixando que me matassem".[254]

O leitor também fica preso nesse orgulho. Ele respeita Alleg porque não fala. Jean-Paul Sartre capta bem esses sentimentos: "Alleg nos salvou do desespero e da vergonha porque ele próprio é a vítima e porque *derrotou a tortura*. [...] Por causa dele, recuperamos um pouco do nosso orgulho: estamos orgulhosos de que ele seja francês". Ou, como Sartre escreve no final de seu prefácio, aderindo ao enredo heroico, "Alleg é o único realmente resistente, o único que é realmente forte".[255] Observa-se, novamente, a masculinidade.

A execução dos homens, no final do livro de Alleg, foi um martírio masculino, martírio que suscitou as vozes das mulheres da "ala feminina da prisão".[256] Vozes de mulheres cantando. Mulheres cantando sobre homens:

> Da nossa luta
> Levantam as vozes de homens livres:
> Eles reivindicam independência
> Para nosso país.
> Eu te dou tudo que amo,

252 Henri Alleg, *The Question* [1958/2006], p. 68, 85.

253 *Ibid.*, p. 93.

254 *Ibid.*

255 Jean-Paul Sartre, prefácio da obra *The Question* [1958/2006], de Henri Alleg, p. xxxi and xliii.

256 Henri Alleg, *The Question* [1958/2006], p. 96.

Eu te dou minha vida
Ó, meu país ... Ó, meu país.[257]

Sartre deixa isso escapar, talvez sem querer. Alleg, como escreve o filósofo, "pagou o mais alto preço pelo simples direito de permanecer homem entre os homens".[258]

A masculinidade permeia esses intercâmbios – e permeia o terror. A tortura de homens, como vemos aqui. Entretanto, ainda mais, o estupro e a humilhação sexual das mulheres. Marnia Lazreg documenta meticulosamente que "estupros por tropas eram sistemáticos em aldeias rurais e em vilarejos dispersos [na Argélia] onde a população estava indefesa". O estupro não só permeou a ocupação militar, mas também inundou a própria *linguagem* do discurso militar, com referências constantes a "estupro psicológico [*psycological rape*]", "regiões invioláveis [*inviolate regions*]" e áreas "penetráveis [*penetrating areas*]".[259]

Existe um machismo distinto no torturador – um que combina todas as ideias de vencer, de comandar, de dominar o outro. E há uma masculinidade sustentando tudo isso. De um modo geral, grande parte do terror contém uma dimensão sexual ou relacionada ao gênero. Quando uma mulher é a torturadora, como no caso de Lynndie England, em Abu Ghraib, a degradação e a humilhação invocam um nítido elemento sexualizante. Como escreve Lazreg: "A tortura *é* de natureza sexual... Brincar com a identidade sexual de uma pessoa, violar seu domínio mais privado, obrigando-a a realizar os desejos pornográficos do torturador, significa torturá-la física e mentalmente".[260] A tortura é muitas vezes explicitamente sexualizada, especialmente (mas não apenas) nos casos das legiões de mulheres que foram vítimas de tortura em todo o mundo – na Argentina durante a ditadura, em Ruanda durante o genocídio, na Argélia e no Vietnã. O estupro e o abuso sexual de mulheres e homens formam componentes integrais da tortura – de novo, predominantemente, uma postura machista.

Essa dimensão ressoa quando se lê sobre os jovens do ISIS que imaginam o que os espera em seu martírio, ou sobre os novos bandos de mercenários anti-ISIS na Síria – ou quando se lembra do Presidente George W. Bush, em sua jaqueta de piloto, fingindo

257 *Ibid.* (grifo nosso).
258 Sartre, prefácio da obra *The Question* [1958/2006], p. xliii.
259 Marnia Lazreg, *Torture and the Twilight of Empire* [2008], p. 155.
260 *Ibid.*, p. 268.

ser um herói de guerra no convés do *USS Abraham Lincoln*, ao declarar "missão cumprida". Ideais de masculinidade permeiam esses momentos. "A ideia estadunidense de masculinidade", escreve James Baldwin em seu ensaio *Here Be Dragons*: "Há poucas coisas sob o céu mais difíceis de entender ou, quando eu era mais jovem, de perdoar".[261] Essa ideia de masculinidade de alguma forma seduz as massas e, finalmente, empodera a brutalidade.

James Baldwin localizou a raiz de muitos males, incluindo a do racismo e a da homofobia, em nossos ideais de masculinidade. Nas palavras de Baldwin, "O ideal estadunidense de masculinidade [...] criou caubóis e índios, mocinhos e bandidos, *punks* e garanhões, durões e fracotes, machos e veados, pretos e brancos".[262] Esse ideal de masculinidade, afirmou ele, serviu simultaneamente para reificar as distinções entre preto e branco, homem e mulher, *gay* e heterossexual, e, ao mesmo tempo, para alimentar o medo ou mesmo o "terror" – assim como o desejo – pelo outro.

O escritor apontou o dedo para a perturbadora relação entre racismo e masculinidade, ajudando-nos a enxergar melhor como a masculinidade do terror alimentou outras formas de dominação. Por exemplo, a tortura em Abu Ghraib e Guantánamo simultaneamente racializou a minoria muçulmana. Ali e em outros lugares, na guerra ao terrorismo, as vítimas de tortura são praticamente todas muçulmanas e, em parte, isso transformou *todos* os muçulmanos em suspeitos de pertencer à minoria insurgente. O mesmo se deu em relação aos norte-americanos de descendência mexicana e hispânica e em relação aos afro-americanos, especialmente de lugares como Baltimore, Ferguson ou Oakland. Como o filósofo Jean-Paul Sartre observa no caso da Argélia, o terror "demandava o ódio racial".[263]

Como efeito do 11/9, o uso da tortura serviu para desumanizar homens e mulheres ao longo de distintas linhas raciais e étnicas – linhas que mesclam cor, etnia e religião na pele escura dos muçulmanos do Oriente Médio.[264] Essa tem sido uma das funções da

261 James Baldwin, "Here Be Dragons or Freaks and the American Ideal of Manhood" [1985], reimpresso em Rudolph P. Byrd and Beverly Guy-Sheftall, eds., *Traps: African American Men on Gender and Sexuality* (Bloomington, Indiana University Press, 2001), p. 212.

262 *Ibid.*, p. 208.

263 Jean-Paul Sartre, prefácio do livro *The Wretched of the Earth* [1961], de Frantz Fanon, trad. Richard Philcox (New York, Grove Press, 2004), p. 36 [ed. bras.: *Os Condenados da Terra*, trad. Elnice A. Rocha e Lucy Magalhães (Juiz de Fora, Ed. UFJF, 2005)].

264 Cf. Moustafa Bayoumi, *This Muslim American Life: Dispatches from the War on Terror* (New York, New York University Press, 2015), que traça a história da racialização do Islã desde o final do século XIX nos Estados Unidos.

tortura: racializar suas vítimas. Certamente foi o caso do Holocausto, assim como durante a escravidão nos Estados Unidos. O campo de concentração nazista funcionou – apenas em parte, é claro, já que seu amplo trabalho maligno era mais amplo – para degradar o judeu, o cigano, o homossexual, a pessoa com deficiência. Serviu para rebaixar e para excluir da humanidade aqueles que foram confinados e, por fim, assassinados. De modo semelhante, o uso de tortura, em Abu Ghraib e em outros lugares, contra muçulmanos suspeitos de ser inimigos serviu para racializá-los e desumanizá-los.

O filósofo Giorgio Agamben se refere ao tratamento nazista dos judeus como "vida nua". Essa noção, discutida anteriormente, capta bem a dimensão de desumanização e degradação: os prisioneiros do campo de concentração foram reduzidos à mera existência. Sua humanidade foi completamente erradicada, aniquilada. É precisamente isso que o terror faz: nega a humanidade. Basta ler o desolador relato de Agamben sobre um dos primeiros experimentos nazistas com humanos em uma jovem judia de 37 anos de idade, que sem querer se tornou uma "VP" (*Versuchsperson)*, uma cobaia humana, testada para verificar os efeitos da pressão em alta altitude.[265] Eis, sem dúvida, a vida nua. Testemunhamos aí, em sua forma mais pura, o direito soberano de matar.

Em uma reviravolta assustadora, que dificilmente poderia ter sido antecipada, a figura icônica da vida nua para Agamben, era a do "muçulmano"[*der Muselmann*]. Não o crente muçulmano, não a pessoa da fé muçulmana. Agamben referia-se ao judeu no campo de concentração "cuja humilhação, o horror e o medo tinham tirado toda a sua consciência e toda a sua personalidade, a ponto de torná-lo absolutamente apático. [...] Daí o nome irônico dado a ele". O "muçulmano" foi a figura que Primo Levi descreveu. O muçulmano não pertencia mais a sua própria comunidade, à comunidade dos judeus. Dele havia sido retirado tudo. "Mudo e absolutamente só, ele passara a outro mundo, sem memória e sem pesar".[266]

Tragicamente, o paradigma da vida nua de Agamben – a figura do *homo sacer*, aquele que "pode ser morto, mas não sacrificado"[267] – não é excepcional, de modo que capta muito bem nossa realidade atual. Em retrospectiva, ao olharmos hoje para as imagens de Guantánamo, de Abu Ghraib ou de outros centros de detenção no

265 Giorgio Agamben, *Homo Sacer* [1998], p. 114, 154.

266 *Ibid*. p. 184-185.

267 *Ibid*., p. 8.

Iraque, temos que esses prisioneiros também não passavam de vida nua. Sem dúvida, o terror serviu para racializar e desumanizar tais homens e mulheres. Parte do uso do terror, de sua implantação, é precisamente transformar os membros da minoria insurgente ativa em meros animais aos olhos da população em geral.[268]

O terror também funciona de outras maneiras, e muitos outros episódios históricos podem lançar luz sobre o complexo funcionamento do terror hoje – daquilo que Adriana Cavarero chama de "horrorismo" [*horrorism*].[269] O terror opera, por exemplo, para controlar e administrar os companheiros, o entorno dos envolvidos. Serve para manter a minoria contrarrevolucionária sob controle. A disposição de alguém se engajar em formas extremas de brutalidade – em violência sem sentido, em excesso irracional – indica a própria crueldade frente a seus semelhantes ou inferiores. Essa disposição pode amedrontar e disciplinar tanto os subalternos quanto seus superiores. Demonstra a disposição de ser cruel – o que pode ser produtivo, de fato necessário, para uma contrainsurgência. Os excessos da guilhotina, por exemplo, serviram para disciplinar as fileiras dos comitês revolucionários durante "O Terror" [*Le Terreur*]. O uso do terror pelo Cardeal Richelieu e pelo Chanceler Séguier para reprimir as revoltas de 1639 dos camponeses *Nu-pieds* na Normandia serviu para controlar a burguesia e

268 Não se trata, de forma alguma, de negar as ricas vidas humanas que resistem à vida nua. Embora Agamben esteja certo de que o campo funciona para desumanizar, é importante nunca parar de olhar e escrever sobre a complexidade da experiência vivida e da vontade de viver nessas situações. Quando falamos de "vida nua", é quase como se habitássemos a visão de mundo da liderança nazista ou do diretor da prisão. Mas esse conceito sempre é injusto frente à humanidade da vítima. Essa pode ser sua função, embora a nossa seja resistir. Como questão ética, é urgente que resistamos à nudez da vida nua. Em outras palavras, é essencial nunca tratar a vida como mera existência e, em vez disso, procurar sempre encontrar, nessa nudez, a complexidade da vida. Ver, por exemplo, Banu Bargu, *Starve and Immolate: The Politics of Human Weapons* (New York, Columbia University Press, 2014).

269 Adriana Cavarero, *Horrorism: Naming Contemporary Violence* (New York, Columbia University Press, 2009). Caso houvesse mais tempo e espaço, seria crucial, sem dúvida, desenvolver as contribuições de, entre outros, Allen Feldman, *Archives of the Insensible: Of War, Photopolitics, and Dead Memory* (Chicago, University of Chicago Press, 2015); Achille Mbembe, "Necropolitics", *Public Culture* 15 [2003]: 11-40; Orlando Patterson, *Slavery and Social Death: A Comparative Study* (Cambridge-MA, Harvard University Press, 1982); Elaine Scarry, *The Body in Pain: The Making and Unmaking of the World* (New York, Oxford University Press, 1987); e Alexander G. Weheliye, *Habeas Viscus: Racializing Assemblages, Biopolitics, and Black Feminist Theories of the Human* (Durham-NC, Duke University Press, 2014) – todos os quais contribuíram profundamente para esses debates.

os parlamentares.[270] A brutal repressão dos tumultos na prisão em Attica, em 1971, serviu para reafirmar o controle do governo de Nelson Rockefeller – assim como rebaixar os prisioneiros e racializá--los, como mostra Heather Ann Thompson em seu relato brilhante da repressão da revolta, *Blood in the Water* [Sangue na Água].[271] A violência e o terror também podem produzir fraternidade, como Jean-Paul Sartre lembrou – o que ele chamou de "um vínculo de imanência por meio de reciprocidades positivas".[272]

No fim, os métodos terroristas não apenas extraem informações nem simplesmente eliminam insurgentes ou conquistam corações e mentes – eles fazem muito mais do que isso. Fazem da contrainsurgência um poderoso paradigma de governo. E, como veremos na próxima parte, também ajuda a quebrar as fronteiras entre o estrangeiro e o doméstico.

•••

"O Grande Inquisidor" é o esboço de Dostoiévski de um poema apresentado por Ivan Karamázov a seu irmão, Aliócha. Ele conta o fictício retorno de Cristo em um momento difícil da história, durante a Inquisição Espanhola.

No poema de Ivan, Cristo se depara com o Grande Inquisidor, que havia substituído sua palavra pelo terror – o terror da Inquisição. O desafio, diz o Grande Inquisidor a Cristo, era governar homens comuns e fracos. E para ter sucesso, explica, o Grande Inquisidor teve que adaptar e melhorar a mensagem de Cristo. Teve que aproveitar seu poder para conquistar as massas passivas.

A história de Ivan captura uma evolução moral e política. Nas palavras do Grande Inquisidor, falando com Cristo no auge da Inquisição:

> É o que temos feito. Corrigimos tua obra baseando-a no "Milagre, no Mistério e na Autoridade". E os homens regozijaram-se por serem de novo levados como um rebanho e libertados daquele dom funesto que lhes

270 Ver Michel Foucault, *Théories et institutions pénales. Cours au Collège de France. 1971–1972* (Paris, Gallimard/Le Seuil, 2015).

271 Heather Ann Thompson, *Blood in the Water: The Attica Prison Uprising of 1971 and Its Legacy* (New York, Pantheon Books, 2016).

272 Jean-Paul Sartre, *Critique of Dialectical Reason*, trans. Alan Sheridan- Smith (London, Verso, 1991), p. 43; Sartre, prefácio do livro *The Wretched of the Earth*; Richard Wolin, *The Wind from the East* [2010].

> causava tais tormentos. Tínhamos razão de agir assim, dize-mo? Não era amar a humanidade compreender sua fraqueza, aliviar seu fardo com amor, tolerar mesmo o pecado à sua fraca natureza, contanto que fosse com nossa permissão?[273]

E o Grande Inquisidor pergunta a Cristo: "Por que, então, voltaste para perturbar-nos em nosso trabalho?"

Na narrativa dele, o ensinamento de Cristo se mostrou inadequado para a tarefa da Igreja. O que ela precisava era de autoridade e domínio. E a fim de alcançar o domínio sobre o povo, o Inquisidor teve que inverter a mensagem de Cristo: "Aceitamos Roma e o gládio de César e declaramo-nos os únicos reis da terra", declarava. Ele alcançara sua posição de domínio colocando o mal acima do bem, a autoridade acima da compaixão, César acima de Cristo.

Essa inversão acabou por produzir uma nova verdade: o método de Cristo – liberdade corajosa para poucos eleitos – nunca poderia ter sucesso como um modo de governo. Não, não para as "nulidades fracas, viciosas e miseráveis nascidas ímpias e rebeldes", como diria o Grande Inquisidor.

Até mesmo Cristo pôde compreender bem e, ao cabo, perdoar o Grande Inquisidor:

> De repente, Ele se levanta; aproximando-se lenta e silenciosamente do Inquisidor. Inclina-se até ele e suavemente beija os lábios exangues. Essa é toda a resposta. O Grande Inquisidor estremece. Há um tremor convulsivo no canto de sua boca.

Tudo fora entendido. Todo mundo sabe que a posição de domínio é a coisa mais importante a ser alcançada. E no final da parábola, o Grande Inquisidor "vai até a porta, abre-a e dirige-se a Ele: 'vá, diz ele, vá e não retorne jamais... não volte de novo nunca... nunca, nunca!' E deixa que Se vá pelas trevas da cidade".

"O prisioneiro desaparece". Cristo parte novamente.

Depois do 11/9, receio que, em nossa nova era de guerra de contrainsurgência, não teríamos aberto aquela porta. Não. Hoje, muitos, quase todos, teriam torturado Cristo – mais e melhor. Parece-me que, hoje, teríamos o aterrorizado até a morte, mais uma vez.

273 Dostoiévski, *The Grand Inquisitor*.

PARTE III
A INTERNALIZAÇÃO DA CONTRAINSURGÊNCIA

Uma vez que a guerra de contrainsurgência tenha tomado conta da política externa, é apenas um pequeno passo para estender sua lógica aos próprios cidadãos do país. Quase imperceptíveis, as estratégias são aplicadas pela primeira vez no mesmo campo de batalha, mas desta vez contra alvos diferentes. As barreiras que separavam combatente estrangeiro e cidadão suspeito começam a desaparecer. Fronteiras e limites territoriais tornam-se porosos. Aos poucos, começamos a mirar nossos próprios cidadãos em terras estrangeiras.

O ano de 2013 marcou o primeiro ataque de *drones* direcionado a assassinar um cidadão dos EUA no exterior. O alvo era natural de Las Cruces, Novo México, e foi criado em Nebrasca, em Minnesota e no Iêmen. Obteve seu diploma de graduação na Universidade Estadual do Colorado e fez sua pós-graduação nas Universidades de San Diego e George Washington antes de retornar ao Iêmen em 2004. Ele se tornou imame e começou a postar vídeos em que pregava sermões radicais na *internet*. Nesse ponto, Anwar al-Awlaki, um cidadão norte-americano residente no Iêmen, foi marcado para morrer.[274]

Seu assassinato foi planejado por vários anos pelo governo Obama. Já em julho de 2010, David Barron, na época advogado do *Office of Legal Counsel* [Escritório de Assessoria Jurídica da Presidência] e agora juiz federal, escreveu um memorando jurídico de 41 páginas detalhando as justificativas legais para matar um cidadão norte-americano no exterior. Ele concluiu que o uso da força legal era aceitável quando, em suas palavras, "as atividades do alvo representassem uma 'ameaça contínua e iminente de violência ou morte' às pessoas dos EUA"; e quando oficiais de inteligência de alto nível tivessem determinado que "uma operação de captura seria inviável".[275] Acadêmicos e defensores dos direitos e liberdades civis criticaram essa lógica por ser demasiadamente

274 Para informações sobre Anwar al-Awlaki, consultar Scott Shane, ""The Lessons of Anwar al-Awlaki", *New York Times*, 27 ago. 2015: <http://www.nytimes.com/2015/08/30/magazine/the-lessons-of-anwar-al-awlaki.html>; Adam Taylor, "The US Continues to Kill Americans in Drone Attacks, Mostly by Accident", *Washington Post*, 23 abr. 2015: <https://www.washingtonpost.com/news/worldviews/wp/2015/04/23/the-u-s-keeps-killing-americans-in-drone-strikes-mostly-by-accident/>; e Michael Boyle e Hina Shamsi, "Killing Americans Abroad: Is the Obama Administration Justified?", Al Jazeera America, 24 de junho de 2014: <http://america.aljazeera.com/watch/shows/inside-story/articles/2014/6/24/drones-memo-releasewastheobamaadministrationjustified.html>.

275 Memorando de David J. Barron para o procurador geral do Departamento de Justiça dos EUA, 16 jul. 2010: <https://www.aclu.org/sites/default/files/assets/2014-06-23⊠barron-memorandum.pdf>; Spencer Ackerman, "US Cited Controversial Law in Decision to Kill American Citizen by Drone", *Guardian*, 23 jun. 2014: <http://www.theguardian.com/world/2014/jun/23/us-justification-drone-killing-american-citizen-awlaki>.

vaga e por não estabelecer padrões discerníveis para o que seria iminente ou inviável, ameaçando criar, perigosamente, uma justificativa por demais ampla para assassinatos extrajudiciais de cidadãos estadunidenses. Os líderes de segurança nacional, por outro lado, defenderam os ataques com *drones* a concidadãos no exterior, ainda que apenas em situações limitadas àquelas descritas no memorando de Barron, sob a justificativa de que se tratava de uma emergência de guerra.[276]

Em março de 2012, o procurador-geral do presidente Obama declarou oficialmente que os cidadãos dos EUA no exterior "podem ser mortos pelas forças dos EUA, mas ainda estão protegidos pela cláusula do devido processo da Quinta Emenda" e que "seria legal atacar um cidadão do país se o indivíduo representasse ameaça iminente e sua captura fosse inviável, e desde que a operação fosse executada em observância da legislação de guerra aplicável".[277] Em 2013, Anwar al-Awlaki foi morto, vítima de assassinato seletivo contra um cidadão norte-americano no exterior – sem nunca ter sido acusado, julgado, condenado ou sentenciado à morte.

Além dele, outros nove cidadãos norte-americanos foram mortos por ataques de *drones* lançados pelos Estados Unidos entre 2001 e 2015 – embora, segundo fontes oficiais, não tenham sido

276 Jonathan Masters, "Targeted Killings", Council of Foreign Relations, 23 mai. 2013 <https://www.cfr.org/backgrounder/targeted-killings>. A ACLU entrou com dois processos contestando o assassinato por drones de al-Awlaki. A primeira ação foi julgada improcedente porque o Tribunal do Distrito Federal considerou que o demandante não tinha legitimidade ativa e o caso levantava questões políticas. O segundo processo foi julgado improcedente porque o Tribunal do Distrito Federal considerou que não havia direito implícito de ação para o demandante apresentar uma *Bivens claim* [precedente constitucional firmado a partir da decisão de um caso que levava o mesmo nome – N.T.]. Ver caso Al Aulaqi v. Panetta, Centro de Direitos Constitucionais, 29 jun. 2015, <https://ccrjustice.org/home/what-we-do/our-cases/al-aulaqi-v-panetta>; e "Al-Aulaqi v. Panetta — Constitutional Challenge to Killings of Three US Citizens", ACLU, 4 jun. 2014, <https://www.aclu.org/cases/al-aulaqi-v-panetta-constitutional-challenge-killing-three-us-citizens>. A ACLU e o *New York Times* também entraram com ações para forçar o governo a divulgar documentos contendo as justificativas legais para o assassinato de al-Awlaki, resultando na liberação do memorando de 16 de julho de 2010. Cf. Devlin Barrett e Siobhan Gorman, "US Memo Outlines Rationale for Drone Strikes on Citizens", *Wall Street Journal*, 26 jun. 2014: <https://www.wsj.com/articles/u-s-can-kill-citizens-abroad-under-certain-circumstances-memo-says-1403542004>. Para respostas às justificações, conferir Ackerman, "US Cited Controversial Law"; e a entrevista de David Sedney em Boyle e Shamsi, "Killing Americans Abroad: Is the Obama Administration Justified?", *Al Jazeera America*, 24 jun. 2014: <http://america.aljazeera.com/watch/shows/inside-story/articles/2014/6/24/drones-memo-releasewastheobamaadministrationjustified.html>.

277 Jonathan Masters, "Targeted Killings" [2013].

explicitamente designados como alvos de assassinato.[278] Em 2002, o cidadão estadunidense Kemal Darwish foi morto pelo primeiro ataque de *drones* dos EUA no Iêmen. Em 2013, o Departamento de Justiça confirmou, juntamente com o assassinato de al-Awlaki, os assassinatos supostamente acidentais de outros três de seus concidadãos. Samir Khan, suspeito de ser militante da *Al Qaeda*, foi morto pelo mesmo ataque que atingiu al-Awlaki. O filho dele, Abdulrahman al-Awlaki, de 16 anos, foi acidentalmente morto em outro ataque de *drone*, no mês seguinte ao assassinato de seu pai. Jude Kenan Mohammad, outro norte-americano suspeito de ser recrutador da *Al Qaeda*, foi morto no Paquistão em 2011. Um ataque de *drones* da CIA na fronteira paquistanesa do Afeganistão, em janeiro de 2015, matou um refém norte-americano, Warren Weinstein, e um suposto militante da *Al Qaeda* chamado Ahmed Farouq. Uma semana após o ataque, outra operação na mesma região matou Adam Gadahn, um norte-americano suspeito de dirigir o departamento de propaganda da *Al Qaeda*. Embora Farouq e Gadahn fossem supostamente membros de alto escalão da *Al Qaeda*, de acordo com o *New York Times*, "nunca houve uma determinação do Departamento de Justiça de que eles poderiam ser alvos de execução".[279] Autoridades do governo afirmam que todas essas vítimas estavam no "lugar errado na hora errada", apesar do fato de serem consideradas suspeitas de terrorismo.

Os Estados Unidos também têm como alvo cidadãos de países aliados. Em 12 de novembro de 2015, os militares dos EUA enviaram um *drone MQ-9 Reaper* e mataram o britânico Mohammed Emwazi. Ele cresceu em Londres e era cidadão britânico naturalizado. Foi detido pelas autoridades britânicas em 2010 e impedido de deixar o Reino Unido, mas acabou chegando à Síria e se juntou

278 De acordo com o *Bureau of Investigative Journalism*, em 23 de abril de 2015; ver Chris Woods e Jack Serle, "Hostage Deaths Mean" [2015]; e Adam Taylor, "The US Keeps Killing Americans", *Washington Post*, 23 abr. 2015: <https://www.washingtonpost.com/news/worldviews/wp/2015/04/23/the-u-s-keeps-killing-americans-in-drone-strikes-mostly-by-accident/>.

279 Adam Baron, "US Drone Strikes Came Despite Yemen's Hopes to Limit Them", 24 abr. 2014: <https://www.mcclatchydc.com/news/nation-world/world/article24766561.html>; Adam Taylor, "The US Keeps Killing Americans"; Craig Whitlock et al., "Obama Apologizes for Attack That Killed Two Hostages", *Washington Post*, 23 abr. 2015: <https://www.washingtonpost.com/world/national-security/us-operation-kills-al-qaeda-hostages-including-american/2015/04/23/8e9fcaba-e9bd-11e4-aae1-d642717d8afa_story.html>; e Mark Mazzetti, "Killing of Americans Deepens Debate Over Use of Drone Strikes Abroad", *New York Times*, 23 abr. 2015: <http://www.nytimes.com/2015/04/24/world/asia/killing-of- americans-deepens-debate-over-proper-use-of-drone-strikes.html>.

ao Estado Islâmico. O primeiro-ministro David Cameron descreveu o ataque como um "esforço conjunto" entre as forças dos EUA e da Grã-Bretanha e o defendeu como "um ato de autodefesa", "a coisa certa a fazer".[280] Em 16 de outubro de 2015, um ataque aéreo dos EUA teve como alvo, na Síria, o artista de *hip hop* alemão Denis Cuspert. As primeiras alegações foram de que ele havia sido morto em um momento posterior, mas quando elas se mostraram falsas, as autoridades dos EUA reconheceram que Cuspert, que deixara a Alemanha para se juntar ao ISIS, era o alvo do ataque. Ele se converteu ao Islã por volta de 2007 e adotou o nome de Abu Malik em 2011, usando suas plataformas de mídia social para disseminar música islâmica devocional [*nasheeds*] e vídeos de *rap* para, supostamente, recrutar jovens muçulmanos do Ocidente. Em 9 de fevereiro de 2015, Cuspert foi rotulado pelo Departamento de Estado como "terrorista global especialmente designado". Ao confirmar o ataque aéreo, a porta-voz do Departamento de Defesa, Elissa Smith, disse que a morte de Cuspert "contribuiria para impedir o recrutamento de combatentes estrangeiros".[281]

Em 23 de abril de 2015, o Escritório de Jornalismo Investigativo informou que, no total, houve 38 mortes intencionais e não intencionais dirigidas por *drones* ocidentais, que "incluem dez americanos, oito britânicos, sete alemães, três australianos, dois espanhóis, dois canadenses, um nacional belga ou suíço e um italiano. E mais quatro 'ocidentais' de nacionalidade não identificada".[282] E, a partir daí, tratava-se apenas de um pequeno passo para trazer a contrainsurgência de volta para casa, para o território norte-americano.

280 Sewell Chan e Kimiko de Freytas-Tamura, "Pentagon Says 'Jihadi John' Was Probably Killed in Airstrike", *New York Times*, 13 nov. 2015: <http://www.nytimes.com/2015/11/14/world/europe/jihadi-john-mohammed-emwazi-david-cameron-statement.html>; Adam Goldman et al., "US Strike Believed to Have Killed 'Jihadi John,' Islamic State Executioner", *Washington Post*, 13 nov. 2015: <https://www.washingtonpost.com/world/national-security/us-drone-strike-targeted-jihadi-john-the-briton-linked-to-hostage-beheadings/2015/11/13/8d58595c-89df-11e5-be39-0034bb576eee_story.html>; e Primeiro Ministro David Cameron, como citado em Chan e de Freytas-Tamura, "Pentagon Says".

281 Nash Jenkins, "German Rapper Who Joined ISIS Killed in US Air Strike in Syria", *Time*, 30 out. 2015: <http://time.com/4093945/denis-cuspert-deso-dogg-isis/>; Christine Hauser, "Pentagon Says Deso Dogg, Ex-Rapper and ISIS Recruiter, Survived Airstrike After All", *New York Times*, 3 ago. 2016: <http://www.nytimes.com/2016/08/04/world/pentagon-says-isis-recruiter-survived-airstrike-in-2015-after-all.html>; e Terrorist Designation of Denis Cuspert, US Department of State, 9 fev. 2015: <https://2009-2017.state.gov/r/pa/prs/ps/2015/02/237324.htm>.

282 Cf. Chris Woods e Jack Serle, "Hostage Deaths Mean" (2015).

7. A CONTRAINSURGÊNCIA VOLTA PARA CASA

Nas primeiras horas da manhã de sexta-feira do dia 8 de julho de 2016, o Departamento de Polícia de Dallas cercou um suspeito que teria atirado e matado cinco policiais, ferido outros sete, além de dois civis, em um protesto pacífico contra a violência policial. O suspeito, um veterano do exército chamado Micah Johnson, que alegava ter explosivos consigo, alternava entre negociar com a polícia e trocar tiros. Conforme o impasse se alongava, o chefe de polícia de Dallas, David O. Brown, mudou de estratégia. Sob seu comando, os policiais prenderam cuidadosamente um dispositivo explosivo ao braço de um robô e o enviaram na direção do suspeito. Geralmente usado para desativar explosivos, o robô tático foi transformado em uma bomba-robô. Quando chegou perto de Micah Johnson, a polícia de Dallas detonou a bomba, matando o suspeito.[283]

O uso de algo que era em essência um *drone* letal num contexto civil em solo norte-americano foi sem precedentes. Isso levantou uma série de questões sobre o uso policial de novas tecnologias e *drones*, sobre o aumento da militarização da polícia e sobre o limite adequado entre o policiamento e a guerra. Tais questões foram particularmente notáveis porque não havia indicação de que Johnson estivesse vinculado, de forma alguma, a uma organização terrorista internacional ou ao terrorismo global. Não havia nenhuma indicação de que ele tivesse qualquer conexão com o terrorismo organizado, além de ser um veterano do exército na "guerra ao terror". Pelo contrário, Johnson era um suspeito criminal "comum", ao qual se creditava ter cometido vários homicídios comuns.

283 Sewell Chan, "Shooting in Dallas, Minnesota and Baton Rouge: What We Know", *New York Times*, 8 jul. 2016: <http://www.nytimes.com/2016/07/09/us/dallas-attacks-what-we-know-baton-rouge-minnesota.html>; e Henry Fountain e Michael S. Schmidt, "'Bomb Robot' Takes Down Dallas Gunman, But Raises Application Issues", *New York Times*, 8 jul. 2016: <https://www.nytimes.com/2016/07/09/science/dallas-bomb-robot.html>.

Em um nível, essas eram questões legais que permeavam a discussão sobre a razoabilidade de usar tais armamentos militares – mais especificamente, uma arma projetada para matar um inimigo, mais do que para desmobilizar ou neutralizar um suspeito comum – no contexto do policiamento civil. Não há licença para matar em contexto civil, como pode haver em situações de combate em tempos de guerra. O uso de força letal é permitido em contextos muito limitados nos confrontos policiais, e é fortemente restringido pela necessidade. A razão, obviamente, é que não havia nenhum julgamento ou sentença reconhecendo a culpa e, portanto, o suspeito tinha direito à presunção de inocência. Johnson poderia ter alguma doença mental e, logo, não ser legalmente responsável por suas ações. Há vários cenários que poderiam tê-lo eximido de culpa – e é por isso que existem, por boas razões, restrições muito maiores ao uso de força letal no contexto civil. Do ponto de vista legal, o estudioso de direito constitucional Noah Feldman observa: "teria sido melhor usar um atirador da polícia, que teria sido capaz de ferir ou incapacitar o [suspeito] sem matá-lo, e que poderia estar na melhor posição para determinar se matá-lo era legalmente necessário".[284]

Todavia as questões mais prementes, para nossos propósitos, não são as estritamente legais, mas sim as questões políticas e estratégicas mais amplas. O uso da bomba robotizada em Dallas refletiu uma virada militar de primeira ordem nos assuntos civis internos, evidenciada na militarização tanto do equipamento quanto da estratégia de policiamento. O incidente ilustrou, de forma específica, uma mudança no policiamento interno nos Estados Unidos em direção a um paradigma de guerra de contrainsurgência. Como observa Feldman, "a diferença entre uma bomba robótica e um ataque de *drone* é apenas de grau: moral e tecnologicamente, eles são basicamente iguais".[285]

O incidente de Dallas foi uma ilustração vívida da crescente internalização do paradigma de guerra contrainsurgente. Desde o 11/9, temos testemunhado, por toda parte, que o governo tem redirecionado esses métodos, voltando-os contra seus próprios cidadãos.[286]

284 Noah Feldman, "Crime Scenes and Weapons of War", *Bloomberg View*, 11 jul. 2016: <https://www.bloomberg.com/opinion/articles/2016-07-11/crime-scenes-and-weapons-of-war>.

285 *Ibid.*

286 Pode-se ter uma boa noção disso a partir das contribuições em *Life During Wartime: Resisting Counterinsurgency*, eds. Kristian Williams, Will Munger e Lara Messersmith-Glavin (Oakland, CA: AK Press, 2013), que abordam a domesticação da contrainsurgência.

A vigilância total foi estendida para a população norte-americana. Autoridades policiais monitoraram mesquitas e muçulmanos em solo nacional. As forças policiais foram equipadas com aparato de contrainsurgência e começaram a empregar suas táticas. O policiamento, ao que parece, tem sido um vetor particularmente propício mediante o qual o paradigma da contrainsurgência passou da política militar externa para o contexto interno. Mas essa internalização tem sido muito mais ampla do que apenas na área da justiça criminal – como veremos a seguir.

Estratégias de contrainsurgência se infiltraram nas ruas e casas do país. Como resultado de programas do Departamento de Defesa – que distribuem abundantemente equipamentos militares –, milhões de dólares em veículos blindados, armas militares e equipamentos táticos alcançaram as forças policiais locais em todo o país. De acordo com o *Washington Post*, as transferências por meio de um desses programas, o *Excess Property Program* [Programa de Excedente de Propriedade],[287] aumentaram exponencialmente desde a Guerra do Iraque. Em 2006, o programa transferia 33 milhões de dólares em excedente de propriedade para agências ligadas à segurança pública e aplicação da lei; em 2013, esse número subiu para 420 milhões. Nos primeiros quatro meses de 2014, a agência fez 206 milhões de dólares em transferências. No total, o Programa de Excedente de Propriedade transferiu equipamentos militares no valor de mais de cinco bilhões de dólares desde que começou a operar, em meados da década de 1990.[288]

As forças policiais de todo o país acumularam mais de 500 aeronaves militares, 44 mil dispositivos de visão noturna, 93 mil armas de assalto, 200 lançadores de granadas e 12 mil baionetas. O Programa canalizou para a polícia local, durante o período de 2006 a 2014, mais de 600 veículos antiemboscadas e antiminas (MRAP), 475 robôs detonadores de bombas, 50 aviões, 400 helicópteros e milhares de facas de combate, telescópios de visão

287 N.T.: Programa mediante o qual o secretário de Defesa está autorizado a transferir bens excedentes do Departamento de Defesa para órgãos estaduais e municipais de persecução penal [*law-enforcement agencies*], desde que a principal função esteja ligada à execução das leis federais, estaduais e locais. Ênfase especial é dada às divisões de combate às drogas e ao terrorismo.

288 Niraj Chokshi, "Militarized Police in Ferguson Unsettles Some; Pentagon Gives Cities Equipment", *Washington Post*, 14 ago. 2014: <https://www.washingtonpost.com/politics/militarized-police-in-ferguson-unsettles-some-pentagon-gives-cities-equipment/2014/08/14/4651f670-2401-11e4-86ca-6f03cbd15c1a_story.html>.

noturna e equipamento de camuflagem.[289] O valor total em dólares desse aparato militar é impressionante. De acordo com o *Congressional Digest*, entre 2009 e 2014, o governo federal "forneceu quase 18 bilhões de dólares em fundos e recursos para apoiar programas de fornecimento de equipamentos e recursos táticos para agências estaduais e locais de persecução penal – LEA's [*Law-enforcement agencies*]".[290]

Radley Balko delineou a história da militarização gradual das forças policiais locais em seu impressionante livro *Rise of the Warrior Cop: The Militaryization of America's Police Forces* [A Ascensão do Policial Guerreiro: A Militarização das Forças Policiais dos EUA]. Sua conclusão ali resume perfeitamente nossa atual condição: "a polícia hoje está armada, vestida, treinada e condicionada como soldados".[291] É no policiamento de protestos que essa condição fica mais evidente.

Em Ferguson, Missouri, durante os protestos após a morte a tiros de Michael Brown, em agosto de 2014, a polícia local respondeu de modo fortemente militarizado. Ela "empregou veículos blindados, dispositivos à base de ruído para controle de multidão, espingardas, rifles M4 (como os usados por forças no Iraque e Afeganistão), granadas – balas de borracha e gás lacrimogêneo", relatou o *Washington Post*.[292] As imagens de manifestantes desarmados e desprotegidos encarando os batalhões táticos militarizados da SWAT evidenciaram a nova dinâmica – a da polícia militarizada.

Já não é mais possível distinguir, na prática, forças policiais comuns e unidades militares. E o acúmulo militar de forças policiais civis também resultou em um aumento no uso de táticas militarizadas.

Junto aos tanques, fuzis militares e camuflagem, as forças policiais locais gradativamente aplicam práticas de contrainsurgência aprendidas nas aldeias e fortalezas no Iraque e do Afeganistão. Nos atendimentos às chamadas de emergência com denúncias

289 Matt Apuzzo, "War Gear Flows to Police Departments", *New York Times*, 8 jun. 2014: <https://www.nytimes.com/2014/06/09/us/war-gear-flows-to-police-departments.html>; "MRAPs And Bayonets: What We Know About The Pentagon's 1033 Program", NPR, 2 set. 2014: <http://www.npr.org/2014/09/02/342494225/mraps-and-bayonets-what-we-know-about-the-pentagons-1033-program>; e Shane Bauer, "The Making of the Warrior Cop", Mother Jones, out. 2014: <http://www.motherjones.com/politics/2014/10/swat-warrior-cops-police-militarization-urban-shield>.

290 "Obama Administration Military Surplus Review", *Congressional Digest* 94, no. 2 (February 2015): 4. MAS Ultra→School Edition, EBSCOhost, acesso em 12 mai. 2017.

291 Radley Balko, *Rise of the Warrior Cop: The Militarization of America's Police Forces* (New York: Public Affairs, 2013), p. 333.

292 Niraj Chokshi, "Militarized Police" [2014].

de pessoas suspeitas, as agências civis ligadas à segurança pública e à aplicação da lei utilizam com regularidade exatamente as mesmas técnicas que seriam usadas em uma incursão no Iraque ou no Afeganistão. Em parte, isso se deve à natureza porosa da polícia, dos militares, dos contingentes de reserva e seus treinamentos. Muitos policiais são da reserva militar e vice-versa. O que se justifica, de certa forma, pelo predomínio do paradigma de contrainsurgência no imaginário da aplicação da lei.

Alex Horton, ex-soldado da infantaria da 3ª Brigada *Stryker* do Exército dos EUA, da 2ª Divisão de Infantaria no Iraque, conduziu incontáveis ataques de contrainsurgência contra supostos guerrilheiros no Iraque. Quando retornou, Horton acidentalmente viu-se do outro lado da trincheira. Ele havia sido alocado temporariamente em um apartamento de um condomínio padrão, enquanto o complexo onde alugava um imóvel estava em reforma; e eis que uma noite ele foi tomado como suspeito de ter ocupado ilegalmente a residência. Três policiais invadiram seu apartamento, com as armas carregadas, vasculhando o local, esgueirando-se entre os cantos, apontando as armas para ele. “Senti uma familiaridade instantânea com os gritos e a confusão”, escreveu Horton. “Eu mesmo havia feito isso algumas dezenas de vezes, a seis mil quilômetros de distância de meu apartamento em Alexandria, Virgínia... eu havia conduzido o mesmo tipo de ataque a supostos fabricantes de bombas e a líderes insurgentes”.[293]

As mesmas técnicas, os mesmos movimentos, praticamente o mesmo equipamento. “Suas táticas eram semelhantes às que usei para conquistar terreno durante o auge da guerra de guerrilha no Iraque”, observou Horton. “Era quase admirável – sua movimentação fluida da porta do quarto para o outro canto do recinto. Eles se mantiveram longe das linhas de fogo um do outro, caso precisassem descarregar em mim suas pistolas Sig Sauer, calibre 40”.

O modelo de contrainsurgência infiltrou-se no policiamento comum. Os resultados são cenas como esta, em casas e nas ruas do coração dos Estados Unidos, onde o alvo não é um suspeito de fabricar bombas, mas um mero suspeito. Na verdade, a experiência se tornou tão comum nos Estados Unidos que as pessoas começaram a abusar das chamadas de emergência – por vingança

293 Alex Horton, "In Iraq, I invade insurgents. In Virginia, the police invaded me", *Washington Post*, 24 jul. 2015: <https://www.washingtonpost.com/opinions/in-iraq-i-raided-insurgents-in-virginia-the-police-raided-me/2015/07/24/2e114e54-2b02-11e5-bd33-395c05608059_story.html>.

ou brincadeira – chamando uma equipe da SWAT para vítimas inocentes. O fenômeno entrou agora no imaginário do público e tem sua própria definição no dicionário urbano: *swatting* é o termo usado para o ato de levar enganosamente a polícia a enviar uma equipe da SWAT totalmente equipada "para a casa de uma vítima inocente sob falsos pretextos".[294] O fenômeno começou na época da Guerra do Iraque, à medida que mais e mais cidades estadunidenses começaram a ter equipes da SWAT. Em meados da década de 2000, 80% das forças policiais em pequenas cidades (com população entre 25 e 50 mil habitantes) tinham uma unidade da SWAT militarizada. E, com essas unidades, aumentou também o chamado "*swatting*". O *New York Times* relata que "o fenômeno atinge cada vez mais vidas e de formas cada vez mais graves".[295]

Enquanto isso, em 2015, a Dakota do Norte tornou-se o primeiro estado a autorizar o uso de *drones* armados por agências oficiais de segurança. As armas permitidas devem ser "menos que letais", de acordo com a nova lei; mas ainda permitem armas de choque, balas de borracha, gás lacrimogêneo e *spray* de pimenta. Após o incidente de julho de 2016 em Dallas, um importante instituto de pesquisa policial, a *Police Foundation*, divulgou um relatório de 311 páginas com diretrizes para ajudar os departamentos de polícia a usarem os *drones* para, como sugere o título do documento, *Enhance Community Trust* [melhorar a confiança da comunidade].[296]

Como sugerido anteriormente, as lógicas de contrainsurgência também se infiltraram na maneira como os policiais pensam e imaginam o mundo. A título de ilustração, um editorial feito por um ex-policial de St. Louis, Redditt Hudson, sob o título *I'm a Black Ex-cop, and This Is the Real Truth About Race and Policing* [Sou um ex-policial negro, e essa é a verdade real sobre raça e policiamento] declara: "Em qualquer dia, em qualquer departamento de polícia do país, 15% dos policiais farão a coisa certa, não importando o que aconteça. Outros 15% abusarão

294 Cf. urbandictionary.com, a melhor definição de "swatting".

295 Jason Fagone, "The Serial Swatter: Internet Trolls Learned to Explore Our Excess Military Police", *New York Times*, 24 nov. 2015: <https://www.nytimes.com/2015/11/29/magazine/the-serial-swatter.html>.

296 NPR, "North Dakota Legalized Armed Police Drones", 27 ago. 2015: <http://www.npr.org/sections/thetwo-way/2015/08/27/435301160/north-dakota-legalizes-armed-policedrones>; e Police Foundation, "New Publication — Community Policing & Unmanned Aircraft Systems (UAS): Guidelines to Enhance Community Trust": <https://www.policefoundation.org/publication/community-policing-unmanned-aircraft-systems-uas-guidelines-to-enhance-community-trust/>.

de sua autoridade em todas as oportunidades. Os 70% restantes podem proceder de um modo ou de outro, a depender daqueles com quem estão trabalhando".

Esses são precisamente os princípios fundamentais da teoria da contrainsurgência. E não apenas na visão desse oficial. Eles representam a opinião de especialistas que, como diz o editorial, "treinaram milhares de oficiais em todo o país para o uso da força". O perigo óbvio, sob essa perspectiva, é que a minoria desonesta venha a contaminar os 70% que poderiam proceder de um modo ou do outro – especialmente porque, como observa Hudson, "os 70% restantes dos policiais são altamente suscetíveis à cultura do departamento em que estão alocados". Tudo gira, então, em torno dessas massas passivas e de como protegê-las da influência corruptora da minoria desonesta, seus membros, e sua "influência desproporcional".[297]

A lógica dentro da qual uma minoria ativa seria responsável pela grande maioria dos problemas é recorrente em uma ampla gama de áreas relacionadas à manutenção da ordem. Uma pequena minoria de policiais conduz a grande maioria das prisões. Uma pequena minoria de policiais é responsável pela maioria das queixas de má conduta policial. Uma pequena minoria de moradores de rua contabiliza uma grande maioria das hospitalizações e dos incidentes de pessoas sem teto. Nas palavras de um importante gestor policial, há apenas uma pequena minoria de policiais dedicados e trabalhadores e "esses 10% fazem 90% do trabalho".[298] E o mesmo vale para "os caras maus", ele diz. Há uma pequena minoria de jovens responsáveis pela grande maioria dos crimes violentos. A lista continua. E em todos eles, os elementos fundamentais da lógica da contrainsurgência estão lá, muitas vezes de modo subliminar, incutidos na maneira como imaginamos o mundo.

A internalização das estratégias de contrainsurgência começou cedo, nas décadas de 1950 e 1960, predominantemente no contexto do policiamento e da aplicação da lei. Embora tenha sido acelerada e se difundido após o 11/9, apareceu pela primeira vez exatamente na época em que essas táticas estavam sendo desenvolvidas e aprimoradas no Vietnã.

297 Redditt Hudson, "I'm a Black Ex-Cop, and This is the Real Truth About Race and Policing", *Vox*, 7 jul. 2016: <http://www.vox.com/2015/5/28/8661977/race-police-officer>.

298 Jack Maple e Chris Mitchell, *The Crime Fighter: Putting the Bad Guys Out of Business* (Nova York, Doubleday, 1999), p. 7, 31.

As operações do COINTELPRO – Programa de Contrainteligência [*Counter Intelligence Program*] desenvolvido pelo FBI na década de 1950 para desestabilizar o Partido Comunista dos Estados Unidos, e estendido até os anos 1960 para erradicar os Panteras Negras – tomaram exatamente a forma da guerra de contrainsurgência. A notória diretiva de agosto 1967, do diretor do FBI, J. Edgar Hoover, para "expor, romper, desorientar, desacreditar ou de qualquer outra forma neutralizar as atividades de nacionalistas negros, de organizações e grupos não pacíficos, de suas lideranças, porta-vozes, membros e apoiadores;"[299] as batidas policiais na sede dos Panteras Negras entre 1968 e 1969; a execução sumária do carismático presidente do partido de Chicago, Fred Hampton; as primeiras operações da SWAT realizadas contra os Panteras em Los Angeles – todas elas carregavam consigo os aparatos e ardis da guerra moderna.

Sob o comando de Hoover, o FBI atacou os Panteras Negras de uma maneira que se baseava nos princípios fundamentais da contrainsurgência: primeiro, coletar o máximo possível de informações em relação ao partido, por meio do uso de informantes do FBI e da vigilância total; segundo, isolar os Panteras Negras de suas comunidades, tornando suas vidas individualmente tão difíceis e sobrecarregadas com a vigilância a ponto de forçar cada um a se separar de seus amigos e familiares; terceiro, transformar, na população em geral, a percepção em relação ao movimento, que deveria ser compreendido como uma organização extremista radicalizada – uma forma de deslegitimá-los, reduzindo seu apelo e influência; e, finalmente, eliminá-los e erradicá-los, inicialmente por meio de prisões policiais, depois mediante processos criminais (por exemplo, o caso dos 21 de Nova Iorque), homicídios justificados (como o de Bobby Hutton em 1968 e de outros em Los Angeles), fomentando, afinal, conflitos e divisões dentro do partido, especialmente entre Huey Newton e Eldridge Cleaver, em 1971.[300]

299 Memorando J. Edgar Hoover, 25 ago. 1967, citado em Joshua Bloom e Waldo E. Martin Jr., *Black Against Empire* [2014], p. 201. Embora a "COIN" no neologismo COINTELPRO não significasse literalmente "contrainsurgência", a semelhança familiar era impressionante. Para uma discussão de algumas das semelhanças, ver Walidah Imarisha e Kristian Williams, "COINTELPRO TO COIN: Claude Marks Interviewed", em *Life During Wartime*, p. 27-43.

300 Hoover declaradamente via os Panteras como insurgentes. Ele os enxergou através das lentes dos movimentos revolucionários anticoloniais armados. E, de fato, alguns membros dos Panteras eram maoístas e apoiavam movimentos revolucionários de libertação na África e na Ásia. Quando Eldridge Cleaver fugiu dos Estados Unidos para a Argélia em 1968, inaugurou a seção internacional do Partido

A lógica da contrainsurgência podia se claramente verificada no famoso memorando de Hoover, de março de 1968, que estabelecia os objetivos do COINTELPRO: "impedir grupos e líderes da militância nacionalista negra de ganharem respeitabilidade, desacreditando-os, [...] tanto perante a comunidade responsável quanto perante os liberais que apresentam vestígios de simpatia", e, ainda, "impedir o crescimento, a longo prazo, das organizações negras, especialmente entre os jovens".[301]

De maneira semelhante, a tomada armada do centro prisional de Attica pelas tropas da polícia do estado de Nova Iorque, durante a rebelião de Attica, em setembro de 1971, teve todos os sinais de uma operação de contrainsurgência, como Heather Thompson documenta em seu livro *Blood in the Water* (de 2016). Nesse episódio, os líderes políticos, especialmente o governador Nelson Rockefeller, também retrataram a população carcerária como uma minoria radical periférica. Em vez de prosseguir com as negociações, dando chance para que essa minoria ganhasse fôlego, Rockefeller optou por aniquilá-la por meio de uma operação militarizada que acabou matando 33 presos, além de dez agentes penitenciários. O ataque a Attica e a repressão a outras rebeliões no início da década de 1970 tiveram exatamente o mesmo efeito das operações de contrainsurgência: separar e isolar a minoria radical da população geral – literalmente, aqui, a população prisional geral – e depois eliminá-la.

O uso de estratégias de contrainsurgência dentro do território nacional continuou esporadicamente entre os anos 1980 e 1990. Em 1985, por exemplo, o Departamento de Polícia da Filadélfia usou um helicóptero da polícia do estado da Pensilvânia para lançar duas bombas num centro da organização pela libertação negra chamada MOVE,[302] resultando na morte de

dos Panteras Negras, alinhando essa seção com os movimentos de libertação na Argélia, Coréia do Norte, Vietnã do Norte e China. Mas o que importa aqui não é tanto a política do movimento como o fato de Hoover ter *percebido* os Panteras como insurgentes - identificando-os com os movimentos de libertação em todo o mundo. Na verdade, em suas próprias palavras, Hoover via os Panteras como "a maior ameaça à segurança interna do país". Joshua Bloom e Waldo E. Martin Jr., *Black Against Empire* [2014], p. 3; e Richard Wolin, *The Wind from the East* [2010], p. 14.

301 Memorando J. Edgar Hoover, mar. 1968, citado em Joshua Bloom e Waldo E. Martin Jr., *Black Against Empire* [2014], p. 202. Era particularmente importante para o FBI desacreditar os Panteras, dada a popularidade de seus programas sociais, como o Café da Manhã Gratuito Para Crianças - programas destinados a servir às comunidades e inspirados, em parte, pelos ideais e estratégias maoístas.

302 MOVE ou *MOVE Organization* - embora não seja uma sigla, trata-se de uma

11 membros, incluindo cinco crianças e o líder do movimento, John Africa. O incêndio resultante destruiu cerca de 65 casas no bairro. Como a revista *Time* relatou, "parece uma zona de guerra".[303] Em 1993, o Escritório para Álcool, Tabaco, Armas de Fogo e Explosivos [*Bureau of Alcohol, Tobacco, Firearms and Explosives*] do FBI e a Guarda Nacional do Texas montaram uma operação contra um complexo religioso do Ramo Davidiano [*Branch Davidian*][304] que se assemelhou a outro ataque de contrainsurgência – resultando na morte de 87 homens, mulheres e crianças. Ao longo da década de 1980, os Estados Unidos realizaram experimentos de internalização de práticas contrarrevolucionárias na América Central, especialmente com o apoio velado aos *Contras*[305] na Nicarágua. Houve, similarmente, uso interno da contrainsurgência em outros países, como pelo governo britânico durante a luta contra o Exército Republicano Irlandês. Estratégias de contrainsurgência desenvolvidas e refinadas nas colônias – na Palestina e na Malásia – também foram levadas para o território nacional para reprimir insurgentes e minorias que favoreciam a independência da Irlanda.

Entretanto, desde o 11/9, acelerou-se de forma exponencial a internalização da contrainsurgência, com a hipermilitarização das forças policiais locais e o advento do conhecimento total da informação. O que acontece hoje é que a guerra externa, o policiamento antiterrorista nacional e o policiamento local comum convergiram no modelo de contrainsurgência. A guerra moderna agora colonizou nossas formas cotidianas de policiamento e de governança.

organização formada na Filadélfia, Pensilvânia nos EUA em 1972 por John África e Donald Glassey. Descrita como uma rede difusa constituída por negros cujos membros adotaram o apelido África, defendendo um estilo de vida de retorno à natureza e desapego à tecnologia. Cf. <http://onamove.com>.

303 Frank Trippett, "It Looks Just Like a War Zone", *Time*, 24 jun. 2001: <http://content.time.com/time/magazine/article/0,9171,141842,00.html>.

304 N.T.: O Ramo Davidiano é uma seita originada de um cisma, em 1955, de um grupo conhecido como Adventistas Davidianos do Sétimo Dia – um movimento reformista iniciado dentro da Igreja Adventista do Sétimo Dia por volta de 1930.

305 N.T.: "Contras" é o nome dado aos vários grupos paramilitares de oposição ao governo da Frente Sandinista de Libertação Nacional (FSLN), Partido Socialista que assumiu o poder na Nicarágua depois a vitória da Revolução Sandinista, após a derrubada da ditadura de Anastasio Somoza Debayle, em julho de 1979. Embora os Contras incluíssem diferentes organizações com objetivos diversos, e pouca unidade ideológica, a FDN (Força Democrática Nicaraguense) foi a maior facção. Em 1987, praticamente todas as organizações "Contras" estavam unidas, pelo menos nominalmente, à Resistência da Nicarágua.

Os departamentos de polícia adotam cada vez mais a lógica do modelo de contrainsurgência. Os professores Charles Sabel e William Simon, da Universidade de Columbia, documentam essa tendência e o contraste que agora se faz visível entre uma estratégia anterior de policiamento modelada na guerra em grande escala e uma nova abordagem de policiamento modelada na contrainsurgência.[306]

O modelo anterior pode ser ilustrado pela abordagem de manutenção da ordem do Departamento de Polícia de Nova Iorque. O Prefeito Rudolph Giuliani e seu primeiro Comissário de Polícia, William Bratton, inauguraram em 1994 uma estratégia rotulada de "policiamento das janelas quebradas" ou a "iniciativa de qualidade de vida".[307] O sucessor de Giuliani, Michael Bloomberg, e seu comissário de polícia, Ray Kelly, modificaram a estratégia para priorizar as práticas de abordar e revistar [*stop-and-frisk*] no início dos anos 2000. Com o retorno de Bill Bratton como chefe de Polícia no governo do prefeito Bill de Blasio, entre 2014 e 2016, a estratégia do Departamento de Polícia de Nova Iorque foi revertida a uma política agressiva contra contravenções com base na teoria das janelas quebradas. Em todos os momentos, porém, o departamento enfatizou uma campanha massiva de detenções violentas contra contravenções ou práticas de abordar e revistar – modeladas nas guerras de larga escala.[308]

Um dos principais arquitetos do policiamento das janelas quebradas, Jack Maple, referiu-se à estratégia como uma "guerra" total. Maple afirmou que Bratton "comunicara claramente um objetivo revolucionário – o de "vencer a guerra contra o crime"".[309] "Maple e outros chamaram o Chefe de Patrulha Louis Anemone de 'nosso Patton'", acrescentam Sabel e Simon, "invocando o general da Segunda Guerra Mundial associado à guerra com tanques móveis".[310] A metáfora dificilmente poderia ser mais concreta: a abordagem foi arquitetada sob o modelo de guerra de larga escala, característica da Segunda Guerra Mundial, e sob as intervenções políticas que foram projetadas em seus moldes, como a "guerra à pobreza" e depois a "guerra ao crime".

306 Charles F. Sabel e William H. Simon, "The Duty of Responsible Administration and the Problem of Police Accountability" (documento de trabalho em posse do autor, 22 set. 2015).

307 Bernard E. Harcourt, *Illusion of Order: The False Promise of Broken-Windows Policing* (Boston: Harvard University Press, 2001).

308 *Ibid.*; Charles F. Sabel e William H. Simon, "The Duty" [2015], p. 27–28.

309 Jack Maple e Chris Mitchell, *The Crime Fighter* [1999], p. 31.

310 Charles F. Sabel e William H. Simon, "The Duty" [2015], p. 28.

Em suas próprias descrições de policiamento das janelas quebradas, Maple fez referência frequente a estrategistas de guerra – de Sun Tzu, o antigo general chinês e estrategista do século V a.C. (544-496), passando por Aníbal nos Alpes e pelo Almirante Lord Nelson de Trafalgar, até o general Patton. Napoleão aparece repetidamente. A estratégia do Corpo de Fuzileiros Navais e a guerra de manobras tornararam-se o modelo. O tema da Segunda Guerra Mundial estava em toda parte. O general Patton reaparecia continuamente. O mesmo se dava com Eisenhower. Os policiais eram chamados de "tropas no campo". Os capitães da polícia eram chamados de "comandantes habilidosos e audaciosos". E todos – ou quase todos – foram equiparados a um ou outro oficial de batalha da Segunda Guerra Mundial.[311] Como escreveu Maple:

> Bratton era o nosso George C. Marshall, o homem de visão que sacudiu as Forças Armadas dos EUA, despertando-a de seu sono em 1941, e demonstrou um instinto infalível para identificar talentos. O Chefe de Departamento John Timoney era o nosso Eisenhower, respeitado pelos soldados no campo, que conhecia as complexidades de gerir uma gigantesca organização de combate. O chefe de patrulha Louie Anemone era o nosso Patton, um motivador incansável e brilhante estrategista de campo, que podia se mover com as forças terrestres em velocidade superior à da luz. O primeiro vice-comissário Dave Scott não foi comparado a ninguém da Segunda Guerra Mundial: ele era Burt Lancaster em *Trapeze*.[312] Também queria ajudar os jovens acrobatas a aprender a voar, mas também estava lá para nos segurar, se caíssemos.[313]

Hoje, em contraste com essa lógica do campo de batalha, várias cidades adotam uma abordagem muito diferente. Em Cincinnati, por exemplo, novas estratégias estão sendo desenvolvidas sob a rubrica SARA [*Scanning, Analysis, Response, Assessment*] (varredura, análise, resposta, avaliação), imposta à cidade por um decreto que

311 Para todas essas referências, conferir Jack Maple e Chris Mitchell, *The Crime Fighter* [1999], p. 31, 79, 135-138, 144, 178, 222 e 242.

312 N.E.: *Trapeze* (Trapézio) é um filme hollywoodiano de 1956, dirigido por Carol Reed e estrelado por Burt Lancaster e Gina Lollobrigida.

313 *Ibid.*, p. 31.

extinguiu os processos legais de direitos civis movidos contra o poder público da cidade por uso excessivo de força. A abordagem SARA é reminiscente das análises sistêmicas – o tipo de planejamento de sistemas recursivos aperfeiçoado pela *RAND* na década de 1960. Como Sabel e Simon descrevem, a abordagem "começa com uma definição precisa de um problema, procede à procura de intervenções bem configuradas, implementa-as, avalia os resultados e, em seguida, se o problema persistir, inicia o ciclo novamente com uma definição revisada do problema à luz da experiência". A abordagem é baseada na ideia de "policiamento de solução de problemas", e tem como alvo quaisquer necessidades identificadas – seja furtos em lojas, prostituição, "agressões dentro e nas proximidades de bares" ou "desordem em locais de trabalho".[314]

Muitas dessas novas intervenções de policiamento engajam as comunidades e envolvem as pessoas locais. Elas podem incluir, também, agências de serviço social, agências de serviços em geral, ou voluntários da comunidade, dependendo das necessidades – note-se aqui a ressonância da conquista de corações e mentes no contexto tradicional de contrainsurgência. Alguns dos oficiais envolvidos nessas ações fazem comparações com as estratégias usadas na guerra no Afeganistão. Assim relatam Sabel e Simon: "Ao discutir seu trabalho com uma organização de desenvolvimento comunitário no bairro de Walnut Hills em Cincinnati, o capitão Daniel Gerard observou que ele via semelhança entre esse trabalho e o de um amigo que servia como oficial do exército na província de Helmand, Afeganistão". No Afeganistão, o oficial do exército esteve envolvido em "esforços de desenvolvimento econômico e institucional". Mais uma vez, Sabel e Simon comentam:

> A implicação é que POP (Policiamento Orientado a Problemas) [*Problem-Oriented Policing*] se assemelha mais ao modelo de contrainsurgência de guerra associado ao general David Petraeus do que às táticas de tanques móveis do general Patton, invocadas por Bratton para explicar a Compstat. Como o POP, a abordagem de contrainsurgência prescreve que a patrulha, a resposta a incidentes e o uso de força sejam coordenados com diversas iniciativas proativas que envolvam

314 Charles F. Sabel e William H. Simon, "The Duty" [2015], p. 33, 36 e 40. O policiamento "orientado em função do problema" está intimamente associado ao professor de Direito de Wisconsin Herman Goldstein, que detalhou os princípios de sua abordagem em um livro, *Problem-Oriented Policing* (Nova Iorque, McGraw Hill, 1990).

> civis interessados em alcançar a segurança. O objetivo é proteger o terreno ao construir uma comunidade viável, e não tentando aniquilar todas as forças potencialmente hostis. Como as polícias influenciadas pelo POP costumam dizer: "não é possível nos livrarmos desse problema algemando-o e dando voz de prisão a ele". Igualmente, David Petraeus relata ter dito muitas no Iraque que "não é possível nos livrar do problema matando-o ou capturando-o".[315]

Hoje, uma mentalidade de contrainsurgência começa a dominar o policiamento comum. Parece que, cada vez mais, existe uma minoria ativa que precisa ser identificada e eliminada – muçulmanos predominantemente influenciáveis, mexicanos "maus", jovens negros do centro da cidade e manifestantes indisciplinados contra a polícia. Somos informados sobre os perigos dos seguidores do ISIS, que agora são "criados em casa", no coração dos Estados Unidos – para não mencionar nos subúrbios [*banlieus*] de Paris, nos arredores de Londres, no centro de Bruxelas. Uma mentalidade de contrainsurgência está começando a permear as ruas. Tudo é percebido através das lentes "nós contra eles", os cidadãos cumpridores da lei *versus* os criminosos. Há um constante murmúrio sobre o "elemento criminoso" e a "invasão criminosa" – termos que apareceram nos primeiros escritos de James Q. Wilson, Edward Banfield e George Kelling e que agora se tornaram rotineiros. Assim, por exemplo, foi reportado que o ex-chefe de polícia de St. Louis, Sam Dotson, chegou a dizer que, após os protestos Vidas Negras Importam [*Black Lives Matter*],[316] os "elementos criminosos estão se sentindo empoderados".[317] Enquanto isso, o *Washington Post* e o *The Guardian* começaram a documentar as altas taxas de letalidade policial nos Estados Unidos, que alimentam uma mentalidade de cerco em certos bairros nas cidades do interior: 1.091 tiroteios policiais em 2016, segundo o *The Guardian*, 963 de acordo com o *Washington Post*.[318]

315 Charles F. Sabel e William H. Simon, "The Duty" [2015], p. 41.

316 N.T.: Notável movimento ativista internacional, com origem na comunidade afro-americana. O movimento concentra-se em questões em torno da morte de negros causada por policiais, e questões mais amplas de discriminação racial, brutalidade policial e desigualdade racial no sistema de justiça criminal dos Estados Unidos. Cf. <https://blacklivesmatter.com/>.

317 Heather Mac Donald, "The New Nationwide Crime Wave", *Wall Street Journal*, 29 mai. 2015: <http://www.wsj.com/articles/the-new-nationwide- crime-wave-1432938425>.

318 *The Guardian*: <https://www.theguardian.com/us-news/ng-interactive/2015/

No âmbito nacional, o policiamento também tem tido uma mudança notável. A guerra ao crime, durante a segunda metade do século XX, envolveu operações em larga escala, ao modo militar – especialmente a guerra federal contra as drogas na América Latina, que incluiu a erradicação e a cobertura generalizadas de campos de papoula e campanhas militares no campo. Essas campanhas tiveram efeitos dramaticamente díspares sobre afro-americanos e hispânicos nos EUA. Tanto em suas manifestações no exterior quanto internamente – a erradicação da cocaína no exterior, a eliminação do crime no país – as intervenções políticas tinham ambições parecidas com as de Patton. Desde Richard Nixon até Ronald Reagan, presidentes promoveram a construção massiva de prisões e centros de detenção juvenil, principalmente para minorias jovens, e militarizaram cada vez mais o policiamento em conjuntos habitacionais.

Contudo, como mostra a historiadora Elizabeth Hinton em seu irrefutável livro *From the War on Poverty to the War on Crime* [Da Guerra à Probreza à Guerra contra o Crime], o modelo de guerra em grande escala tem se curvado cada vez mais diante das estratégias de contrainsurgência.[319] Autoridades federais começaram a ver ativistas e militantes negros como uma minoria revolucionária que precisava ser reprimida violentamente. O presidente Ronald Reagan assinou a Lei Geral de Controle do Crime [*Comprehensive Crime Control Act*] em 1984, sob a qual a maior parte dos 900 milhões de dólares que o Congresso destinou para programas de reabilitação de drogas foi gasto em instalações de inteligência, aviões de guerra e helicópteros. No início dos anos 1990, o governo federal começou a experimentar a abordagem "Erva-e-Semente" [*Weed and Seed*] que espelhava o paradigma da contrainsurgência: eliminar usuários de drogas, traficantes e semear programas de revitalização social e econômica nos bairros. Essa abordagem buscou "mobilizar moradores das comunidades nas áreas-alvo para auxiliar na identificação e remoção de infratores e traficantes de drogas violentos de dentro da comunidade".[320] Por meio de subsídios federais, a abordagem foi implementada

jun/01/the-counted-police-killings-us-database>; e *Washington Post*: <https://www.washingtonpost.com/graphics/national/police-shootings-2016/>.

319 Elizabeth Hinton, *From the War on Poverty to the War on Crime: The Making of Mass Incarceration in America* (Cambridge-MA: Harvard University Press, 2016).

320 National Weed and Seed Program, US Department of Justice: <https://www.ojjdp.gov/pubs/gun_violence/sect08-e.html>.

em mais de 150 comunidades nos Estados Unidos. E por meio de programas como o Programa de Excedente de Propriedade [*Excess Property Program*] entre outros, o governo federal começou a financiar uma militarização cada vez mais moldada pela contrainsurgência das forças policiais locais.

Hoje, todos os três eixos centrais da contrainsurgência foram redirecionados contra o povo norte-americano. Os estadunidenses agora estão presos na estratégia do conhecimento total da informação. Os de origem muçulmana e pertencentes a outras minorias tornaram-se a minoria insurgente, alvo de eliminação. De uma forma mais ampla, agora são os corações e mentes do povo norte-americano que estão sendo instados. O paradigma da contrainsurgência chegou ao território nacional.

8 . VIGIANDO OS NORTE-AMERICANOS

Logo após o 11/9, oficiais do alto escalão na administração Bush criaram um programa ilícito de interceptação de comunicação, que abrangia a maior rede possível, cobrindo tanto comunicações estrangeiras quanto nacionais. A NSA iniciou a prática de interceptação – sem mandado judicial – nos Estados Unidos. O Congresso logo aprovou a "Seção 215" do *USA PATRIOT Act* que previa a coleta em massa pela NSA de todos os metadados de telefonia mantidos por empresas de telecomunicações estadunidenses como *AT&T, Verizon* e *Sprint*. O FBI iniciou uma campanha maciça de coleta de informações visando mais de cinco mil muçulmanos. Departamentos de polícia locais, como o NYPD, implementaram programas de vigilância direcionados a mesquitas e a comunidades muçulmanas, infiltrando-se, também, em organizações muçulmanas nos EUA. Por meio de métodos tanto digitais quanto analógicos, o governo direcionou o conhecimento total da informação sobre o povo norte-americano.

O principal pilar de uma contrainsurgência no plano nacional é, justamente, internalizar o conhecimento total da informação. Assim como foi desenvolvido no plano externo, é somente por meio da vigilância total que se torna possível distinguir a minoria ativa das massas passivas de norte-americanos. Uma população completamente transparente é o primeiro requisito do método de contrainsurgência. O general Petraeus, em seu manual de campo, dedicou um capítulo inteiro à "Inteligência na Contrainsurgência" [*Intelligence in Counterinsurgency*], com uma epígrafe pungente e enfática: "Tudo de *bom* que acontece parece vir de um bom serviço de inteligência". E, tal como começa, o manual conclui com o seguinte mantra: "O sucesso ou o fracasso da missão [contrainsurgente] depende da eficácia do esforço de inteligência".[321]

Supõe-se que o governo deva tratar a vigilância interna diferentemente da inteligência estrangeira – o que explica, entre

321 FM, p. 79.

outras coisas, a separação e os diferentes padrões legais que se aplicam ao FBI e à CIA. Sob a lei federal, as comunicações domésticas recebem maior proteção e quererem autorização judicial para ser interceptadas. Comunicações estrangeiras relacionadas às investigações de terrorismo passam por um processo mais rápido no Tribunal de Vigilância de Inteligência Estrangeira (FISC) [*Foreign Intelligence Surveillance*], todavia, também exigem a aprovação deste. Regras severas, mas gradativas, relativas à coleta de informações internas e externas, foram postas em prática na década de 1970, como resultado de programas de escutas telefônicas ilícitas nacionais, como o COINTELPRO, e as investigações e recomendações subsequentes do Comitê *Church* [*Church Committee*].[322] Limites foram impostos especialmente à vigilância interna como resultado de excessos praticados pelo FBI, em investigações conduzidas por Hoover, sobre a vida pessoal de Martin Luther King e de outros.

Apesar de todas essas restrições, após o 11/9 o governo deixou de lado muitas das reformas dos anos 1970 relativas às agências de inteligência e implantou uma enorme rede de vigilância em âmbito local, nacional e global para alcançar o conhecimento total de informações sobre o povo norte-americano. Programas criados após o 11/9 para coleta de informações estrangeiras foram redirecionados aos estadunidenses. Além disso, novas tecnologias permitiram, por meio da vigilância externa, realizar "varreduras" nos norte-americanos, de maneira aleatória e intencional. A revolução digital tornou realidade os sonhos mais loucos da comunidade de inteligência. Certamente, a evidente crise do terrorismo global naturalizou e justificou as invasões graduais. Contudo, a internalização da vigilância total tinha raízes mais profundas na própria lógica da guerra de contrainsurgência. O fato é que, nesse novo paradigma de governo, *todo* estadunidenses é um insurgente em potencial.

A vigilância constante da população norte-americana é necessária – concomitante à aparência de confiabilidade. Aparências são vitais. Uma contrainsurgência nacional deve suspeitar de cada integrante da população, mas essa suspeita não deve ser percebida. Essa postura, desenvolvida na teoria da contrainsurgência décadas

322 N.T.: Comissão Parlamentar de Inquérito, criada no âmbito do Senado norte-americano em 1975, sob a Presidência de Frank Church com o objetivo de investigar atividades ilegais da CIA, da NSA, do FBI, depois que algumas destas atividades foram reveladas pelo escândalo *Watergate*.

atrás, é o cerne desse paradigma. David Galula burilou essa ideia numa declaração espirituosa, que costumava repetir para seus soldados na Argélia: "Não é possível pegar uma mosca com vinagre. Minha regra é: externamente, vocês devem tratar cada civil como amigo; internamente, vocês devem considerá-lo um aliado dos rebeldes até que se tenha prova positiva do contrário".[323] Hoje, esse mantra tornou-se regra – dentro dos próprios EUA.

Logo após os ataques às Torres Gêmeas, o NYPD começou a vigiar centenas de mesquitas, nogócios muçulmanos, associações e grupos de estudantes – infiltrando-se em dezenas deles – sem qualquer evidência de que estivessem ligados ao terrorismo ou envolvidos em transgressões. O NYPD recrutou informantes ["*mosque crawlers*"] para que se infiltrassem e monitorassem os locais de culto islâmicos, e oficiais à paisana ["*rakers*"] para frequentarem livrarias, cafés e bares muçulmanos. (Eles foram chamados de *rakers* porque o chefe da inteligência, que veio da CIA, queria que sua unidade "vasculhasse [*rake*] os carvões, procurando pontos quentes"). O departamento conseguiu se infiltrar em grupos estudantis no Brooklyn College e no City College de Nova Iorque, tendo acesso a registros de alunos sob falsos pretextos.[324]

"Ponham a Mesquita sob observação antes e durante a Jumma (orações de sexta-feira), gravem as placas dos veículos e capturem os registros fotográficos e de vídeo dos participantes. Prestem atenção especial a todas as placas de Nova Iorque". Essas foram as instruções dadas aos agentes secretos do NYPD na "Target of Surveillance" [Alvo de vigilância] direcionado à Mesquita Majid Omar em Patterson, Nova Jérsei.[325] Um "Relatório Semanal secreto do NYPD sobre a Associação de Estudantes Muçulmanos" [*NYPD Secret Weekly MSA Report*], datado de 22 de novembro de 2006, narrava as atividades das Associações de Estudantes Muçulmanos [*Muslim Student Associations*] em Buffalo, na NYU e em

323 David Galula, *Pacification in Algeria* [1963/2006], p. 72.

324 Matt Apuzzo e Adam Goldman, "With CIA Help" [2011]; "Highlights of AP's Pulitzer Prize-winning probe into NYPD intelligence operations", Associated Press (com *links* para histórias e documentos): <https://www.ap.org/about/awards-and-recognition/highlights-of-aps-pulitzer-prize-winning-probe-into-nypd-intelligence-operations>; e Ryan Devereaux, "Judge Who Approved Expanding NYPD Surveillance of Muslims Now Wants More Oversight", *The Intercept*, 7 nov. 2016: <https://theintercept.com/2016/11/07/judge-who-approved-expanding-nypd-surveillance-of-muslims-now-wants-more- oversight>.

325 "Target of Surveillance": <https://www.ap.org/about/awards-and-recognition/highlights-of-aps-pulitzer-prize-winning-probe-into-nypd-intelligence-operations>.

Rutgers-Newark.[326] O oficial de inteligência do departamento relatou, em suas palavras, que acessava "como rotina diária", os *sites*, *blogs* e fóruns das organizações estudantis islâmicas de lá, assim como da Albany University, Baruch College, Brooklyn College, Columbia University, LaGuardia Community College, University of Pennsylvania, Rutgers–New Brunswick, Stony Brook, SUNY Potsdam, University of Syracuse, Yale University e outras. Ele dava detalhes sobre uma conferência acadêmica que se realizaria em breve, no Centro de Convenções de Toronto, pondo em questão o histórico e o *status* dos vistos dos palestrantes convidados.

Em um informativo secreto para o Chefe de Inteligência, datado de 25 de abril de 2008, o NYPD relatou estar preocupado com o veredito no caso Sean Bell, isto é – a absolvição de três detetives da polícia de Nova Iorque acusados de terem matado com diversos disparos um homem desarmado no bairro Jamaica, no Queens. O documento relatava que a agência estava "especialmente preocupada com as nossas mesquitas convertidas, por exemplo, Ikhwa, Taqwa, Iqquamatideen e a Mesquita da Irmandade Islâmica [*MIB – Mosque of Islamic Brotherhood*]" e pedia que um informante disfarçado se "envolvesse com o Novo Partido dos Panteras Negras".[327]

O mesmo informativo detalhava outra operação secreta do NYPD, a de se infiltrar em uma viagem de *rafting* dos alunos do City College de Nova Iorque (CCNY). Relatava-se, nele, que um agente do NYPD disfarçado, chamado "OP#237," partiu para "a *Whitewater Rafting trip* na segunda-feira, 21 de abril de 2008 e retornou na noite de quarta-feira, 23 de abril de 2008". Relatava-se, também, que: "A viagem foi organizada pelo EXTREMEGOERS CCNY SPORTS GROUP; que é na prática gerido pela Organização de Estudantes Muçulmanos [*MSO – Muslim Student Organization*]". No documento constavam os nomes e o *status* de muitos dos 19 alunos da CCNY, com a observação de que "Ali Ahmed estava no comando e orquestrou os eventos". E seguia: "Além dos eventos regulares (*Rafting*), o grupo rezava pelo menos quatro vezes por dia, e grande parte das conversas eram de natureza religiosa,

326 "Nov. 22, 2006 NYPD Weekly MAS Report": <https://www.ap.org/about/awards-and-recognition/highlights-of-aps-pulitzer-prize-winning-probe-into-nypd-intelligence-operations>.

327 "April 25, 2008 Deputy Commissioner's Briefing":<https://www.ap.org/about/awards-and-recognition/highlights-of-aps-pulitzer- prize-winning-probe-into-nypd-intelligence-operations>.

sobre o Islã".[328] Embora o relatório utilizasse termos conspiratórios, não havia razão prévia – e nenhuma foi elaborada mais tarde – para qualquer suspeita sobre esses estudantes universitários.

O NYPD preparou relatórios analíticos com mapas e informações que cobriam todas as mesquitas num raio de cem milhas da cidade, inclusive em Newark, Nova Jérsei e nos condados de Suffolk e Nassau, detalhando seus endereços, números de telefone, fotos, afiliação étnica e "nota de informação". Entre essas notas havia passagens como: "Durante a visita, 3 homens muçulmanos africanos e um cliente egípcio foram vistos jantando"; ou "observou-se que muitos produtos feitos no Egito foram vendidos dentro do local".[329] Esses relatórios secretos da "Unidade Demográfica" mapearam mesquitas, madraças e a densidade populacional muçulmana por etnia. Eles incluíam fotos de vigilância e notas de inteligência sobre cada mesquita e empresa muçulmanas (ver as reproduções dos relatórios de vigilância a seguir).

A *Associated Press* (AP)[330] descreveu o programa, em uma série ganhadora do Prêmio Pulitzer, como um "programa de mapeamento humano" de norte-americanos de origem muçulmana, que equivaleria a "uma parceria incomum com a CIA, uma parceria que borrava os limites entre espionagem estrangeira e doméstica". Esse tipo de monitoramento de muçulmanos sem qualquer suspeita teria sido declarado ilegal se tivesse sido feito pelo governo federal, o que pode explicar, como sugerido pela AP, por que a CIA trabalhou clandestinamente com o NYPD para acelerar esse programa de espionagem doméstica e também porque governo federal concedeu à NYPD mais de 1,6 bilhão de dólares na década que se seguiu ao 11/9.[331]

Vários anos depois, em agosto de 2016, o Escritório do inspetor-geral do NYPD publicou um relatório que detalhava a extensão das operações de investigações direcionadas aos muçulmanos. Ele revisou uma amostra aleatória de investigações

328 "April 25, 2008 Deputy Commissioner's Briefing": <https://www.ap.org/about/awards-and-recognition/highlights-of-aps-pulitzer- prize-winning-probe-into-nypd-intelligence-operations>.

329 "Sept. 25, 2007 Newark, N.J. Demographics Report", p. 48, 50: <https://www.ap.org/about/awards-and-recognition/highlights-of-aps-pulitzer-prize-winning-probe-into-nypd-intelligence-operations>.

330 N.T.: Agência de notícias independente, fundada em maio de 1846, formada como cooperativa entre jornais, estações de rádio e televisão norte-americanas. Cf. <https://apnews.com/>.

331 Matt Apuzzo e Adam Goldman, "With CIA Help" [2011].

de inteligência do departamento de 2010 a 2015 e descobriu que 95% das investigações de atividades políticas tinham como alvos muçulmanos ou atividades associadas ao Islã.[332] Também descobriu que mais de 50% dessas investigações continuaram após o vencimento das respectivas autorizações.

Após as revelações da AP, a União Americana pelas Liberdades Civis (ACLU) entrou com uma ação em junho de 2013, em nome dos querelantes, contestando a vigilância das mesquitas. O litígio captou bem a trajetória histórica da internalização das práticas de contrainsurgência. O caso de 2013, *Raza v. Cidade de Nova Iorque*, retomou um caso federal anterior conhecido como o litígio de *Handschu*. Aberto em 1971, o caso questionava a vigilância imposta pelo NYPD aos Panteras Negras, aos protestos antiguerra, à ACLU, à NAACP e outros.[333] *Handschu* apontava, precisamente, os primeiros usos de estratégias de contrainsurgência no plano interno – dos antecedentes iniciais dessa estratégia até a contrainsurgência de hoje, mais coordenada e sistêmica. Serviu, assim, como a estrutura para avaliar os novos programas de vigilância mais sistemáticos, dirigidos contra mesquitas, empresas muçulmanas e grupos de estudantes.

O juiz federal Charles S. Haight Jr., do Distrito Sul de Nova Iorque, acompanhou o litígio de *Handschu* desde o início, incluindo o acordo realizado em 1985 que levou às famosas diretrizes de *Handschu* para a supervisão das investigações de atividade política do NYPD. Durante anos, o departamento estava sob um acordo que impedia sua unidade de inteligência de instigar investigações sobre atividades políticas e que exigia que tais investigações fossem baseadas em evidências de crime. Esse acordo original foi modificado logo após o 11/9 para permitir ao NYPD maior flexibilidade em suas investigações sobre atividades políticas. Mas mesmo sob padrões mais flexíveis, a vigilância do departamento sobre mesquitas e grupos de estudantes ultrapassou os limites da legalidade, resultando em novas modificações nas diretrizes de *Handschu*.

332 Inspetor Geral do DOI (Departamento de Investigação) do NYPD, "An Investigation" [2016].

333 Cf. Handschu v. NYPD, caso n. 1:71-cv-02203-CSH-SCS, "Ruling on Proposed Settlement Agreement", documento 465, arquivado em 28 out. 2016 (história de rastreamento de opinião do contencioso *Handschu* e *Raza*): <https://www.aclu.org/legal-document/raza-v-new-york-handschu-court- ruling-proposed-revisions-handschu-guidelines>; e "Raza v. City of New York—Legal Challenge to NYPD Muslim Surveillance Program", ACLU, 6 mar. 2017: <https://www.aclu.org/cases/raza-v-city-new-york-legal-challenge-nypd-muslim-surveillance-program>.

Masjid

Nome:	Masjid
Endereço:	Avenida Newark, Nova Jersey 071
Número de telefone:	973-
Tipo de construção:	Casa - propriedade privada
Seita:	Sunita
Composição étnica:	Nigeriano, Oeste africano
Imame:	
Capacidade:	
Delegacia:	4ª Delegacia
Nota(s):	Mesquita em casa privada sem nenhuma sinalização. Observados de 25 a 30 fiéis existentes após a oração de Jumma.

Nome do Local: 's Café & Snack Shop
Tipo do local: Café
Etnia: Afro-americano
Endereço: Avenida
Cidade: Newark
Estado: Nova Jersey
Telefone: 973
CEP: 07
Delegacia: 3ª

Nota Informativa:

Operado e de propriedade de muçulmano afro americano.
Pequeno café que anuncia todos os produtos halal.
Mesmo proprietário da loja ao lado.
Local está em boas condições com capacidade para 10-12 clientes assentados.
Local fica bem próximo do centro cultural islâmico de Nova Jersey, localizado na Brandfort Place, nº 20.

Nome do Local: 's Body Shop
Tipo do local: Loja
Etnia: Afro-americano
Endereço: Avenida
Cidade: Newark
Estado: Nova Jersey
Telefone: 973
CEP: 07
Delegacia: 3º

Nota Informativa:

Operado e de propriedade de muçulmano afro americano.
Pequena loja que anuncia todos produtos islâmicos, suprimentos de saúde e beleza, incensos, alimentos saudáveis e roupas islâmicas..
Local fica bem próximo do centro cultural islâmico de Nova Jersey, localizado na Place.

Relatório de vigilância da NYPD sobre mesquitas e negócios islâmicos em Newark, Nova Jérsei (aqui editado para proteger a privacidade). NYPD Intelligence Division, Demographics Unit, "Newark, New Jersey, Demographics Report," 25 de setembro de 2007, p. 31, 46.

Em várias entrevistas durante a campanha presidencial de 2016, Donald Trump endossou a vigilância contínua de mesquitas e grupos muçulmanos. Ele indicou ser favorável a uma maior vigilância sobre os muçulmanos norte-americanos, um possível registro dessas pessoas em um banco de dados do governo e até mesmo a emissão de identificações especiais, de acordo com sua crença religiosa.[334] "Vocês terão que vigiar e estudar as mesquitas, porque muitas conversas estão acontecendo ali", disse Trump ao *Morning Joe* da MSNBC em novembro de 2015. Referindo-se especificamente aos programas de inteligência da NYPD que monitoravam muçulmanos, Trump disse: "pelo que ouvi, antigamente – ou seja, há algum tempo – tínhamos uma grande vigilância em torno das mesquitas da cidade de Nova Iorque".[335]

Enquanto o NYPD impulsionava um programa de vigilância de muçulmanos com a ajuda da CIA, o FBI e alguns procuradores federais lançavam uma campanha nacional massiva de coleta de informações, cujo alvo eram homens do Oriente Médio, de países predominantemente muçulmanos, que estivessem vivendo nos Estados Unidos com vistos de não imigrantes. Cerca de dois meses após o 11/9, o procurador-geral dos EUA, John Ashcroft, anunciou uma campanha nacional para entrevistar até cinco mil desses homens. As autoridades federais em Michigan responderam rapidamente e logo deram curso à iniciativa, enviando mais de 560 cartas à minoria visada, identificados como sendo homens entre 18 e 33 anos de países muçulmanos do Oriente Médio. Neste caso, novamente, as autoridades não tinham provas ou qualquer razão para acreditar que qualquer um deles estivesse ligado ao terrorismo ou a algum tipo de infração; na verdade, as autoridades federais enfatizavam esse fato nas próprias cartas, dizendo: "Não temos motivos para acreditar que você esteja, de alguma forma, associado a atividades terroristas".[336]

334 Ver Mark Hensch, "Trump Won't Rule Out Database, Special ID for Muslims in US", *The Hill*, 19 nov. 2015: <http://thehill.com/blogs/ballot-box/presidential-races/260727-trump-wont-rule-out-database-special-id-for-muslims>; e Dean Obeidallah, "Donald Trump's Horrifying Words About Muslims", *CNN*, 21 nov. 2015: <http://www.cnn.com/2015/11/20/opinions/obeidallah-trump-anti-muslim/>.

335 Mark Hensch, "Trump Won't Rule" (2015).

336 "The US Attorney's Letter", *CNN*, 27 nov. 2001: <http://www.cnn.com/2001/US/11/27/inv.questioning.letters/>; "Hundreds in Michigan Asked to Submit to 'Terror Questioning,'" *CNN*, 28 nov. 2001: <http://edition.cnn.com/2001/US/11/27/inv.michigan.interviews/index.html>; Mitch Frank, "Feds and Cops at Odds over Terror Investigation", *Time*, 29 nov. 2001: <http://content.time.com/time/nation/article/0,8599,186383,00.html>; e Jodi Wilgorennov, "A Nation Challenged: The

Entretanto, apesar da completa ausência de suspeita, as autoridades federais pressionavam esses indivíduos para que fossem ao seu encontro e falassem com agentes federais e policiais locais. A fim de conduzir todas essas entrevistas, Ashcroft pediu que a polícia local participasse, internalizando, ainda mais, as estratégias.

"Por favor, entre em contato com o meu escritório para marcar uma entrevista em um local, data e horário que seja conveniente para você", dizia a carta. "Embora essa entrevista seja voluntária, é crucial que a investigação seja abrangente e completa, e a entrevista é importante para atingir esse objetivo. Precisamos ouvi-lo o mais rápido possível, até 4 de dezembro. Por gentileza, ligue para meu escritório entre 9h e 17h, a qualquer dia, incluindo sábados e domingos. Trabalharemos para nos ajustarmos à sua agenda". Assinadas pelo procurador dos EUA para o distrito de Michigan, essas cartas omitiam que o comparecimento era voluntário, formulando enganosamente a suposta "necessidade" de uma resposta dentro de uma semana. Dado que os selecionados portavam vistos de não imigrantes, esses convites, na verdade, eram lidos como intimações.

Somada a esses programas de vigilância locais e nacionais, a coleta de inteligência conforme padrões externos foi ativada para as massas norte-americanas. O governo Bush implantou um infame programa de espionagem da NSA dentro dos Estados Unidos, sem autorização legal ou mandado judicial. O Congresso aprovou o programa da "Seção 215" que coletou dados de empresas de telecomunicações norte-americanas. A NSA implementou vários programas de inteligência que capturaram e monitoraram todos os dados de telecomunicações, inclusive de cidadãos estadunidenses. Por meio de cooperação com o setor privado – com a *Microsoft*, *AT&T* e mídias sociais –, o FBI e a NSA obtêm cada vez mais acesso clandestino a serviços de *e-mail* e instalações de armazenamento em nuvem, além de acesso direto aos servidores do *Yahoo*, *Google*, *Facebook* etc.

Os principais programas da NSA trabalharam em conjunto, pegando carona na coleta e extração de todos os nossos dados pessoais pelas redes sociais e de comércio eletrônico. Desde o advento de *e-mail*, armazenamento e serviços de mídia social gratuitos – como o *Gmail* do *Google*, o *Outlook* e *SkyDrive* da *Microsoft*, ou o *Facebook* – esses gigantes digitais começaram a coletar todos

Interviews; Michigan 'Invites' Men From Mideast to Be Interviewed", *New York Times*, 27 nov. 2001: <http://www.nytimes.com/2001/11/27/us/nation-challenged-interviews-michigan-invites-men-mideast-be-interviewed.html>.

os nossos dados pessoais que passavam por seus servidores. Seus modelos de negócios dependiam disso, na medida em que a única fonte de renda relacionada a esses serviços gratuitos era a publicidade digital. Os comerciantes digitais, como a *Amazon*, a *Netflix* e outros também começaram a capturar as informações pessoais de todos os clientes, para fins de publicidade e envio de anúncios direcionados aos consumidores. Esses gigantes da esfera privada da era digital começaram a coletar dados de todo mundo para seus próprios interesses comerciais. A NSA, que descobriu isso rapidamente, logo recebeu acesso a esses dados por meios lícitos e ilícitos. Por meio de programas como PRISM e UPSTREAM, a NSA obteve acesso total aos seus servidores e cabos através dos quais todos esses dados eram transmitidos.

O programa PRISM, discutido anteriormente no contexto da coleta de inteligência estrangeira, permitiu que a NSA acessasse diretamente os servidores da maior parte dos gigantes digitais norte-americanos – o que significa que agentes da NSA e consultores delegados poderiam acessar diretamente os servidores dessas empresas para realizar consultas e pesquisas de estrangeiros e de estadunidenses. A agência obteve acesso direto ao conteúdo de *e-mails*, arquivos anexos, chamadas VoIP e todas as comunicações digitais, o que permitiu o acesso aos dados pessoais de estrangeiros, bem como as informações dos cidadãos norte-americanos. O programa UPSTREAM forneceu à NSA uma cópia de todo o tráfego digital que passa por cabos submarinos. E outros programas da agência, para a coleta e extração de nossos dados digitais pessoais, proliferaram, resultando em um impressionante nível de acesso à informação privada dos norte-americanos.

A invasão da vigilância digital, nos dias de hoje, é absolutamente impressionante. A criação desses programas coincidiu com o crescimento explosivo das tecnologias digitais, que viabilizam – e na verdade estão enraizadas na – vigilância invasiva de quem as utiliza. Nossos provedores de serviços de rede, mecanismos de pesquisa e empresas de mídia social monitoram nosso rastro digital para recomendar produtos, vender anúncios e estimular o consumismo. O *Google* coleta e extrai dados de nossos *e-mails*, anexos, contatos e agendas do *Gmail*. A *Netflix* e a *Amazon* usam nossos dados para recomendar filmes, e o *Twitter* rastreia nossa atividade na *internet* em todos os *sites* que carregam seu pequeno ícone. O aplicativo de *smartphone* do *Facebook* coleta informações de nossos outros aplicativos de telefone e envia anúncios para eles. O *Instagram* verifica nossas impressões em relação a anúncios, mede seu sucesso e fornece *feedback* aos anunciantes sobre quais são mais eficazes. O aplicativo *Neighbors* utiliza pacotes *sniffers* ou o *software* gratuito para *Mac*, como o *Eavesdrop*, para acessar nossas redes não seguras. Os carros do *Google Street View* capturam e registram nossos nomes de usuário, senhas e *e-mails* pessoais em redes de Wi-fi não criptografadas.

E como as revelações de Edward Snowden demonstraram, a NSA tem acesso praticamente livre a todas essas informações por múltiplos meios. Uma rápida olhada nos *slides* secretos do PRISM serve para nos lembrar do quão fundo vai o acesso a nossas vidas pessoais: *Microsoft, Yahoo, Google, Facebook, PalTalk, YouTube, Skype, AOL, Apple* etc. Sob o programa PRISM, todas essas empresas cederam à NSA acesso às nossas comunicações conduzidas por meio de suas plataformas, e elas o fizeram por um valor insignificante. De acordo com as revelações de Snowden, todo o programa PRISM custou à agência apenas 20 milhões de dólares por ano. Por essa quantia minúscula, a NSA tinha acesso direto aos servidores de todas essas empresas – além da intromissão em cabos de telecomunicações que lhe davam acesso direto a todas as comunicações digitais.

Como resultado, hoje, nos Estados Unidos, os cidadãos comuns enfrentam uma rede de vigilância. Redes sociais, comércio eletrônico, aplicativos de smartphones, provedores de *internet* e navegadores da *web* coletam nossos dados privados e os disponibilizam a agências de inteligência. A maioria das novas tecnologias e aplicativos – até mesmo jogos como o *Pokémon GO* – permite acesso a nossos contatos, nossa localização por GPS, nosso calendário, nossa *webcam* e todas as nossas informações privadas. Estamos cercados por uma Hidra de Lerna das telecomunicações, mídias sociais, plataformas do *Google*, aplicativos do *Facebook*, produtos da *Microsoft*, varejistas eletrônicos, corretores de dados, corporações multinacionais, *hackers* – incluindo *hackers* de governos estrangeiros – *e* nossas agências de inteligência. Cada uma delas está tentando superar a outra na coleta e mineração de nossas informações pessoais; todas estão buscando o conhecimento total da informação – com um vigor sem precedentes.

No livro *Exposed*, propus uma nova maneira de entender como o poder circula na era digital e, em especial, uma nova maneira de compreender nossa disposição de nos expormos tanto a corporações privadas como ao governo. As metáforas comumente

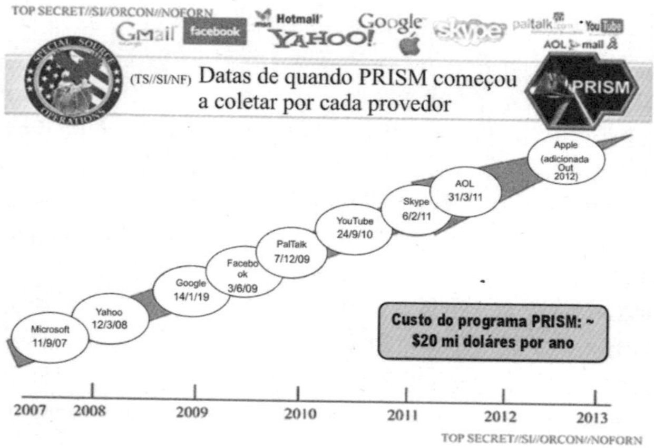

Slide de Powerpoint da NSA sobre o histórico do programa PRISM (2013). Fonte: "NSA Slides explain the PRISM Data-Collection Program", *Washington Post*, 6 jun. 2013.

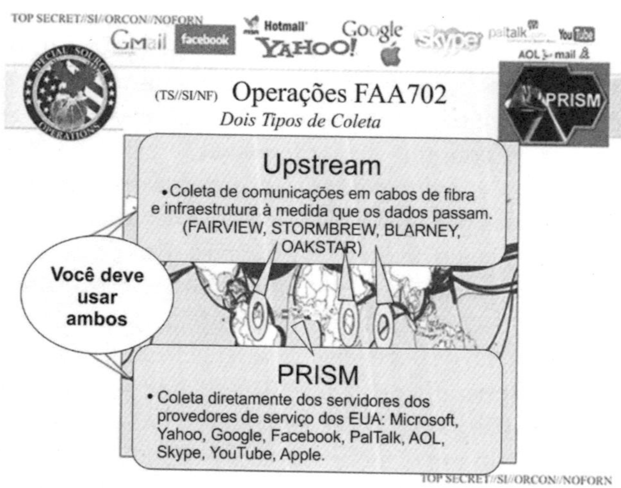

Slide de Powerpoint da NSA sobre os programas PRISM e UPSTREAM (2013). Fonte: "NSA Slides explain the PRISM Data-Collection Program", *Washington Post*, 6 jun. 2013.

usadas para descrever nossa condição digital, como o "estado de vigilância", a prisão panótica de Michel Foucault, ou até mesmo o Grande Irmão de George Orwell, são inadequadas – conforme argumentei. Na nova era digital, não estamos presos à força nas células panópticas. Não há "teletelas" penduradas pelo Estado na parede dos nossos apartamentos. Ninguém está tentando aniquilar nossas paixões ou forçar cada um de nós à submissão com o cheiro de repolho cozido e esteiras de pano velhas, sabão grosso e lâminas de barbear sem corte. O objetivo não é deslocar nossos prazeres com ódio – com sessões de "ódio", "músicas de ódio", "semanas do ódio". Hoje, ao contrário, interagimos por meio de "curtidas", "compartilhamentos", "favoritos", "solicitações de amizade" e "seguidores". Penduramos alegremente em nossas paredes televisores inteligentes que gravam tudo o que dizemos e todas as nossas preferências. Os uniformes monótonos e o cinza sombrio de *1984* de Orwell foram substituídos pelo *iPhone 5c* nas radiantes cores rosa, amarelo, azul e verde. "Completamente colorido" [*Colorful through and through*], seu *slogan* de *marketing* promete; e o desejo por objetos cheios de cores – pelo som sensual de um *e-mail* enviado, o clique sedutor do "disparador" da câmera do *iPhone* e as "curtidas" e corações que podem ser conquistados com o compartilhamento – nos seduzem a ponto de nos entregarmos voluntariamente às tecnologias de vigilância.

E como o monitoramento e o *marketing* de nossas vidas privadas transformam quem somos, o poder circula de uma nova maneira. Orwell descreveu a sociedade totalitária perfeita. Guy Debord descreveu a nossa como uma sociedade do espetáculo, na qual os criadores de imagem moldam como entendemos o mundo e a nós mesmos. Michel Foucault, por sua vez, falou da "sociedade punitiva" ou o que ele chamou de "panopticismo", baseando-se no projeto da prisão panóptica de Jeremy Bentham. Gilles Deleuze foi um pouco mais longe e descreveu o que chamou de "sociedades de controle". Mas, na era digital, a vigilância total tornou-se inexoravelmente ligada ao prazer. Vivemos em uma sociedade de exposição e exibição, uma sociedade expositiva.

São precisamente os prazeres, os atrativos e as seduções da era digital que nos conduzem a uma exposição voluntária. E mesmo aqueles de nós que não participam do rico mundo das mídias sociais, ou evitam deixar rastros, acabam por compartilhar digitalmente suas vidas íntimas e opiniões políticas. É praticamente impossível ter uma vida social ou familiar sem mensagens de texto, telefones e/ou *e-mail*, pelo menos. É quase impossível viver no mundo atual sem pesquisar na *web*, comprar *on-line*, passar um cartão de acesso, sacar dinheiro em um caixa eletrônico. É virtualmente impossível ter uma vida profissional sem preencher *Doodles* e *SurveyMonkeys*, ou responder ao *Paperless Post*.

Confrontar a sociedade da exposição requer olharmos para além do Estado – para as mídias sociais, os interesses corporativos e varejistas, para o Vale do Silício e para a *AT&T*, e, mais do que tudo, para nós mesmos, com nossos impulsos, anseios e prazeres aparentemente insaciáveis e irresistíveis de nos exibirmos. O problema hoje não é apenas o Estado; também somos todos *nós* que nos entregamos à vigilância total. E não apenas nós, mas também nossos dispositivos: nossos *smartphones* que emitem dados de GPS e permitem que o *Facebook* colha dados de todos os outros aplicativos, ou de jogos de realidade virtual como o *Pokémon GO*. Esses dispositivos tornaram-se poderosos pontos de entrada em um tesouro de informações pessoais e dados interconectados localizados geograficamente.

Em agosto de 2015, documentos vazados revelaram que a *AT&T*, a gigante norte-americana de telecomunicações, havia trabalhado voluntariamente com a NSA em 2013 para fornecer acesso "a bilhões de *e-mails* à medida que eles fluíam em suas redes domésticas". A empresa instalou voluntariamente equipamentos de compartilhamento de cabos em seus centros de comunicações nos Estados Unidos. Ela foi particularmente solícita, observou o *New York Times*. "A *AT&T* foi a primeira parceira a ativar uma nova capacidade de coleta – uma que, segundo a NSA, equivalia a uma presença 'viva' na rede global".[337]

No início, essa parceria alimentou um programa de inteligência que, em um único mês, capturou e enviou para a NSA 400 bilhões de registros de metadados da *internet*. Diariamente, mais de um milhão de *e-mails* eram processados por meio do sistema de seleção de palavras-chave na sede da NSA em Fort Meade, Maryland. De acordo com os documentos internos da NSA, que cobrem o período de 2003 a 2013, os "relacionamentos corporativos da *AT&T* oferecem acessos exclusivos para outras empresas de telecomunicações e provedores de *Internet* [*I.S.P.s*]" também.

337 Julia Angwin et al., "AT&T Helped US Spy on Internet on a Vast Scale", *New York Times*, 15 ago. 2015:<http://www.nytimes.com/2015/08/16/us/politics/att-helped-nsa-spy-on-an-array-of-internet-traffic.html>.

Como o *New York Times* acrescentou, com um toque de ironia: "Um documento lembra aos funcionários da NSA para serem educados ao visitarem as instalações da *AT&T*, observando: 'Isto é uma parceria, não uma relação contratual'".

Essas novas revelações foram um ponto de partida para a aprovação do *USA FREEDOM Act* [Lei da Liberdade dos EUA] pelo Congresso, dois meses antes, em junho de 2015. Tal instrumento foi a tentativa do Congresso de restabelecer o equilíbrio entre privacidade e segurança, na esteira dos vazamentos de Edward Snowden, dois anos antes. A lei contemplava uma e apenas uma das plataformas de vigilância da NSA, ou seja, o programa da "Seção 215" do *USA PATRIOT Act*, uma disposição que autorizava a coleta em massa de metadados de telefonia nos Estados Unidos.

O Presidente Obama anunciou o *FREEDOM Act* como uma medida importante que "fortaleceria as salvaguardas da liberdade civil e proporcionaria maior confiança pública nesses programas".[338] O *The Guardian* informou que "ativistas da privacidade e da reforma aclamaram a lei como uma conquista 'histórica', a primeira reforma em mais de uma década".[339] Em sua disposição mais significativa, o *FREEDOM Act* modificou o programa da "Seção 215" de modo que, a partir de agora, seriam as empresas de telecomunicações, empresas como a *AT&T*, que teriam e manteriam metadados de telefonia.

É difícil não perceber a ironia. Agora é a ela que nos protege. E essa é a mesma empresa de telecomunicações que havia se esforçado para colaborar, muitas vezes de forma ilícita, durante anos, se não décadas, com os serviços de inteligência dos EUA para fornecer acesso a telecomunicações privadas e a dados pessoais. A mesma empresa que, de acordo com os documentos recém-vazados, cooperou voluntária e entusiasticamente com a NSA e "instalou equipamentos de vigilância em pelo menos 17 de seus cabos centrais de *internet* em solo estadunidense".

Como se isso não bastasse, nas letras miúdas da legislação, descobrimos que nós, os contribuintes norte-americanos, compensaremos a *AT&T* pela manutenção dos dados.

338 Declaração do Presidente Obama sobre a Lei da Liberdade dos EUA: <https://www.whitehouse.gov/the-press-office/2015/06/02/statement-president-usa-freedom-act>.

339 Alan Yuhas, "NSA Reform: USA FREEDOM Act Passes First Surveillance Reform in Decade – As It Happened", *Guardian*, 2 jun. 2015: <http://www.theguardian.com/us-news/live/2015/jun/02/senate-nsa-surveillance-usa-freedom-act-congress-live>.

Como a *Reuters* informou, "O *FREEDOM Act* contém uma provisão para compensar as empresas pelos custos assumidos em manter e entregar esses dados, algo que as operadoras deixaram claro que desejavam em troca de concordar em armazenar os dados".[340] Esse acordo foi incorporado ao compromisso desde o início. Conselheiros do Presidente Obama – um comitê composto por uma gama eclética de ex-funcionários e acadêmicos – originalmente recomendara esse arranjo remunerativo. Em seu relatório, "Liberdade e Segurança num Mundo em Tranformação" [*Liberty and Security in a Changing World*], os assessores de Obama escreveram que "seria do interesse dos provedores e do governo chegar a um acordo sobre um sistema voluntário que atendesse às necessidades de ambos"; mas, acrescentaram, se tal acordo mutuamente aceitável não pudesse ser resolvido, "o governo deveria reembolsar os provedores pelo custo de reter os dados".[341]

E foi o que aconteceu: os contribuintes pagariam as empresas de telecomunicação para manter os dados para o governo. Então: anteriormente, a *AT&T* fornecia clandestinamente nossos dados pessoais digitais para os serviços de inteligência, de forma gratuita; agora, os contribuintes norte-americanos terão de pagar às empresas para que elas coletem e mantenham os dados para quando os serviços de inteligência deles precisarem. Uma solução neoliberal vantajosa para todos – exceto, é claro, para o cidadão comum que paga impostos e que deseja um mínimo de privacidade ou proteção contra a contrainsurgência.

Vivemos em uma nova era digital que transformou fundamentalmente todos os aspectos da sociedade e da política como as conhecemos – e isso continuará a se dar. Estima-se que as tecnologias digitais e a inteligência artificial eliminarão de 40% a 50% de todos os trabalhos e empregos nas próximas décadas. Essas tecnologias já transformaram radicalmente nossas práticas de lazer e de punição e expuseram todos os nossos caprichos ao olhar atento dos profissionais de *marketing*, anunciantes, mídias sociais e serviços de inteligência. É impressionante o monitoramento e o

340 Mark Hosenball e Patricia Zengerle, "US Lawmakers Warn Proposed Changes Could Doom Spy Bill", Reuters, 1 jun. 2015: <http://www.reuters.com/article/2015/06/02/usa-security-surveillance- congressoidUSL1N0YN23X20150602>.

341 The President's Review Group on Intelligence and Communications Technologies et al., *The NSA Report: Liberty and Security in a Changing World* (Princeton-NJ, Princeton University Press, 2014), p. 118; 119, nota 118: <https://obamawhitehouse.archives.gov/blog/2013/12/18/liberty-and-securitychanging-world>.

marketing de nossas vidas particulares em solo norte-americano, não apenas pela NSA, mas também pelo *Facebook, Google, Microsoft, Apple* etc. A era digital inseriu efetivamente a capacidade de vigilância em praticamente todas as rotinas diárias.

Em meu livro anterior, no entanto, eu não havia compreendido completamente como nossa sociedade da exposição se ajusta às outras características de nossa condição política contemporânea – à tortura, ao caso de Guantánamo, aos ataques de *drones*, à propaganda digital. Em parte, não consegui superar o nítido contraste entre a *fluidez* de nossa navegação digital e da vigilância, por um lado, e a *fisicalidade* de nossas intervenções militares e do uso de tortura, por outro. Para ser preciso, reconheci o alcance mortal dos metadados e reiterei aquelas palavras ameaçadoras do general Michael Hayden, ex-diretor da NSA e da CIA: "Matamos pessoas com base em metadados".[342] E tracei a assustadora convergência de nossa existência digital e de supervisão correcional: a maneira pela qual o *Apple Watch* começa a funcionar como uma tornozeleira eletrônica, prendendo-nos perfeitamente em uma malha de aço de rastros digitais. Mas fui incapaz de entender completamente o vínculo entre exposição digital e tortura analógica.

É agora claro, porém, que a sociedade da exposição se encaixa perfeitamente em nosso novo paradigma de governo. A sociedade da exposição é precisamente o que permite que as estratégias de contrainsurgência sejam aplicadas tão impecavelmente "em casa", às próprias pessoas que inventaram a guerra moderna. O advento da sociedade da exposição, bem como dos programas específicos de vigilância da NSA, possibilita o conhecimento total da informação interna – o que, por sua vez, estabeleceu as bases para as outras duas ramificações da contrainsurgência no contexto doméstico.

342 Citado em David Cole, "Can the NSA Be Controlled?", *New York Review of Books*, 19 jun. 2014, p. 16.

9 . MIRANDO NOS NORTE-AMERICANOS

Ao voltar a vigilância total sobre sua própria população, o governo dos EUA começou a mirar nos norte-americanos considerados suspeitos. Essa medida reflete a estratégia de contrainsurgência de isolar e eliminar a minoria ativa – o segundo eixo do paradigma moderno de guerra. E isso se fez de inúmeras formas.

Logo após o 11/9, o governo federal começou a compilar e aplicar uma "Lista de Proibição para Voar" [*No Fly List*][343] que incluiria norte-americanos. Muitos cidadãos encontravam-se retidos e impossibilitados de viajar, a menos que tivessem influência política suficiente para contestar sua inclusão na lista – como fez o falecido senador Ted Kennedy depois de ser incluído na referida lista e impedido de embarcar.[344] Em setembro de 2001, apenas 16 pessoas estavam na *No Fly List*, mas em 2006 esse número aumentou para cerca de 44 mil, com um adicional de 75 mil pessoas em uma lista separada para triagens adicionais de segurança. Estimou-se que centenas daqueles eram cidadãos norte-americanos. Depois de um corte significativo no final dos anos 2000, o número, então, aumentou dramaticamente no governo de Barack Obama, chegando a 47.000 em 2013; 64.000 em 2014 e cerca de 81.000 em 2016, entre

343 Lista criada e mantida pelo Centro de Triagem Terrorista (*TSC – Terrorist Screening Center*) do FBI, de pessoas que são proibidas de embarcar em aeronaves comerciais seja para viajar dentro do território dos EUA seja para nele ingressar ou dele sair.

344 Thomas C. Greene, "Database Snafu puts US Senator on Terror Watch List", *The Register*, 19 ago. 2004: <http://www.theregister.co.uk/2004/08/19/senator_on_terror_watch>; Sara Kehaulani Goo, "Faulty 'No-Fly' System Detailed", Washington Post, 9 out. 2004: <http://www.washingtonpost.com/wp-dyn/articles/A18735-2004Oct8.html>; "In First, Government Officially Tells ACLU Clients Their No Fly List Status", ACLU, 10 out. 2014: <https://www.aclu.org/news/first-government-officially-tells-aclu-clients-their-no-fly-list-status?redirect=national-security/first-government-officially-tells-aclu-clients-their-no-fly-list-status>.

os quais, novamente, centenas de cidadãos norte-americanos. Em 2016, outras 28.000 pessoas foram listadas para triagem adicional, das quais cerca de 1.700 eram cidadãos norte-americanos ou residentes permanentes.[345]

Após o 11/9, o FBI, também passou a fazer detenções em bairros muçulmanos. Mirou, especialmente, os bairros paquistaneses da cidade de Nova Iorque, prendendo mais de 254 imigrantes do Paquistão durante o ano seguinte, apesar do fato de que não havia paquistaneses no grupo de terroristas envolvidos no ataque de 11/9. Presos sob acusações ligadas à imigração – portanto, meramente civis – muitos dos detentos foram colocados em confinamento solitário e detidos em isolamento por 23 horas por dia, e muitos alegaram ter sofrido privação de sono e outros abusos na Cadeia Federal do Brooklyn, o Centro de Detenção Metropolitano [*Metropolitan Detention Center – MDC*]. O FBI prendeu mais de 500 pessoas em todo o país – homens e mulheres que ficaram conhecidos como os "detentos do 11 de setembro" – o que representou uma das maiores intervenções do FBI na história.[346]

345 Jeremy Scahill e Ryan Devereaux, "The Secret Government Rulebook For Labeling You a Terrorist", *The Intercept*, 23 jul. 2014: <https://theintercept.com/2014/07/23/blacklisted/>; Steve Kroft, "Unlikely Terrorists On No Fly List", CBS, 8 out. 2006: <http://www.cbsnews.com/news/unlikely-terrorists-on-no-fly-list/>; *US Department of Justice Office of the Inspector General Audit Division*, "Follow-up Audit of the Terrorist Screening Center", set. 2007: <https://oig.justice.gov/reports/FBI/a0741/final.pdf>; Jamie Tarabay, "No-Fly List: FBI Says It's Smaller Than You Think", *NPR*, Edição matinal, 26 jan. 2011: <http://www.npr.org/2011/01/26/133187841/the-no-fly-list-fbi-says-its-smaller-than-you-think>; Jeremy Scahill e Ryan Devereaux, "Barack Obama's Secret Terrorist-Tracking System, by the Numbers", *The Intercept*, 5 ago. 2014: <https://theintercept.com/2014/08/05/watch-commander/>; Michelle Ye Hee Lee, "Democrats' Misleading Claims about Closing the No-Fly List 'Loophole'", *Washington Post*, 11 dez. 2015: <https://www.washingtonpost.com/news/fact-checker/wp/2015/12/11/democrats-misleading-claims-about-closing-the-no-fly-listloophole/>; e Stephen Dinan, "FBI No-Fly List Revealed: 81,000 Names, but Fewer than 1,000 Are Americans", *The Washington Times*, 20 jun. 2016: <http://www.washingtontimes.com/news/2016/jun/20/fbi-no-fly-list-revealed-81knames-fewer-1k-us/>. Além disso, mais de seis mil cidadãos norte-americanos ou residentes permanentes estão em uma lista separada, de vigilância ao terrorismo.

346 Jennifer Gonnerman, "Fighting for the Immigrants of Little Pakistan", *New Yorker*, 25 jun. 2017: <http://www.newyorker.com/magazine/2017/06/26/fighting-for-the-immigrants-of-little-pakistan>; Ziglar v. Abbasi, 582 U.S. (Suprema Corte dos Estados Unidos, 19 de junho de 2017): <https://www.supremecourt.gov/opinions/16pdf/15-1358_6khn.pdf> (que detalha as denúncias de 84 detentos confinados em solitária, revista pessoal [*strip search*], privação de sono e abuso físico e verbal, incluindo serem lançados contra a parede, ossos quebrados, humilhação sexual e outros abusos físicos e mentais; conferir o deslize de opinião na p. 4 do documento).

Além disso, em novembro de 2002, o Departamento de Justiça começou a implementar um novo programa de registro especial [*Special Registration Program*] que exigia que todos os homens com mais de 15 anos, com visto dos EUA e provenientes do Iraque, Irã, Síria, Líbia ou Sudão, fossem registrados e submetidos, em um escritório de imigração, a um processo de coleta de impressão digital, fotografias e realização de entrevista sob pena de perjúrio. Nos meses seguintes, outros 20 países foram acrescentados à lista: Afeganistão, Argélia, Bahrein, Bangladesh, Egito, Eritréia, Indonésia, Jordânia, Kuwait, Líbano, Marrocos, Coreia do Norte, Omã, Paquistão, Catar, Arábia Saudita, Somália, Tunísia, Emirados Árabes Unidos e Iêmen. Com exceção da presença da Coreia do Norte, a lista de países denunciava claramente que os muçulmanos residentes nos EUA estavam sob a mira do governo. Como Jennifer Gonnerman relata, "em maio de 2003, 82 mil homens haviam sido registrados em todo o país, e os processos de deportação haviam começado para mais de 13 mil deles".[347]

A vigilância dirigida a mesquitas e a grupos muçulmanos também estimulou processos judiciais (federais e locais) mais agressivos por apoio material ao terrorismo. O Ministério Público Federal começou a utilizar escutas de comunicações, sob mandados do Tribunal de Vigilância Estrangeira dos Estados Unidos [*FISC – US Foreign Intelligence Surveillance Court*], fora de seus limites como base para persecuções criminais federais.[348] Em seus primeiros meses no cargo, o presidente Donald Trump assinou ordens executivas impondo restrições de viagem a residentes norte-americanos de origem muçulmana. Enquanto isso, em resposta a protestos crescentes, estados e municípios promulgaram ou introduziram leis draconianas, destinadas a restringir manifestações políticas, algumas com penalidades severas, com base na lei contra o crime organizado [*anti-racketeering law*] – como, por exemplo, no Arizona e em outros estados, que preveem penas de prisão.[349]

347 Gonnerman, "Fighting for the Immigrants of Little Pakistan"; Maia Jachimowicz and Ramah McKay, "'Special Registration' Program", Migration Information Source, 1 abr. 2003: <http://www.migrationpolicy.org/article/special-registration-program#2a>.

348 O advogado de Chicago, Thomas Durkin, vem combatendo essa questão vigorosamente no caso Daoud. Conferir alegações no caso U.S. v. Daoud Seventh Circuit, 755 F.3d 479 (7º Cir. 2014); Patrick Toomey e Brett Max Kaufman, "The Notice Paradox: Secret Surveillance, Criminal Defendants, & the Right to Notice", Santa Clara Law Review 54 [2015]: 844–900; e William C. Banks, "Programmatic Surveillance and FISA: Needles in Haystacks", Texas Law Review 88 [2010]: 1633–667.

349 Christopher Ingraham, "Republican Lawmakers Introduce Bills to Curb Protesting

Essa gama variada de medidas federais e locais implementadas na esteira do 11/9 fornece o contexto para uma série de incidentes distintos que refletem as maneiras específicas pelas quais a internalização das estratégias de contrainsurgência desdobraram-se. Isso fica evidente em uma série de histórias que envolvem a repressão militarizada a manifestantes e o ataque a muçulmanos pelo governo estadunidense – histórias de indivíduos como Izhar Khan ou Ahmed Mohamed que se tornaram, involuntariamente, parte de uma minoria ativa fantasma, inventada no solo norte-americano.

Esses incidentes não são simplesmente exemplos dispersos de repressão excessiva contra muçulmanos, afro-americanos e outras minorias nos Estados Unidos desde o 11/9; na verdade, refletem um impulso mais amplo, enraizado na teoria da contrainsurgência, para definir, tornar alvo e eliminar uma minoria ativa. Noutros termos, o de inventar uma insurgência e depois governar através dela. Existe uma ligação inextricável entre a ciência total da informação no plano interno e esses incidentes. A conexão torna-se evidente quando vemos o quadro geral da guerra moderna. É crucial, com efeito, situar esses incidentes dentro do contexto mais amplo desse novo paradigma de governo, a fim de ver como eles refletem a internalização do segundo eixo do modelo de contrainsurgência.

Enviar dinheiro para casa – a familiares, amigos e instituições – não é incomum entre imigrantes. De fato, muitas vezes é uma das razões pelas quais alguém emigra para os Estados Unidos ou para outras nações capitalistas desenvolvidas, como a Alemanha, a Suécia ou a Arábia Saudita: conseguir alguma segurança econômica e garantir sustento à família e à comunidade de origem. Isso é quase que esperado.

Contudo, as coisas são diferentes se sua família vem do Vale Swat, uma região montanhosa no Paquistão, perto da fronteira com o Afeganistão. Logo, qualquer transferência bancária torna-se imediatamente suspeita. E se o seu nome é Izhar Khan e se você é um *mufti*[350] de 24 anos de uma grande mesquita chamada Jamaat Al-Mu'mineen, em Margate, Flórida, e você usa "uma longa barba preta, um roupão de algodão preto e uma

in at Least 18 States", *Washington Post*, 24 fev. 2017: <https://www.washingtonpost.com/news/wonk/wp/2017/02/24/republican-lawmakers-introduce-bills-to-curb-protesting-in-at-least-17-states/>.

350 N.T.: Entre os povos islâmicos, um jurisconsulto e intérprete qualificado do Alcorão.

kippah": você é duplamente suspeito.[351] Depois do 11/9, esses elementos tornam você suspeito de pertencer a uma minoria ativa em favor do terrorismo.

A suspeita recaiu sobre Izhar Khan inicialmente por causa de seu pai, Hafiz Khan, um imame ancião de uma das mesquitas mais antigas de Miami, a Masjid Miami. Ele havia imigrado para os Estados Unidos em 1994 e estava com quase 80 anos em 2011. Uma vez que nunca aprendeu o inglês, ele tinha a propensão de passar todo seu tempo na mesquita ao telefone com amigos e familiares no Vale do Swat. Segundo registros do FBI, a agência coletou 35 mil ligações telefônicas entre fevereiro de 2009 e outubro de 2010 – uma média de cerca de três ou quatro chamadas por hora.[352]

Os telefonemas de Hafiz Khan registram seu mau humor. "Que Deus apenas a faça cair morta", disse ele sobre sua neta, quando ela não parava de chorar. "Que ele seja atropelado por um caminhão", disse sobre seu filho quando este havia deixado sua esposa em casa para cozinhar. De acordo com Evan Osnos, do *New Yorker*, ele "rotineiramente descrevia os líderes do Paquistão como cafetões, porcos, filhos de burros, bastardos e idiotas", e implorava a Deus para "torná-los tão amedrontados que 'quando se sentassem para defecar, suas entranhas vazassem'". Ele também chamou os líderes do Talibã de os "maiores bastardos" e, de acordo com Osnos, "desejou que eles se rendessem". Em outra ocasião, depois de ouvir sobre civis feridos, ele praguejou: "que Deus destrua quem quer que seja, sejam eles malandros, do Talibã ou do governo".[353]

Hafiz Khan, o pai, não era de modo algum rico. Nunca se ajustara realmente à vida nos Estados Unidos. Seus pertences aparentemente cabiam em dois sacos plásticos. Ele morava em um apartamento de um quarto em frente à mesquita com sua esposa. Ele era albino e sua visão era ruim.

Mesmo assim, mandou dinheiro para o Paquistão e disse a seus filhos para fazê-lo também – como Osnos sugere, "a tradição muçulmana de caridade é conhecida como *zakat*". Afinal, ele era um imã. E, assim, ao longo dos anos, o pai enviou milhares de dólares ao Paquistão, possivelmente algo em torno de 50 mil dólares

351 Evan Osnos, "The Imam's Curse: A Family Accused of Financing Terrorists", *New Yorker*, 21 set. 2015, p. 50.

352 *Ibid.*, p. 52.

353 *Ibid.*, p. 52, 56.

no total, na maioria das vezes para ajudar a apoiar uma mesquita e uma escola islâmica, a Madrassa Arabia Ahya-al-Aloom, no Vale do Swat. Ele foi fundamental para sua fundação em 1971 e, segundo Osnos, "tinha ambições de expandir [a escola] e, quando o complexo precisou de reparos, disse a um amigo que a escola era 'mais importante para mim do que meus filhos'".[354]

As transferências de dinheiro levantaram suspeitas do FBI e um informante pago pelo *Bureau*, usando uma escuta escondida, começou a fazer amizade com o pai. Ele ofereceu ao pai 5.000 dólares para ajudar a consertar a escola. E então o informante fez o possível para que o pai fizesse declarações incriminatórias em gravações clandestinas. Aparentemente, depois de muita insistência, ele o fez. Ele disse algumas coisas favoráveis sobre o Talibã. Como Osnos explica, "longe do informante, Hafiz foi registrado avisando ao neto que Siddiqui [o informante] 'falava bobagem' e que deveria ser tolerado apenas porque planejava dar dinheiro para a escola. 'Ele é uma pessoa muito legal, mas ele também é estúpido,' disse Hafiz".[355]

A suspeita foi estendida para dois dos filhos de Hafiz, Izhar Khan e Irfan Khan (um técnico de *software* de 37 anos de idade), pois também enviavam dinheiro para o Paquistão. Os três homens foram presos e indiciados. Hafiz e Izhar Khan foram processados como conspiradores que apoiavam materialmente o terrorismo por causa das transferências eletrônicas e declarações sobre o Talibã.

Uma vez presos, foram tratados como insurgentes perigosos. Ambos os filhos foram detidos durante meses em confinamento solitário na prisão federal de Miami, separados entre si e de suas famílias, trancados 23 horas por dia, sozinhos em suas celas na unidade de alojamento especial.[356] Irfan Khan passou mais de dez meses em isolamento; Jizar Khan, mais de 16.

Atualmente, ambos estão livres. Irfan, o filho mais velho, foi libertado subitamente, depois que todas as acusações foram retiradas. Durante seus dez meses em confinamento solitário, ficou evidente, por exemplo, que o dinheiro que ele enviara pela *Western Union* para um certo "Akbar Hussein", um comandante talibã em Kaboswatt, Paquistão, na verdade havia sido enviado ao "tio de sua esposa, Akbar Hussain, um professor de biologia

354 *Ibid.*, p. 52.
355 *Ibid.*, p. 53, 56.
356 *Ibid.*, p. 54.

aposentado, que lecionara em universidades locais".[357] Os registros da *Western Union* listavam os nomes e o número de identidade de Hussain. Hussein, Hussain – esse pequeno detalhe foi o suficiente para levar dez meses de vida de um homem.

Izhar Khan, o filho mais novo, foi levado a julgamento, mas o juiz federal julgou procedente o pedido de absolvição – decisão praticamente inédita na prática processual –, fundamentando que as provas apresentadas ao júri não provavam nada. Ele foi libertado depois de passar mais de 16 meses em confinamento solitário, além de quatro meses em uma cela com outros detentos.

As vidas de ambos os filhos foram arruinadas. Irfan Khan, o ex-programador de *software*, hoje dirige um táxi, examinando obsessivamente as conversas gravadas. Izhar Khan é praticamente um sem-teto, já que teve que vender a casa e o carro para pagar por defesa judicial. Obviamente, eles não podem voltar ao Paquistão, porque, tendo sido detidos por tanto tempo e finalmente liberados, cairiam sob eles suspeitas de terem cooperado com os federais – "presumirão que você está trabalhando para a CIA ou para o FBI". Além disso, eles não querem abandonar o pai. Ele foi condenado por duas acusações de conspiração e em outras duas de fornecer apoio material, sua pena foi fixada em 25 anos sem direito à liberdade condicional – pena que se estenderá até 2033, quando estará, se ainda vivo, com 98 anos de idade.[358]

O caso contra os irmãos Khan continha todos os indícios da teoria da contrainsurgência. Começou, é claro, com o conhecimento total da informação, que nesse caso significava a realização de escutas telefônicas e de análise de mais de 35 mil ligações. Foram então colocados na categoria de minoria ativa, daqueles que pretendem prejudicar os EUA. Por último, foram eliminados, ao serem postos sob confinamento solitário e terem suas vidas destruídas. As prisões e persecuções criminais também foram amplamente divulgadas, proporcionando à população uma sensação de segurança e proteção – mostrando o quão bem são protegidos os norte-americanos.

O primeiro incidente reflete como a mentalidade da contrainsurgência produz abordagens "preto no branco" em relação a situações com muitos tons de cinza. Muitos imigrantes enviam dinheiro

357 *Ibid.*, p. 55.
358 *Ibid.*, p. 58, 56.

para casa, e não é incomum que uma parte desse dinheiro acabe em mãos questionáveis. No entanto, apenas algumas pessoas são observadas com profunda desconfiança, desprovidas de presunção de inocência – quando de fato são inocentes.

Um segundo caso demonstra como a lógica da contrainsurgência pode ser levada aos extremos mais absurdos, fora do contexto de uma investigação convencional de contraterrorismo, no âmbito da disciplina escolar – um tipo de governança muito mais cotidiana. Mas os impulsos são reveladororamente semelhantes.

Ahmed Mohamed tinha 14 anos e morava com os pais em Irving, um pequeno subúrbio de Dallas, Texas.[359] Em 2015, era aluno da nona série da escola local, a *MacArthur High School*, onde era considerado um estudante modelo. Um entusiasta de ciência e tecnologia, Ahmed passava seu tempo extracurricular em seu quarto, trabalhando em projetos caseiros de ciência, robótica e eletrônica. Gostava especialmente da NASA e de tecnologia espacial. Ele produzia muitos aparelhos eletrônicos e consertava os dispositivos de seus colegas de turma, o que lhe angariara o apelido de "garoto inventor" nos últimos anos do ensino fundamental.

Nascido no Sudão e de religião muçulmana, Ahmed mudara-se para os Estados Unidos ainda menino. Seu pai, Mohamed El-Hassan Mohamed, era muito conhecido na comunidade, e havia 30 anos morava na mesma casa em Irving, no subúrbio de Dallas. Por duas vezes, em 2010 e em 2015, sem sucesso, Mohamed El-Hassan Mohamed candidatou-se a presidente do Sudão, com o objetivo de tirar o então presidente Omar al-Bashir.[360]

Na manhã de uma segunda-feira, 14 de setembro de 2015, Ahmed Mohamed levou uma de suas invenções para a escola.

359 Manny Fernandez e Christine Hausersept, "Handcuffed for Making Clock, Ahmed Mohamed, 14, Wins Time With Obama", *New York Times*, 16 set. 2015: <http://www.nytimes.com/2015/09/17/us/texas-student-is-under-police-investigation-for-building-a-clock.html>; Matthew Teague, "Ahmed Mohamed Is Tired, Excited to Meet Obama—and Wants His Clock Back", *Guardian*, 17 set. 2015: <http://www.theguardian.com/us-news/2015/sep/17/ahmed-mohamed-is-tired-excited-to-meet-obama-and-wants-his-clock-back>; Sebastian Murdock, "Police Knew Ahmed Didn't Have A Bomb, Arrested the Teen Anyway", *Huffington Post*, 18 set. 2015: <https://www.huffpost.com/entry/ahmed-mohamed-police-not-bomb_n_55fc4510e4b08820d9187013>; e Joanna Walters, "Texas Teen Arrested Over Homemade Clock Gets It Back Days Before Leaving US in New York", *Guardian*, 24 out. 2015: <http://www.theguardian.com/us-news/2015/oct/24/texas-teen-ahmed-mohamed-gets-homemade-clock-back>.

360 Lauren Gambino, "Ahmed Mohamed Meets Sudanese President with Whom Father Had Rivalry", *Guardian*, 16 out. 2015: <http://www.theguardian.com/world/2015/oct/16/ahmed-mohamed-sudan-president-omar-al-bashir-texas-clock>.

O pequeno relógio de LED que ele havia construído em seu quarto consistia em um *display* digital montado em uma pequena caixa de metal que continha uma placa de circuito. Era do tamanho de sua mão aberta. Ele estava tão orgulhoso que quis mostrá-lo ao seu professor de engenharia.

Na escola, durante uma aula pela manhã, Ahmed mostrou-lhe o relógio e, aparentemente, foi elogiado. Mais tarde naquele dia, durante sua aula de inglês, o relógio tocou, e quando Ahmed o pegou para silenciá-lo, sua professora de inglês viu e ficou preocupada. Pouco depois, os funcionários da escola notificaram a polícia.

Ahmed foi detido e interrogado à força por quatro policiais – dois oficiais que estavam regularmente alocados na escola e seu supervisor, que chegou ao local com outro sargento da polícia – por quase uma hora, durante a qual lhe foi negado o direito de ser acompanhado por seu pai. Ele não teve permissão de ter a presença de seus pais nem de qualquer outra pessoa a seu lado. Estava sozinho com quatro policiais adultos.

Embora os oficiais tivessem "rapidamente determinado", nas palavras de Larry Boyd, chefe de polícia de Irving, que o caso não envolvia uma bomba ou dispositivo incendiário, Ahmed foi preso e algemado pela polícia.[361] Há uma imagem perturbadora em que o menino, um adolescente de aparência desajeitada, aparece vestindo sua camiseta da NASA, algemado com as mãos nas costas, na delegacia de polícia, visivelmente estarrecido e em pânico.

Ele foi conduzido para o centro de detenção juvenil mais próximo, onde foi fichado, suas impressões digitais registradas e uma fotografia tirada.

Ahmed foi imediatamente suspenso da escola por três dias.

Após o evento, muitos vieram em sua defesa, enquanto alguns lançaram suspeitas sobre ele. Outros, incluindo o presidente Obama, buscaram compensar, sem acusar ninguém, mas tentando tirar o melhor de uma situação péssima. "Relógio legal, Ahmed", leu-se na conta oficial do presidente Obama no Twitter. "Quer trazê-lo à Casa Branca? Devemos inspirar mais crianças como você a gostarem de ciência. É o que torna os EUA ótimo".

O episódio foi caracterizado, em um extremo, como um erro inocente em um mundo onde há preocupação com tiroteios e outros atos violentos em escolas, e, no outro, como um caso claro de discriminação racial e islamofobia. Eu argumentaria

361 Entrevista ao vivo para o MSNBC, disponível em Murdock, "Police Knew Ahmed".

que ele reflete a crescente influência doméstica do pensamento da contrainsurgência. Em um mundo perigoso, povoado por supostos insurgentes, o nome, a cor e a religião de Ahmed o transformaram instantaneamente em suspeito. Ele se tornou potencialmente parte de uma pequena minoria de insurgentes em guerra com os EUA. E, por essa razão, fez-se imediatamente necessário isolá-lo e contê-lo – para, então, prendê-lo, algemá-lo e mandá-lo para uma instituição juvenil.

Mesmo tendo ficado rapidamente claro que Ahmed não representava uma ameaça, ainda assim consideraram importante reunir informações sobre ele. Ou seja, colheram suas impressões digitais, sua fotografia. Registraram-no para que contasse no sistema, para que já tivessem suas informações para uma próxima vez.

O tratamento dado a Ahmed reflete os três eixos do modelo da contrainsurgência: criar um membro de uma minoria insurgente, contê-lo para que não contamine a maioria e reunir informação para alimentar o grande projeto de conhecimento total da informação.

O que poderia ter sido um esforço legítimo para evitar ataques terroristas após o 11/9 gerou uma mentalidade contrainsurgente que vê perigo por todo o país e que, como resultado, ataca brutalmente os muçulmanos, apesar de sua inocência.

Enquanto os dois primeiros incidentes aqui narrados visaram indivíduos em particular transformando-os em uma minoria ativa que deve ser eliminada, dois outros episódios, apresentados a seguir, forjam uma categoria inteira de indivíduos perigosos, um constructo completamente tirado da cartola. O primeiro episódio envolve manifestantes e, predominantemente, afro-americanos, no contexto de movimentos sociais contra o assassinato pela polícia de civis desarmados. O segundo, os norte-americanos de origem muçulmana como um todo.

“Eu não consigo respirar! Eu não consigo respirar!”. Eric Garner repetiu essa frase 11 vezes antes de morrer por asfixia por causa de um estrangulamento sob o peso de vários policiais do NYPD nas ruas de Staten Island, Nova Iorque, em 17 de julho de 2014. Um mês depois, em 9 de agosto de 2014, um jovem desarmado, Michael Brown, de 18 anos de idade, foi morto a tiros em Ferguson, Missouri, pelo policial Darren Wilson. O encontro mortal durou cerca de dois minutos e foi testemunhado por mais de uma dúzia de pessoas, que deram relatos divergentes sobre o comportamento de Michael – que estaria se rendendo, ou caído no chão, ou virando-se, ou dando as costas ou avançando em direção ao policial – quando o oficial Wilson disparou o décimo segundo tiro, que foi fatal. Dois meses depois, em 20 de outubro de 2014, no sudoeste de Chicago, o policial Jason Van Dyke descarregou 16 cartuchos de sua arma semiautomática de nove milímetros em Laquan McDonald, de 17 anos de idade. O tiroteio foi capturado por vários vídeos feitos por câmeras de bordo [*dashcam*], que mostram McDonald se afastando dos policiais, enquanto Van Dyke e seu parceiro saem do carro armados. Seis ou sete segundos depois, o policial começa a atirar. A força com que as balas atingiram McDonald fez com que seu corpo girasse 360 graus. O vídeo mostra-o se sacudindo e nuvens de destroços subindo enquanto o oficial Van Dyke continua atirando, mesmo depois que o adolescente já está no chão – ele está lá caído, de bruços, por pelo menos 13 dos 15 segundos que durou a rajada do policial.[362]

Essa epidemia de tiroteios policiais contra civis desarmados ganhou – enfim – visibilidade, como resultado de uma série de vídeos de celulares, câmeras de bordo e imagens de vigilância que viralizaram na *internet*. A onda de homicídios praticados pela polícia continuou dentro e fora do alcance das câmeras, em todo o país, com as mortes a tiros de Akai Gurley, de 28 anos, em uma escadaria do Brooklyn, em 20 de novembro de 2014; de Tamir Rice, de 12 anos de idade, em um parque de Cleveland, em 22 de novembro de 2014; de Walter Smith, de 50 anos, que em 4

362 Jeffrey Fagan e Bernard Harcourt, "Fact Sheet in Richmond County (Staten Island) Grand Jury in Eric Garner Homicide": <https://www.law.columbia.edu/news/archive/fact-sheet-richmond-county-staten-island-grand-jury-eric-garner-homicide>; Sandhya Somashekhar e Kimbriell Kelly, "Was Michael Brown Surrendering or Advancing to Attack Officer Darren Wilson?", *Washington Post*, 29 nov. 2014: <https://www.washingtonpost.com/politics/2014/11/29/b99ef7a8-75d3-11e4-a755-e32227229e7b_story.html>; Department of Justice, *Department of Justice Report Regarding the Criminal Investigation into the Shooting Death of Michael Brown by Ferguson, Missouri Police Officer Darren Wilson*, 4 mar. 2015: <https://www.justice.gov/opa/pr/justice-department- announces-findings-two-civil-rights-investigations-ferguson-missouri>; Jeremy Gorner et al., "Most of Chicago Police Force Ordered into Uniform As City Prepares for Video Release", *Chicago Tribune*, 24 nov. 2015: <http://www.chicagotribune.com/news/local/breaking/ct-chicago-police-laquan-mcdonald-shooting-video-release-20151123-story.html>; e Dan Good, "Chicago Police Officer Jason Van Dyke Emptied His Pistol and Reloaded As Teen Laquan McDonald Lay on Ground During Barrage; Cop Charged with Murder for Firing 16 times", *New York Daily News*, 24 nov. 2015: <http://www.nydailynews.com/news/national/shot-laquan-mcdonald-emotionless-court-arrival-article-1.2445077>.

de abril de 2015 levou cinco tiros pelas costas, em North Charleston, Carolina do Sul; de Philando Castile, de 32 anos, que em 6 de julho de 2016 parou em um subúrbio de Saint Paul, Minnesota, e levou sete tiros enquanto tentava explicar pacificamente sua situação; de Charleena Lyles, de 30 anos, baleada na frente de seus quatro filhos em Seattle, Washington, depois de chamar a polícia em uma tentativa de assalto, em 18 de junho de 2017; e as mortes ocorridas sob custódia policial – Tanisha Anderson, de 37 anos, em Cleveland, abatida na calçada enquanto estava sendo presa e Sandra Bland, de 28 anos, encontrada enforcada em sua cela na cadeia de Waller County, Texas, em 13 de julho de 2015. Todas as vítimas eram negras.

Trata-se de um fenômeno que vinha ocorrendo há anos foi finalmente exposto, para que todos vissem. Em seguida, o *The Guardian* e o *Washington Post* passaram a contar os homicídios cometidos por policiais, que chegavam a mil por ano – matanças policiais que ficaram impunes por anos, devido aos parâmetros ineficazes de notificação, em nível federal.

A onda de assassinatos cometidos pela polícia constituía, por si só, uma prova da excessiva letalidade do policiamento nos EUA e do profundo preconceito racial, ambos refletindo elementos da internalização da mentalidade militarizada na aplicação da lei. Mais do que isso, o policiamento realizado nos protestos que se seguiram a esses assassinatos refletiu em sua plenitude a implementação de estratégias de contrainsurgência em âmbito local.

Em resposta a esses tiroteios praticados pela polícia, manifestantes em todo o país protestaram, por meio de marchas, boicotes, manifestações durante o *Black Friday* e performances que ficaram conhecidas como *die-ins*. Os protestos, majoritariamente pacíficos, desencadearam uma resposta policial militarizada, algo que poucos poderiam imaginar. As chocantes imagens de Ferguson nos dias que se seguiram ao tiroteio de Michael Brown revelaram o extremismo com o qual os policiais, agora munidos com armas de combate militar, tanques e veículos blindados, enfrentaram manifestantes pacíficos desarmados como se fossem insurgentes.

O jornalista Chris Hayes passou dias transmitindo ao vivo os protestos em Ferguson, e o que ele encontrou lá foi, essencialmente, uma operação militar: "A polícia de Ferguson e do condado de St. Louis se mobilizou como se estivesse indo para a guerra". Ainda segundo o relato de Hayes: "coletes à prova de balas, máscaras, capacetes, camuflagem, armas de combate e veículos blindados.

Policiais apontavam suas enormes armas para civis que haviam se reunido para protestar pacificamente". Hayes, que já havia feito cobertura por todo o país, disse que nunca sentiu em nenhum lugar uma atmosfera tão revolucionária. Não por causa dos manifestantes. O modo como a *polícia* lidou que parecia revolucionário, relatou Hayes – ou, eu diria, *contrarrevolucionária*. Os policiais, observou, "lançavam bombas de gás lacrimogêneo indiscriminadamente. Bandos de homens equipados para um combate, armados, perseguiram manifestantes pacíficos desarmados pelas ruas".[363]

A força policial em Ferguson adotou um arsenal militar completo, incluindo rifles de combate militar, atiradores de elite e veículos com proteção antiemboscada e antiexplosivos [MRAP – *Mine Resistant Ambush Protected*] – todos já familiares por causa das imagens da Guerra do Iraque e no Afeganistão, e agora em ação nas principais avenidas dos Estados Unidos. Oficiais da SWAT equipados, vestidos com uniformes de camuflagem de padrão marinho [*MARPAT*], armas de ataque em punho, moviam-se ao lado de veículos blindados que pareciam tanques munidos com armas de alto calibre. Os oficiais do Departamento de Polícia do Condado de St. Louis apontaram contra os manifestantes seus mega rifles AR-15 e M4, seus telescópios *Leupold* de longo alcance, seus veículos táticos blindados e seus dispositivos acústicos para controle de motim. Com capacetes militares e óculos de proteção, lançadores de granadas de gás lacrimogêneo, espingardas de calibre 12, facas e equipamento de visão noturna, os policiais pareciam soldados em um campo de batalha na guerra contra o terror.[364]

Os manifestantes eram policiados como se fossem inimigos insurgentes em uma zona de guerra. Hayes relata seus dias de reportagem em Ferguson: "Eu poderia dar meu microfone aleatoriamente a qualquer residente negro de Ferguson, jovem ou velho, e ele teria um relato pessoal de perseguição e humilhação sofridos". Os cidadãos de Ferguson diziam serem caçados como

363 Chris Hayes, *A Colony in a Nation* (New York, W.W. Norton & Company, 2017), p. 67.

364 Niraj Chokshi, "Militarized Police in Ferguson Unsettles Some" (ver especialmente o vídeo "What Weapons Are Police Using in Ferguson?": <https://www.washingtonpost.com/video/national/what-weapons-are-police-using-in-ferguson/2014/08/14/4acf0920-23e0-11e4-8b10-7db129976abb_video.html>); Paul D. Shinkman, "Ferguson and the Militarization of Police: Camo-Clad Snipers Trained on Michael Brown protesters Elicits Concern from Americans, Including Iraq, Afghanistan Vets", *US News & World Report*, 14 ago. 2014: <https://www.usnews.com/news/articles/2014/08/14/ferguson-and-the-shocking-nature-of-us-police-militarization>; para descrição dessas armas e sua disseminação nas forças policiais no país, ver Apuzzo, "War Gear Flows to Police Departments".

alvos, importunados, presos arbitrariamente e maltratados – um padrão contínuo desde há muito. “A qualquer momento, um cidadão negro de Ferguson pode se ver exposto, despido, obrigado a curvar-se e a ajoelhar-se diante de homens com distintivos”.[365]

Nesses e em outros protestos, exibia-se todo aquele excessivo equipamento do Iraque e Afeganistão – metralhadoras, cartuchos de munição, camuflagem, equipamentos de visão noturna, silenciadores, granadas de choque, carros blindados e até aeronaves; a impressão era de que se tratava de um país sitiado. Hayes relatou que em algum lugar em Cleveland havia um grande cartaz, exibido em uma delegacia de polícia, que designava a área como uma “base operacional avançada” – um termo militar que se refere a “um pequeno posto avançado e seguro usado para apoiar operações táticas em uma zona de guerra”. Como observou Hayes, essa expressão “captura a psicologia de muitos policiais: eles se veem como combatentes em uma zona de guerra, sitiados e cercados, operando em território inimigo: um passo em falso pode levar à morte súbita”.[366]

Em sua magistral narrativa *A colony in a Nation* [Uma colônia dentro de uma Nação], Hayes argumenta que os Estados Unidos criaram uma colônia dentro da nação – uma colônia formada pelos bairros de minorias atingidas pela pobreza. Ele localiza a origem histórica desse novo estilo de policiamento em municipalidades como Ferguson no pesado policiamento dos monarquistas ingleses nas colônias americanas, ávidos por riquezas. Hayes sugere que criamos no seio da própria nação, em suas palavras, “um território que, na verdade, não é livre”. É um território onde o policiamento assume o caráter de uma ocupação e requer vigilância constante. “As fronteiras devem ser reforçadas sem o recurso de muros e *checkpoints* reais. Isso requer um sem número de interações entre as sentinelas do Estado e daqueles que fazem parte do que o Estado enxerga como uma classe desordeira”.[367]

Essa ideia de um território ocupado, de uma colônia dentro de uma nação, ressoa perfeitamente com o que testemunhamos em termos da domesticação da contrainsurgência. Eu apenas levaria essa lógica adiante: não criamos apenas uma colônia interna, mas transformamos *a própria nação* em uma colônia.

365 Chris Hayes, *A Colony in a Nation* [2017], p. 69.

366 *Ibid.*, p. 83.

367 *Ibid.*, p. 31, 76.

Nós nos governamos por meio da guerra moderna de contrainsurgência, como se os Estados Unidos fossem agora um domínio colonial como a Argélia, a Malásia ou o Vietnã.

Enquanto as forças policiais locais têm transformado manifestantes e norte-americanos negros em insurgentes, o governo federal vem deliberadamente criando uma minoria ativa que consiste em praticamente todos os norte-americanos de origem muçulmana.

Apenas sete dias após assumir a presidência, Donald Trump assinou uma ordem executiva que cancelava temporariamente as viagens para os Estados Unidos de cidadãos de sete países predominantemente muçulmanos. Ela baniu efetivamente muitos residentes estadunidenses de religião muçulmana, que viviam nos Estados Unidos com *green card*, com visto de trabalho ou de estudo, impedidos de voltar do exterior para casa ou deixar o país, pois não tinham mais permissão para regressar aos EUA. A ordem executiva foi redigida para garantir um amplo escopo que, explicitamente, atingia os titulares de *green card*, vindos de qualquer um desses sete países predominantemente muçulmanos. Ela rapidamente se tornou conhecida como o "banimento muçulmano" [*Muslim ban*] porque Trump, durante sua campanha, havia expressamente dito que proibiria a entrada de muçulmanos nos Estados Unidos.

Assinada em 27 de janeiro de 2017, a Ordem Executiva nº 13769, proibiu por 90 dias a entrada no país de qualquer indivíduo proveniente do Iraque, Irã, Líbia, Somália, Sudão, Síria e Iêmen – inclusive residentes permanentes dos Estados Unidos, imigrantes ou não imigrantes, ou mesmo aqueles com vistos de trabalho ou de estudo.[368] A ordem executiva também tinha uma série de outras cláusulas direcionadas a refugiados, sírios em particular. Ela impôs uma moratória de 120 dias em todo o Programa de Admissão de Refugiados dos EUA. E, proclamando que "a entrada de cidadãos da Síria como refugiados é prejudicial aos interesses dos Estados Unidos", também suspendeu indefinidamente a entrada

368 A Seção 3 (c) da Ordem Executiva 13769 declara que "a entrada de imigrantes e não imigrantes nos Estados Unidos de estrangeiros de países mencionados na seção 217 (a) (12) do INA, 8 U.S.C. 1187 (a) (12), seria prejudicial aos interesses do país", e, portanto, "suspende a entrada nos Estados Unidos, como imigrantes e não imigrantes, dessas pessoas por 90 dias a partir da data desta ordem". Os sete países que se enquadram nos critérios da 8 USC § 1187 (a) (12) incluem Iraque, Irã, Líbia, Somália, Sudão, Síria e Iêmen. Ver também *Estado de Washington vs. Donald J. Trump* et al, n. 17-35105, Ação de embargos para suspender o feito (9ª Cir. de 9 de fevereiro de 2017), ementa 3-5.

deles no país, limitando o número de refugiados que poderiam entrar nos EUA em 2017, de 110.000 para 50.000, e proclamando que "a entrada de mais do que 50.000 refugiados no exercício de 2017 seria prejudicial para os interesses" do país.

O banimento muçulmano de Trump efetivamente manteve fora do país muitos residentes legais norte-americanos de fé islâmica, que haviam vivido por anos nos EUA, mas que, na época, estavam em viagem ao exterior. Também impediu que muitos deles saíssem do EUA, uma vez que não poderiam mais regressar. Ele criou e, simultaneamente, atacou uma suposta "minoria ativa" perigosa de residentes norte-americanos. O dr. Amer Al Homssi, por exemplo, um jovem médico sírio que fazia residência médica na Universidade de Illinois em Chicago, viajou para os Emirados Árabes Unidos para se casar, e, em 29 de janeiro de 2017,[369] teve seu visto J-1 revogado e cancelado na fronteira, sendo impedido de voltar para sua casa nos Estados Unidos.[370] Muitos outros sofreram situações análogas – mais de 900 pessoas foram impedidas de embarcar, mais de 200 tiveram sua entrada negada no desembarque e, por fim, cerca de 1.600 pessoas tiveram seus *green cards* cancelados nos dias que se seguiram à ordem executiva.[371]

Trump deixou sua intenção muito clara: banir e excluir os muçulmanos dos Estados Unidos. Em 7 de dezembro de 2015, bem no início de sua campanha, ele havia emitido um comunicado de imprensa que declarava:

> Donald J. Trump está solicitando um bloqueio total e completo da entrada de muçulmanos nos Estados Unidos até que os representantes da nação possam descobrir o que está acontecendo. Segundo a *Pew Research*,[372] entre

369 Jennifer Gonnerman, "A Syrian Doctor with a Visa Is Suing the Trump Administration", *New Yorker*, 1 fev. 2017: <http://www.newyorker.com/news/news-desk/a-syrian-doctor-with-a-visa-is-suing-the-trump-administration>. Thomas Durkin, Robin Waters e eu representamos o dr. Al Homssi. Depois de entrar com uma ação federal, o dr. Al Homssi foi autorizado a entrar novamente no país. Cf. "A Syrian Doctor Returns to Illinois", *New Yorker*, 2 fev. 2017: <http://www.newyorker.com/news/news-desk/a-syrian-doctor-returns-to- illinois>.

370 Glenn Kessler, "The Number of People Affected by Trump's Travel Ban: About 90,000", *Washington Post*, 30 jan. 2017: <https://www.washingtonpost.com/news/fact-checker/wp/2017/01/30/the-number-of-people-affected-by-trumps-travel-ban-about-90000/>.

371 Glenn Kessler, "The Number of People Affected by Trump's Travel Ban: About 90,000", *Washington Post*, 30 jan. 2017.

372 N.T.: *Pew Research Center* é um *think tank* localizado em Washington, D.C., que produz informações sobre questões, atitudes e tendências que moldam os EUA e o mundo. Cf. <https://www.pewresearch.org/>.

> outros, existe um ódio muito grande contra os norte--americanos por muitos segmentos da população muçulmana. Mais recentemente, uma pesquisa do Centro de Política de Segurança [*Center for Security Policy*] divulgou dados mostrando que "25% dos entrevistados concordaram que a violência contra os norte-americanos nos Estados Unidos é justificada como parte da *jihad global*" e 51% dos entrevistados "concordaram que os muçulmanos nos EUA devem ter a opção de serem governados de acordo com a *Shariah*". Esta autoriza atrocidades como assassinato contra não-crentes que não se convertem, decapitações e os atos mais impensáveis, que causam grande dano aos estadunidenses, especialmente mulheres.[373]

Pouco depois dessa promessa de campanha, Trump fez uma comparação entre sua proposta do banimento muçulmano e a internação de nipo-americanos durante a Segunda Guerra Mundial, afirmando que o presidente da época, Franklin Delano Roosevelt, "é amplamente respeitado por todos" e "que fez a mesma coisa". Quando perguntado sobre suas declarações sobre o assunto no sexto debate presidencial republicano, em 14 de janeiro de 2016, Trump respondeu que não recuaria em nada e afirmou, em uma referência clara aos muçulmanos: "Veja, temos que parar de ser politicamente corretos. Temos que começar a criar um país que não terá os mesmos tipos de problemas que tivemos com as pessoas que lançaram aviões contra o *World Trade Center*, com os tiroteios na Califórnia, com todos os problemas em todo o mundo". No verão seguinte, em 14 de junho de 2016, Ele novamente repetiu sua promessa de proibir a entrada de todos os muçulmanos nos Estados Unidos até que "nós, como nação, estejamos em condições de examinar de modo perfeito e adequado as pessoas que entram em nosso país".[374]

373 "Donald J. Trump Statement on Preventing Muslim Immigration", 7 dez. 2015, anteriormente *online* em https://www.donaldjtrump.com/press-releases/donald-j.-trump-statement-on-preventing-muslim-immigration; e Christine Wang, "Trump Website Takes Down Muslim Ban Statement After Reporter Grills Spicer in Briefing", *CNBC*, 8 mai. 2017: <http://www.cnbc.com/2017/05/08/trump-website-takes-down-muslim-ban-statement-after-reporter-grills-spicer-in-briefing.html>.

374 Os anexos 2 e 3 da denúncia apresentada pelo estado de Washington no Estado de Washington v. Donald Trump *et al*, Civ. Ação # 2: 17-cv-00141, Ação Declaratória com pedido de tutela antecipada ajuizada em 30 jan. 2017; e Elina Saxena, "Highlights from the 6th GOP Presidential Debate", *Lawfare*, 15 jan. 2016: <https://www.lawfareblog.com/highlights-6th-gop-presidential-debate>.

Assim que foi indicado como o canditato presidencial republicano, Trump começou a polir sua linguagem ao discutir suas políticas antimuçulmanas, mas continuou na mesma linha. Ele passou a dizer que iria interromper a imigração "de qualquer nação que tenha sido comprometida pelo terrorismo", apesar de admitir que esse recuro era mero verniz, destinado a evitar controvérsias. Em uma entrevista a NBC, Trump confessou: "As pessoas ficaram tão chateadas quando eu usei a palavra muçulmano. Ah, você não pode usar a palavra muçulmano... E, por mim, tudo bem, porque agora falo de territórios ao em vez de muçulmanos". Imediatamente após a Convenção Nacional Republicana, em 24 de julho de 2016, Trump foi perguntado se estaria "recuando" em relação ao banimento muçulmano, ao que respondeu: "eu realmente não acho que seja recuar. Na verdade, poderia dizer que é uma expansão".[375] Em um discurso alguns dias depois, em 15 de agosto de 2016, ele falou sobre o problema de rastrear imigrantes, porque os Estados Unidos admitem a entrada de "cerca de 100.000 imigrantes permanentes do Oriente Médio todos os anos", e sugeriu um teste de triagem para excluir qualquer imigrante "que acredita que a lei da *Sharia* deve suplantar a lei norte-americana".[376]

A evidência é impressionante: o presidente Trump tinha em mira os muçulmanos, incluindo os residentes norte-americanos. Ele não só havia proclamado que o faria durante sua campanha; a linguagem original da ordem relativa ao congelamento de 120 dias foi escrita de forma a privilegiar cristãos sobre refugiados muçulmanos de países de maioria muçulmana. A ordem declarava que, após o congelamento de 120 dias dos refugiados, o secretário de Estado "faria mudanças, na medida permitida por lei, para priorizar as reivindicações de refúgio feitas por indivíduos com base em perseguição religiosa, desde que a religião

375 Haeyoun Park, "Millions Could Be Blocked From Entering the US Depending on How Trump Would Enforce a Ban on Muslim Immigration", *New York Times*, 22 dez. 2016: <https://www.nytimes.com/interactive/2016/07/22/us/politics/trump-immigration-ban-how-could-it-work.html>; Greg Sargent, "Is This a 'Muslim Ban'? Look at the History—and at Trump's Own Words", *Washington Post*, 31 jan. 2017: <https://www.washingtonpost.com/blogs/plum-line/wp/2017/01/31/is-this-a-muslim-ban-look-at-the-history-and-at-trumps-own-words>; Anexo 4 à queixa apresentada pelo estado de Washington no caso Estado de Washington v. Donald Trump et al, Civ. Ação # 2: 17-cv-00141.

376 Anexo 5 da queixa apresentada pelo estado de Washington no caso Estado de Washington v. Donald Trump *et al*, Civ. Ação #2: 17-cv-00141: <https://www.c-span.org/video/?4139771/donald-trump-delivers-foreign-policy-address>, comentário 50'46".

do indivíduo fosse no país da nacionalidade do indivíduo". E, na verdade, apenas algumas horas antes de assinar o banimento muçulmano, em 27 de janeiro de 2017, Trump afirmou que sua ordem executiva "ajudaria [os cristãos perseguidos]".[377] No dia seguinte, o ex-prefeito Rudolph Giuliani (que estava sendo cogitado para uma nomeação na administração Trump) admitiu à imprensa que, depois de o presidente ter anunciado seu banimento muçulmano, foi convidado para "mostrar [o presidente] o caminho certo para fazer [o banimento muçulmano] de forma legal".[378] Giuliani, então, montou uma equipe para efetivar essa ordem de banimento sem precisar fazer menção direta a muçulmanos.

Essa ordem para de banimento [*Muslim ban*] fazia parte de um plano maior que objetivava transformá-los em uma minoria ativa. Durante sua campanha presidencial, Trump também acusou os muçulmanos residentes nos Estados Unidos de não serem suficientemente patrióticos e de falharem em denunciar à polícia ameaças contra a população norte-americana. Como mencionado anteriormente, ele igualmente sugeriu que o governo deveria monitorar mesquitas e comunidades muçulmanas e até possivelmente registrar muçulmanos norte-americanos em um banco de dados do governo. Ele, inclusive, levantou a possibilidade de emitir cartões de identificação especiais para os muçulmanos, fazendo constar sua religião.[379]

De fato, o presidente Trump transformou os muçulmanos nos Estados Unidos em uma insurgência fantasma. E ele nunca cessou. Confrontado com decisões judiciais adversas, Trump, primeiramente, emitiu um banimento muçulmano revisado, em março de 2017, e então apelou à Suprema Corte dos Estados

377 Tim Brown, "President Trump: We're Going to Help Persecuted Christians", *Washington Standard*, 28 jan. 2017: <http://thewashingtonstandard.com/president-trump-going-help-persecuted- christians/>.

378 Ver <https://www.cairflorida.org/newsroom/press-releases/769-cair-denúncia--para-injunctive-e-declaratory-relief-and-jury-demand-challenge-trump-s-executivo-orders.html>.

379 Mark Berman, "Donald Trump Says Muslims Should Report Suspicious Activity. The FBI Says They Already Do", *Washington Post*, 9 out. 2016: <https://www.washingtonpost.com/politics/2016/live- updates/general-election/real-time-fact-checking-and-analysis-of-the-2nd-2016-presidential-debate/donald-trump-says-muslims-should-report-suspicious-activity-the-fbi-says-they-already-do/?utm_term=.bc6266442833>; Mark Hensch, "Trump Won't Rule Out Database, Special ID for Muslims in US", *The Hill*, 19 nov. 2015: <http://thehill.com/blogs/ballot-box/presidential-races/260727-trump-wont-rule-out-database-special-id-for-muslims>; e Dean Obeidallah, "Donald Trump's Horrifying Words About Muslims", *CNN*, 21 nov. 2015: <http://www.cnn.com/2015/11/20/opinions/obeidallah-trump-anti-muslim/>.

Unidos, persuadindo os juízes a consentir que a ordem fosse efetivada em relação a indivíduos de seis países predominantemente muçulmanos sem laços familiares ou institucionais estreitos com os Estados Unidos; mais tarde, em setembro de 2017, voltou a revisá-la.[380] Nesse processo, o presidente lançou as bases para a exclusão e a estigmatização dos muçulmanos – tanto norte-americanos quanto estrangeiros.

Esses incidentes – grandes e pequenos, mas todos devastadores para seus alvos – também servem a outro objetivo da contrainsurgência praticada dentro do país: fazer com que o restante da população sinta estar a salvo e em segurança, capaz de continuar sua vida sem ser afetada, sem que isso interfira no ritmo regular de consumo e gozo da população geral. Servem, assim, para reassegurar e também demonizar uma minoria fantasma, para unir a população contra o espectro de um outro aterrorizante e perigoso. Isso nos faz acreditar que, se não fosse pelo governo, existiriam à espreita, em pacatos subúrbios em Dallas ou Miami, insurgentes perigosos. E esses efeitos alimentam o terceiro eixo de uma contrainsurgência no plano interno.

Hoje, existem alguns teóricos da contrainsurgência – eu os descreveria como proponentes de uma abordagem antiterrorista mais enxuta – que advogam contra o projeto mais amplo de conquistar corações e mentes da população em geral. Esses proponentes do antiterrorismo enxuto argumentam, contra os teóricos mais tradicionais da contrainsurgência, a necessidade de adotar uma abordagem mais focada que simplesmente se concentre em atacar supostos terroristas, como a família Khan. Eles preferem evitar o envolvimento em investimentos sociais ou em "corações e mentes" – e são a favor, por exemplo, de processos judiciais contra o terrorismo dentro do território nacional ou de ataques de *drones* restritos, no exterior, para eliminar suspeitos de terrorismo.[381]

Vimos anteriormente, dentro da teoria da contrainsurgência, debates semelhantes entre teóricos centrados na população e centrados no inimigo. Esta última tendia a ser mais brutal,

380 Caso Trump v. Hawai'i, 582 U.S., em tramitação, No. 16-1540 (EUA, 19 jul. 2017): <https://www.supremecourt.gov/orders/courtorders/071917zr_o7jp.pdf>.

381 Grégoire Chamayou discute muito esse ponto em seu livro *A Theory of the Drone* [2015], p. 67-72. Cf. também Ganesh Sitaraman, *The Counterinsurgent's Constitution* [2013], p. 32-34.

porém mais focalizada. Já a primeira foca em abordagens de cunho mais regulamentado e de investimento social. Nesse mesmo ponto, porém, argumentei que eram apenas duas facetas de um mesmo paradigma.

Aqui, o debate é entre teorias centradas na população e/ou no inimigo *versus* teoria centrada no indivíduo. Contudo, uma vez mais, diria que se trata de uma falsa dicotomia. Novamente, essas são apenas duas facetas da mesma coisa: um paradigma de contrainsurgência da guerra com três eixos centrais. Como as teorias centradas na população e/ou no inimigo, a teoria centrada no indivíduo implica, naturalmente, em incapacitar o indivíduo terrorista ou insurgente – eliminando-o, assim como toda a minoria ativa – *e* prevenindo ou dissuadindo sua substituição ou reposição.

Originalmente, a distinção entre a contrainsurgência e o antiterrorismo não era clara. Durante a guerra da Argélia, os insurgentes foram, de fato, referidos como "terroristas". Entretanto, gradualmente, como mostra Grégoire Chamayou, com o crescimento de grupos terroristas nos limites internos do Ocidente (como o grupo Baader-Meinhof na Alemanha, as Brigadas Vermelhas na Itália, ou o *Weather Underground* nos Estados Unidos), as estratégias antiterroristas começaram a se parecer cada vez mais com o policiamento interno. Essas táticas evoluíram para um modelo de incapacitação de atores individuais. O antiterrorismo tornou-se mais próximo do policiamento e da segurança do que do âmbito político e militar. Passou a ser voltado a indivíduos que eram vistos como "perigosos," ou mesmo "malucos", mas não politicamente contagiosos. "Com esses novos rótulos, os alvos não são mais adversários políticos, contra os quais se faz oposição, mas criminosos que devem ser presos ou eliminados", escreve Chamayou.[382]

Como resultado, o antiterrorismo no plano interno passou cada vez mais a gravitar ao redor da prisão de indivíduos criminosos. "Sua lógica de policiamento individualiza o problema e reduz seus objetivos de neutralizar, caso a caso, o maior número possível de suspeitos", explica o filósofo.[383] Assim, ao passo que a contrainsurgência é mais focada na população, a ação antiterrorista deve ser mais centrada no indivíduo, conforme argumentam os defensores de um antiterrorismo mais enxuto.

382 Grégoire Chamayou, *A Theory of the Drone* [2015], p. 68.
383 *Ibid.*

Não obstante, de maneira adversa a essa dicotomia da contrainsurgência e de um antiterrorismo mais enxuto, o que a história mostra é uma crescente convergência dos dois modelos nos Estados Unidos desde a década de 1960. Os esforços de contrainsurgência e antiterrorismo interno, entrelaçados desde o início, convergiram ao longo do tempo. A estratégia de incapacitação individual combina perfeitamente com a abordagem da contrainsurgência. Por conseguinte, essa combinação conduz diretamente da internalização do segundo eixo da contrainsurgência para a domesticação do terceiro.

10 . DISTRAINDO A POPULAÇÃO

Muitos não irão se reconhecer – aliás, não irão reconhecer nem mesmo os EUA – nesses terríveis episódios: no afogamento [*waterboarding*] e nos assassinatos seletivos no exterior, na militarização das forças policiais, na presença de agentes infiltrados em mesquitas mulçumanas ou em grupos de estudantes e na coleta constante de dados pessoais. Muitos dos estadunidenses não têm experiência direta com essas práticas aterrorizantes. Poucos foram os que realmente leram o relatório de tortura do Senado, e, menos ainda, foram aqueles que buscaram se informar sobre os ataques com *drones*. Alguns sequer querem saber de sua existência. Somos, em maioria e na maior parte do tempo, alegres ignorantes sobre práticas contrainsurgentes no plano interno ou externo; consumidos por distrações sedutoras de nossa era digital.

E assim deve ser. À medida que a contrainsurgência é aplicada ao âmbito interno, são *nossos* corações e mentes que diariamente estão sendo aplacados, entorpecidos, pacificados – e alegremente satisfeitos. Nós, a grande maioria de nós, somos tranquilizados diariamente: há ameaças em todos os lugares e alertas de terror ranqueados por cor, mas as estratégias de contrainsurgência nos protegem. Somos feitos para sentir que tudo está sob controle, que a ameaça é externa, que podemos continuar com nossa existência cotidiana. Para além disso: que essas estratégias de contrainsurgência prevalecerão. Que nosso governo é mais forte e mais bem equipado, preparado para fazer tudo o que for necessário para vencer – e vencerá. Que os guardiões nos protegem.

O esforço para conquistar corações e mentes da maioria passiva é o terceiro eixo da internalização das práticas contrainsurgentes – talvez o mais crucial de todos. E isso é feito por meio de uma mistura notável de distração, entretenimento, prazer, propaganda e publicidade – hoje cada vez mais efetiva, graças ao nosso rico mundo digital. Em Roma, depois da República, tal prática era conhecida como a política do "pão e circo" para as massas. Hoje, é mais como *Facebook* e *Pokémon GO*.

Vimos como a sociedade da exposição nos incita a compartilhar todos os nossos dados pessoais e como isso se encaixa no primeiro eixo da contrainsurgência – conhecimento total da informação. Mas há o outro lado desse fenômeno: manter-nos distraídos. A exposição é tão prazerosa e envolvente que nos mantêm contentes, na maioria das vezes, sem muita necessidade de um esforço coordenado, imposto de cima para baixo. Estamos fascinados – absorvidos em um mundo fantástico de realidade digitalmente aprimorada, um mundo que nos consume, hipnotiza e cativa. Não se trata mais de um processo disciplinar de adestramento ou docilização, do tipo que Michel Foucault analisou em *Vigiar e Punir*. Já ultrapassamos as antigas noções de docilidade, agora, estamos *ativamente* arrebatados – não passivamente, não de maneira dócil. Estamos constantemente clicando e deslizando, pulando de uma tela para outra, verificando uma plataforma e outra até encontrar a próxima fixação – *Facebook*, *Instagram*, *Twitter*, *Google*, *YouTube* e assim por diante.

Conquistar e apaziguar a maioria passiva pode ser viável – e, de fato, foi no passado – por meio da propaganda tradicional, seja com a difusão de informações falsas sobre a minoria insurgente, seja por meio do fornecimento de entretenimento para evitar que pensemos sobre política. Contudo, o novo mundo digital em que vivemos tornou essas estratégias obsoletas. Enquanto o mandato de contrainsurgência para pacificar as massas for voltado ao povo norte-americano, o terceiro eixo da guerra moderna vai aparentar e vai funcionar de modo diferente do que em épocas anteriores e em outros lugares.

As coisas mudaram. Há apenas alguns anos, nossos políticos ainda tinham que nos dizer para irmos às compras e para nos divertirmos. "Vá à *Disney World* na Flórida", disse o presidente George W. Bush ao povo norte-americano algumas semanas após o 11/9. "Leve sua família e aproveite a vida da maneira que queremos que seja desfrutada".[384] Alguns anos mais tarde, Bush reiteraria, após discutir a situação no Iraque: "Eu encorajo todos vocês a fazer mais compras".[385] Agora, não precisamos mais que nossos líderes nos digam o que fazer. O mundo digital inteiro nos estimula a fazê-lo.

384 Andrew J. Bacevich, "He Told Us to Go Shopping. Now the Bill Is Due", *Washington Post*, 05 out. 2008: <http://www.washingtonpost.com/wpdyn/content/article/2008/10/03/AR2008100301977.html>.

385 "President Bush's News Conference", *New York Times*, 20 dez. 2006: <http://www.nytimes.com/2006/12/20/washington/20text-bush.html>.

Andrew Sullivan capta bem essa vida digital frenética que agora levamos. Ele relata, em um artigo brilhante na revista *New York*, intitulado "*Put Down Your Phone*" ["Largue seu telefone"], sua própria jornada na era digital, a começar com seu vício gradual, sua eventual recuperação em um programa de reabilitação e sua última recaída:

> Por uma década e meia, fui obcecado por *internet*, postando em *blog* diversas vezes ao dia, sete dias por semana e, finalmente, conduzindo uma equipe que fazia a curadoria da *web* a cada 20 minutos durante as horas de pico. Cada manhã começava com uma total imersão no fluxo de informações da *internet* e das notícias, pulando de site em site, tuíte em tuíte, das notícias de última hora para as mais quentes, perpassando incontáveis imagens e vídeos, atualizando vários *memes*. Ao longo do dia, eu lançava um *insight*, uma discussão ou uma piada sobre o que acabara de acontecer ou o que estava acontecendo naquele mesmo momento. E, às vezes, conforme os eventos vinham à tona, gastava semanas compulsivamente cuidando de cada pequeno detalhe do desenvolvimento da história para integrá-los em uma narrativa em tempo real. Eu estava em um diálogo interminável com leitores que reagiam, elogiavam, vaiavam, corrigiam. Meu cérebro nunca esteve ocupado tão insistentemente por tantos assuntos diferentes e de forma tão pública por tanto tempo.[386]

Essa é a nossa nova existência, abastecida e aprimorada por todas as mídias digitais, aplicativos e dispositivos. Nem todos somos produtores ou criadores como Sullivan, mas praticamente todos nós somos consumidores. Participamos ativamente. Lemos, clicamos, curtimos, compartilhamos. Jogamos. Interagimos. E obtemos benefícios e prazeres extraordinários disso tudo. "As recompensas", observa o jornalista, são "várias": "um fluxo constante de coisas para me incomodar, esclarecer ou enfurecer; um nicho no centro nervoso da explosiva interação global; e uma maneira de mensurar o sucesso – em grandes e belos dados – era um banho constante de dopamina para o ego de escritor. Se era preciso que os escritores se reinventassem na era da *internet*, disse a mim mesmo, então eu já estava à frente da curva".

386 Andrew Sullivan, "I Used to Be a Human Being", *New York Magazine*, 18 set. 2016: <http://nymag.com/selectall/2016/09/andrew-sullivan-technology-almost-killed-me.html>.

Certamente, esse frenesi pode às vezes alimentar a atividade política. Grupos de amigos no *Facebook* estão se politizando cada vez mais, compartilhando comentários políticos satíricos, formando novas alianças na *web*. As mídias sociais podem galvanizar protestos do mundo real. O movimento *Occupy Wall Street* e a Primavera Árabe foram, em parte, facilitados pelas mídias sociais e redes de *internet* – independentemente se você, no fim das contas, acredita, como Evgeny Morozov, que a *internet* não promove efetivamente valores democráticos.[387] Candidatos à presidência como Barack Obama, Bernie Sanders e Donald Trump construíram toda uma rede de seguidores políticos *online*. Não há dúvida de que a era digital tem dimensões importantes e implicações políticas que não devem ser minimizadas.

Mas, na maior parte do tempo, o entretenimento e o espetáculo vêm em primeiro lugar. Este último, especialmente: a arena de gladiadores na qual um político como Donald Trump destaca-se. Os tuítes noturnos do presidente atraíram nossa atenção. Suas palavras obscenas e declarações extremas nas mídias sociais causaram um frenesi. Ficávamos praticamente hipnotizados. Para as gerações mais jovens, especialmente, a atividade digital é principalmente voltada ao entretenimento e ao prazer: os vídeos do *YouTube*, *feeds* de notícias do *Facebook* e *snapchats*. *Selfies* no *Instagram*. Aplicativos de relacionamento para todos os gostos, aplicativos para *iPhone* de todos os tipos.[388] Até aplicativos de meditação, como *Sattva, Buddhify* ou *Headspace*, para nos ajudar a lidar com os nossos vícios digitais.

O paradigma dessas novas distrações digitais – e da infinidade de maneiras que elas se direcionam ao aparato de vigilância – é o *Pokemón GO*. O jogo de realidade virtual entrou no ar no começo do verão de 2016 e, imediatamente, viralizou. Por algumas semanas ou meses, milhões de jovens ao redor do mundo começaram a perseguir *Pikachus* virtuais em ruas, becos, museus, monumentos nacionais e até mesmo em seus próprios quartos. Os jogadores ficaram completamente absorvidos e obcecados pelo jogo, gastando

387 Evgeny Morozov, *The Net Delusion: The Dark Side of Internet Freedom* (New York, PublicAffairs, 2012).

388 Joseph Lawless escreveu um texto notável sobre o aplicativo de encontros *Grindr* em relação a questões de tortura e confissão. Cf. Joseph Lawless, "The Viral Inquisition of the HIV-Positive Body: Theorizing the Technologies of Torture and Confession on Grindr": <http://columbia.academia.edu/JosephLawless>.

todo seu tempo livre – e até mesmo algum tempo de aula, eu notei – tentando rastrear e caçar *Pokémons* ou andando a pé ou de bicicleta, lentamente, para chocar os ovos caçados no jogo.

Pokémon GO tornou-se uma obsessão viral. Uma imagem recorrente, do verão de 2016 – que vi não só em Nova Iorque, mas em Leiden e Paris –, é a de um jovem casal em uma Vespa ou algum tipo de motocicleta: o rapaz dirige devagar e segue as instruções da moça, que está na garupa com ambas as mãos segurando um *iPhone*. Seu olhar atento vai de um lado a outro, de uma tela para a outra, enquanto ela dá instruções de direção para seu parceiro. Eles estão vagando, talvez à espera de um ovo ser chocado ou de um *Pokémon* aparecer na tela para ser capturado. O casal para de vez em quando, discute, conspira, olha para as telas e então partem novamente, às vezes com cautela, outras vezes rápido o bastante para pegar outro – ou todos eles!

Pokémon GO já se tornou obsoleto, mas isso era de se esperar. Outra obsessão digital virá a seguir. Essas plataformas devem capturar toda a nossa atenção por um tempo, cativar-nos, distrair-nos – e, simultaneamente, nos levar a expor nossa vida e tudo ao nosso redor. Esta é a simbiose entre o terceiro e o primeiro eixo da contrainsurgência interna: enquanto nos pacifica, um jogo como o *Pokémon GO* explora todas as nossas informações pessoais e captura todos os nossos dados. No início, o jogo demandava que os jogadores compartilhassem todos os seus contatos pessoais. Embora essa obrigatoriedade em particular tenha sido eventualmente descartada, ele ainda assim coleta todas as nossas localizações de GPS, captura todos os vídeos do ambiente em dados perfeitamente codificáveis por GPS e nos rastreia onde quer que estejamos. Para além disso, embora seja gratuito, muitos jogadores pagam por complementos virtuais [*add-ons*], compartilhando, assim, seus dados financeiros e de consumo. Quanto mais brincamos, mais somos distraídos, pacificados e mais revelamos coisas sobre nós mesmos.

Uma nova e poderosa forma de distração – para muitos, um vício – tomou conta de nós, e, no processo, fomenta nossa própria exposição e alimenta os mecanismos de vigilância da NSA, *Google*, *Facebook* etc. E o que é mais impressionante é o quão rápido tudo emergiu. Há uma nova temporalidade na era digital, que imita a natureza viral dos *memes*. Como um incêndio voraz, esses novos vícios são cativantes e se espalham na velocidade da luz. Como Andrew Sullivan lembra:

> Quase esquecemos que, há dez anos, não havia *smartphones* e, ainda em 2011, apenas um terço dos norte-americanos possuía um. Agora, são quase dois terços. Esse número alcança 85% quando você considera apenas jovens adultos. E 46% dos norte-americanos disseram aos pesquisadores do *Pew,* no ano passado, algo simples, mas surpreendente: eles não poderiam viver sem um *smartphone*. O dispositivo passou de algo desconhecido para algo indispensável em menos de uma década. Os espaços onde antes era impossível estar conectado – avião, metrô, deserto, estão diminuindo rapidamente. Mesmo mochilas de viagem vêm agora equipadas com carregador para *smartphones*. Talvez o único "espaço seguro" que ainda existe seja o chuveiro.[389]

A velocidade com a qual esses novos dispositivos e aplicativos surgem no ambiente virtual e a quantidade de tempo que estamos gastando neles é algo assombroso. Um minucioso estudo publicado em 2015 revelou que os jovens adultos observados gastavam pelo menos cinco horas por dia usando seus telefones, com cerca de 85 interações independentes por dia. Elas podem ser curtas, mas somadas representam cerca de um terço das horas que esses jovens adultos passam acordados. O que também chama a atenção é que, de acordo com a pesquisa, eles não têm consciência da extensão de seu consumo: "Jovens adultos usam seus *smartphones* quase o dobro do tempo que estimam".[390]

As distrações estão por toda parte: alertas por *e-mail*, textos, sons de notificação, novas publicações no *Snapchat* e *Instagram*. O entretenimento também está em todos os lugares: acesso *wi-fi* gratuito na *Starbucks,* no *McDonald's*, e agora nas ruas de Nova York, o que nos permite transmitir vídeos de música e assistir a vídeos do *YouTube*. E, claro, a publicidade está em toda parte, tentando nos fazer consumir mais, comprar *online*, assinar e *acreditar*. Acreditar não apenas que precisamos comprar o livro recomendado ou assistir à sugestão da Netflix, mas também acreditar que estamos seguros e a salvo, protegidos pelas agências de

389 Andrew Sullivan, "I Used to Be a Human Being" [2016].

390 *Ibid.*; Sally Andrews et al., "Beyond Self-Report: Tools to Compare Estimated and Real-World Smartphone Use", *PLOS ONE*, 28 out. 2015: <https://doi.org/10.1371/journal.pone.0139004>; e Carolyn Gregoire, "You Probably Use Your Smartphone Way More Than You Think. Many Young Adults Spend a Third of Their Waking Lives on Their Device", *Huffington Post*, 2 nov. 2015: <https://www.huffpost.com/entry/smartphone-usage-estimates_n_5637687de4b063179912dc96>.

inteligência mais poderosas e pela mais poderosa força militar. Acreditamos que podemos continuar cuidando de nossas próprias vidas – permanecendo distraídos e imersos no mundo digital – porque nosso governo está vigilante por nós.

O fato é que a internalização da contrainsurgência coincidiu com a explosão desse mundo digital e suas distrações. Há uma diferença real, qualitativa, entre o período do imediato pós-11/9 e hoje, que é de fato o que alimenta diretamente a terceira estratégia da guerra moderna.

Enquanto isso, para os mais vulneráveis – aqueles mais propensos ao desvio e talvez à simpatia com o suposto inimigo interno – as mesmas tecnologias digitais os têm como alvo de propaganda aprimorada. O Centro de Envolvimento Global [*Global Engagement Center*], ou seus equivalentes, mapeará seus perfis e enviará conteúdo qualificado a partir de vozes mais moderadas. Exatamente os mesmos métodos desenvolvidos pelos varejistas *on-line* e anunciantes digitais mais experientes – pelo *Google* e pela *Amazon* – são implantados para prever, identificar, ampliar e visar nossos próprios cidadãos.

O terceiro estágio da guerra de contrainsurgência travada dentro do próprio país tirou proveito dessas novas tecnologias digitais e distrações que tornam a grande maioria das pessoas dóceis consumidoras grudadas à tela de plasma. É uma vida conectada na qual os privilegiados vão de seus *iPhones* para seus *iPads*, usam seus *Apple Watches*, trocam mensagens e *snapchats* constantemente, publicam *selfies* e narram suas vidas vibrantes e emocionantes, deixando de lado a preocupação relativa à sua privacidade e a seus dados pessoais. E quando esse novo modo de existência é particularmente ameaçado e atacado, ele se torna ainda mais sacrossanto. Ainda há pouco, em novembro de 2015, os ataques de Paris tornaram muitos jovens ocidentais cientes da ameaça que os terroristas representam para pessoas como eles. O ataque de Orlando em junho de 2016 atualizou, similarmente, o perigo ao modo de vida liberal e tolerante que agora abraça as sexualidades *queer*. Em cada um desses ataques, esse novo estilo de vida está sob ameaça. E para proteger essa nova forma de existência, muitos compram a ideia – subliminar ou semiconscientemente – de que uma pequena minoria de guardiões deve salvaguardar nossa segurança, enquanto o resto de nós deve seguir em frente, continuar fazendo compras e voltar a consumir tanto quanto antes ou ainda mais.

Meu ponto não é que nossos cidadãos estejam se tornando *mais* dóceis do que eram antes ou que estamos experienciando um declínio do engajamento cívico e político. Embora concorde que a crescente capacidade do Estado e das empresas de monitorar os cidadãos pode muito bem ameaçar a esfera privada, não estou convencido de que isso esteja produzindo nova apatia, passividade ou docilidade entre os cidadãos. É, sobretudo, uma nova forma de engajamento. O ponto é que nós já fomos mantidos apáticos por outros meios, mas agora somos mantidos apáticos por distrações digitais.

Os padrões de votação dos eleitores norte-americanos registrados permaneceram constantes – e apáticos – por pelo menos 50 anos. Mesmo nas eleições presidenciais mais importantes, a participação eleitoral nos EUA, nos últimos 50 anos ou mais, tem oscilado praticamente entre 50 e 63 por cento. Sob qualquer medida, a democracia estadunidense tem sido bastante dócil há muito tempo. Se olharmos para um passado mais distante, de fato, a participação tem sido essencialmente constante desde a década de 1920 e desde a extensão do sufrágio às mulheres. É claro que o comparecimento às eleições não é a única forma de verificação da participação democrática, mas é uma mensuração quantificável. E o voto eleitoral é uma das medidas longitudinais mais confiáveis da participação cívica. Mas esse histórico, nos Estados Unidos, não impressiona.

Em outras ocasiões, argumentei que não temos uma democracia de eleitores, mas de *potenciais* eleitores. Não é tanto uma democracia real, é mais democracia em potencial ou *virtual*.[391] Ela tem um potencial, uma capacidade de governar democraticamente. E é precisamente por meio do potencial democrático que os benefícios da democracia são alcançados. Isso não é novidade. Mas o que é novo é o método: em vez de nos tornarmos dóceis como éramos em tempos anteriores, em sociedades mais disciplinadoras, estamos sendo *digitalmente absorvidos* por toda a nova tecnologia. E essa absorção não anula a política, mas a transforma em espetáculo. O que se vê é um crescente interesse na política – mas como entretenimento. De fato, o primeiro debate presidencial das eleições de 2016, em 26 de setembro, entre Hillary Clinton e Donald Trump, bateu recorde de audiência na TV para

391 Bernard E. Harcourt, "The Invisibility of the Prison in Democratic Theory: A Problem of 'Virtual Democracy,'" *The Good Society* 23, no. 1 [2014]: 6-16; e Bernard E. Harcourt, *Exposed* [2015], p. 253-261.

debates presidenciais. Como o *Los Angeles Times* relatou, ele demarcou a maior audiência televisiva de todos os tempos para um debate presidencial, alcançando até 84 milhões de telespectadores, de acordo com os números da *Nielsen*.[392]

Por que tais números? Porque Donald Trump transformou a eleição presidencial e subsequentemente sua administração em um espetáculo; porque, de fato, ele era um mestre do *reality show*, depois da mídia digital e então de uma presidência espetacular – como, por exemplo, quando lidava com uma crise diplomática internacional em público, no terraço da sala de jantar de seu *resort* em *Mar-a-Lago* junto ao primeiro-ministro do Japão, Shinzo Abe, tirando fotografias com membros do clube e publicando-as nas redes sociais. Trump teve sucesso em chamar a atenção exatamente por ter se tornado um dos grandes comunicadores das mídias sociais. O canal de notícias de TV por assinatura CNN captou bem esse mote em uma incisiva chamada de reportagem:

> Trump, o presidente das mídiais sociais? Franklin Delano Roosevelt foi o primeiro presidente do "rádio". John Fitzgerald Kennedy emergiu como primeiro presidente da "televisão". Barack Obama estreiou como o primeiro presidente da "*internet*". O que vem por aí? Prepare-se para conhecer Donald Trump, possivelmente o primeiro presidente da "mídia social" e "*reality show*".[393]

A campanha presidencial de Trump foi única nesse sentido e seu sucesso estava diretamente relacionado à sua experiência de comandar *reality shows* – suas performances de comando em O Aprendiz [*The Apprentice*], em O Aprendiz – Celebridades [*Celebrity Apprentice*] e em outros espaços de entretenimento. Ele tornou-se um fenômeno de mídia social tão grande que mesmo na noite em que não participou de um dos debates das primárias republicanas, continuou a superar os outros candidatos em termos de pesquisas na *internet* e postagens em mídias sociais.[394]

392 Stephen Battaglio, "First Clinton-Trump Matchup Breaks Presidential Debate Record with 84 Million TV Viewers", *Los Angeles Times*, 27 set. 2016: <https://www.latimes.com/entertainment/envelope/cotown/la-et-ct-debate-ratings-20160927-snap-story.html>.

393 Van Jones, "Trump: The Social Media President?", *CNN*, 26 out. 2015: <http://www.cnn.com/2015/10/26/opinions/jones-trump-social-media/>.

394 Nick Gass, "Trump Wins Night on Search and Social", *Politico* 29 jan. 2016: <https://www.politico.com/blogs/live-from-des-moines/2016/01/donald-trump-social-search-engine-218391>.

Não quero, com isso, sugerir que essa nova alienação digital seja mero espetáculo, nem que seja simplesmente inócua. Muito disso baseia-se em formas desprezíveis de ódio. Os comentários de Trump sobre a proibição de entrada de qualquer muçulmano no país – e suas subsequentes ordens executivas, que efetivamente proibiam a entrada de pessoas de determinados países de maioria muçulmana – bem como suas observações depreciativas sobre os imigrantes mexicanos (sugerindo que sejam estupradores e assassinos) e sobre as mulheres, reproduzem a discriminação racial e de gênero, o preconceito religioso e o ódio étnico. E, similarmente, boa parte da atenção na *internet* corresponde a um interesse por sensacionalismo: interesse por um legítimo show de horrores, por opiniões radicais. Em fevereiro de 2016, Trump foi flagrado retuitando, inadvertidamente, uma citação de Benito Mussolini – o que foi uma manobra forjada pelo site *Gawker*,[395] que pretendia fisgar o candidato à presidência. No entanto, Trump não perdeu o passo, pois, quando questionado por uma rede de notícias se queria ser associado a Mussolini, ele respondeu: "Não, eu quero ser associado a citações interessantes".[396] Segundo a reportagem, Trump então acrescentou que "ele faz 'coisas interessantes' em suas contas nas redes sociais, que acumularam 'quase 14 milhões de seguidores' e, 'Ei, isso chamou sua atenção, não foi?'".

"Isso chamou sua atenção": esse é o *modus operandi* de uma rede *social* e reflete como os cidadãos consomem a política hoje. Van Jones, da CNN, captou a essência desse fenômeno de forma mais sucinta: "O fenômeno Trump surpreende os especialistas como eu. Achamos que o bilionário estava deixando o mundo do entretenimento, subindo em um muro e se juntando a nós no sóbrio domínio da política. Mas, na verdade, aconteceu o contrário. 'Trump, o animador' permaneceu exatamente onde estava; ele puxou o sistema político para o outro lado do muro, ou seja, para o SEU domínio. A classe política está agora perdida no mundo do

395 N.T.: *Gawker* foi um blog estadunidense, sediado em Nova Iorque, fundado por Nick Denton e Elizabeth Spires em 2003 e encerrado em 2016, com foco em celebridades e na indústria da mídia. O blog se promoveu como a fonte de notícias e fofocas diárias da mídia de Manhattan, chegando em 2005 a ter mais de 23 milhões de visitantes por mês. Cf. <https://canaltech.com.br/mercado/portal-gawkercom-fechara-na-proxima-semana-77309/>.

396 Kimberly Alters, "Donald Trump's Social Media Strategy? 'Be Associated with Interesting Quotes,'" *The Week*, 28 fev. 2016: <http://theweek.com/speedreads/609090/donald-trumps-social-media-strategyassociated-interesting-quotes>.

reality show e das mídias sociais".[397] E não é só isso. Ela também se perdeu – ou foi capturada – graças a pessoas seriamente movidas a ódio racial ou outras formas de ódio, bem como por pessoas que gostam de ficar chocadas com o ódio ou o radicalismo de outras.

Esse novo modo de existência e de consumo digital satisfaz e distrai a maioria dos norte-americanos. A antiquada TV foi aprimorada e ampliada, substituída pelas mídias sociais em dispositivos digitais de todos os tipos e tamanhos – desde o *Apple Watch* e o *tablet*, passando pelo *MacBook Air* e pelo *Mac Pro*, até chegar à TV de tela gigante ou mesmo o *jumbotron*. E tudo isso serve para pacificar as massas e garantir que elas não deem atenção e não tenham tempo para questionar a internalização da contrainsurgência.

Eis, então, que tudo se resume ao conhecimento total da informação. De mãos dadas, agências governamentais, mídias sociais, Vale do Silício, grandes varejistas e corporações criaram uma fascinante nova era digital, que simultaneamente nos faz expor tudo que fazemos à vigilância do governo; que serve tanto para nos distrair quanto para nos entreter. Todos os tipos de mídia social e *reality shows* captam e desviam nossa atenção, fazendo com que forneçamos nossos dados gratuitamente. Uma profusão de plataformas digitais viciantes – *Gmail, Facebook, Twitter, YouTube, Netflix, Amazon Prime, Instagram, Snapchat, Pokémon GO* – nos distrai e nos leva à exposição de todas as nossas informações mais particulares, a fim de alimentar os novos algoritmos dos serviços de comércio e de inteligência: identificando nossos perfis para ambas as listas, para fins comerciais e de vigilância.

Para entender como a população norte-americana está sendo pacificada nesta nova era digital, é importante analisar mais detidamente como as informações e os dados moldam de forma profunda e inconsciente a cada um de nós. O fato é que, seja a audácia cativante de Donald Trump ou o prazer de *Pokémon GO*, essas novas formas de entretenimento moldam nossos pensamentos e emoções. Elas conformam o nosso eu mais profundo e muito intensamente – de maneira a nos encantar e a nos tornar ingênuos e submissos. Essas novas obsessões impedem nossa capacidade crítica.

Uma boa ilustração de como essas novas distrações digitais funcionam, quase que de maneira sub-reptícia, foi o fenômeno da *internet* conhecido como "Poxa, Daniel!" [*Damn, Daniel!*].

397 Van Jones, "Trump: The Social Media President?" [2015].

Muitos podem já não se lembrar mais – essa é a singularidade desses efêmeros episódios virais. Eles consomem toda a nossa atenção e depois desaparecem, sendo esquecidos, sob o encanto do próximo. "Poxa, Daniel!" explodiu em fevereiro de 2016 e rapidamente viralizou. O vídeo, feito por *iPhone* através do aplicativo *Snapchat*, era de um jovem, Daniel Lara (de 14 anos), filmado por dias sucessivos exibindo seus sapatos estilosos. Havia uma voz ao fundo, que dizia, cada vez: "Poxa, Daniel!", em tom insolente. Em trechos específicos, quando Daniel usava um tênis específico – *Vans* – na cor branca, a voz dizia: "Poxa, Daniel! De novo com esses *Vans* brancos!"

O vídeo, com apenas 30 segundos de duração, foi divulgado em 15 de fevereiro de 2016 e se tornou viral em questão de dias. Tinha mais de 45 milhões de visualizações quando os dois garotos – Daniel Lara e Joshua Holtz (também com 15 anos) – foram convidados para o programa *The Ellen Degeneres Show*, em 24 de fevereiro de 2016.[398] Os garotos tornaram-se celebridades do dia para a noite por causa da suposta atração do *meme* (ainda é possível assistir ao vídeo).[399] Em poucos dias, músicas e remixes foram escritos e produzidos a partir do episódio. Rappers, como Little, Teej e LeBlanc, criaram uma faixa usando o *meme*, levantando questões de raça e sobre o privilégio branco.[400] Outro artista, Suhmeduh, fez o *remix techno*, mais popular.[401] Celebridades das mais diversas como Justin Bieber, Kanye West e Kim Kardashian começaram a exibir seus *Vans* brancos, fazendo referência ao vídeo.[402] Em 25 de fevereiro de 2016, o *New York Times* – sim, o *Times* passou a escrever sobre o assunto – referindo-se ao vídeo como "a mais recente sensação da *internet*" e relatou que "Daniel disse que sequer pode ir ao *shopping*, à natação, sem que seus fãs comecem a pedir fotos ou façam propostas de casamento".[403]

398 Taylor Weatherby, "'Damn Daniel' Star Recreates His Viral Video with Ellen DeGeneres—Watch", *Hollywood Life*, 23 fev. 2016: <https://youtu.be/_LUX70mXcEE>.

399 "Damn Daniel" (vídeo oficial): <https://youtu.be/tvk89PQHDIM>.

400 Taylor Weatherby, "'Damn Daniel': Rappers Create Epic Song After Video Goes Viral—Listen", *Hollywood Life*, 21 fev. 2016: <https://hollywoodlife.com/2016/02/21/damn-daniel-song-rap-viral-video-listen/>; e "Damn Daniel! RAP SONG! Little Feat. Teej & LeBlanc (ORIGINAL)": <https://www.youtube.com/watch?v=CjlUVvGGE5A>.

401 "Suhmeduh - Damn Daniel Trap Remix (Official)": <https://youtu.be/gP2ejq9Qp6o>.

402 Alyssa Montemurro, "Justin Bieber & 6 Other Celebs Rocking the White Vans Like 'Damn, Daniel'" *Hollywood Life*, 26 fev. 2016: <https://hollywoodlife.com/2016/02/26/celebrities-wearing-white-vans-damn-daniel-shoes-pics/>.

403 Katie Rogers, "We Should Probably Have a Conversation About 'Damn, Daniel'", *New York Times*, 25 fev. 2016: <http://www.nytimes.com/2016/02/26/style/damn-daniel-video-vans.html>.

Apenas 12 dias após o lançamento do vídeo, em 27 de fevereiro de 2016, já era difícil acompanhar todos os desdobramentos do *meme* – positivos (Ellen deu a Daniel estoque vitalício da marca *Vans*) e negativos (Joshua Holtz, por sua vez, foi vítima de uma falsa denúncia de crime que envolveu a presença da SWAT).[404] Embora facilmente descreditado como apenas um "entretenimento sem noção" – é assim que o *New York Times* começa seu artigo sobre o fenômeno da *internet*, descrevendo-o como "um *meme* surgido do maravilhoso pântano de entretenimentos sem noção que é a *internet*" – muita coisa estava implicada em "Poxa, Daniel!".

Por exemplo, o vídeo em si valorizava o consumo. Nas imagens, Daniel calçava um par diferente de tênis novos praticamente todos os dias, com o clímax sendo seus *Vans* brancos. De acordo com o *Times*, não está claro se a empresa de calçados estava envolvida no fenômeno; mas ela com certeza foi beneficiada comercialmente. A marca não poderia ter produzido um a propaganda mais eficaz. O fenômeno girou em torno do consumo e da comercialização daqueles *Vans* brancos, mascarados na superficialidade de uma piada popular.

Havia também uma evidente dimensão racial no *meme*. Foi filmado por meninos brancos em uma escola secundária branca em Riverside, Califórnia, e tinha todos os adereços do privilégio branco: garotos brancos radiantes, loiros, modernos e ricos. Os rappers Little, Teej & LeBlanc tornaram explícita a dimensão racial – indicando que garotos negros não poderiam se safar tão facilmente – num *rap* sobre o cunho sexual-racial tácito que cercava o fenômeno. "De novo com os *Vans* brancos. De novo com os *Vans* pretos [...] Lona preta com a costura preta e a fenda branca". Os *Vans* brancos simbolizavam, para esses rappers, o privilégio branco. "Com os *Vans*, eles são os Senhores Limpinhos".[405]

Note-se, contudo, que essas dimensões políticas, relativas ao racismo e ao consumismo, são enterradas pelo entretenimento, ocultadas, embora ao mesmo tempo internalizadas por todos nós através de um processo viciante de navegação na rede, clicando e fazendo *downloads*. Em 22 de fevereiro de 2016,

404 Beth Shilliday, "Damn Daniel Petrified He Might Get 'Swatted' Like Joshua Holz After Newfound Fame", *Hollywood Life*, 26 fev. 2016: <https://www.youtube.com/watch?v=IokmUdVLdLU>.

405 "Damn Daniel! RAP SONG! Little Feat. Teej & LeBlanc (ORIGINAL)".

sete dias depois, o vídeo tinha 260 mil retuítes e 330 mil "curtidas" no *Twitter*. A versão oficial do *YouTube*, em 27 de fevereiro de 2016, tinha quase 1,5 milhão de visualizações com 13.617 curtidas. O *meme* – e com ele, ocultos, seu discurso e sua política – moldava de forma subliminar os espectadores, mediante um processo que incluía centenas de milhares de curtidas e dezenas de milhões de compartilhamentos, "seguidas" e cliques. Ao se transformar contagiosa e simultaneamente, transformou-se em um modo de existência. Um estilo de vida. A piscina. Os *Vans* brancos. O time de natação. As garotas.

E o que não está no vídeo? A economia política que cerca o modo como aqueles *Vans* brancos foram produzidos, como fizeram o seu caminho à beira da piscina de *Riverside High School* – também não está ali o tratamento diferente recebido por jovens adolescentes negros em suas escolas. Ou as formas de desigualdade econômica e segregação residencial que produziam escolas públicas totalmente brancas. Ou o contraste com a experiência vivida diariamente em escolas públicas. Todo o contexto político foi elidido pelo cativante prazer gerado pelo *meme*.

Esse terceiro aspecto da internalização da contrainsurgência é talvez o mais importante, porque se debruça sobre o objetivo político e militar mais valioso: a massa popular. E hoje, na sociedade da exposição, os novos algoritmos e métodos de publicidade digital impulsionaram a manipulação e a propaganda a novos patamares. Somos encorajados pelo governo e atraídos por corporações de multinacionais e mídias sociais a nos expormos e nos expressarmos o máximo possível, deixando rastros digitais que permitem que o governo e as corporações mapeiem nossos perfis, para então tentar nos moldar adequadamente. Fazer de todos nós cidadãos-modelo – o que significa consumidores seduzidos e dóceis. O paradigma de governo está aqui em estimular freneticamente a atividade digital – que, em certo sentido, é o oposto da docilidade – para então canalizar essa atividade na direção certa: consumo, passividade política, evitando radicalismos.

O que estamos testemunhando é uma nova forma de absorção digital que nos molda enquanto sujeitos, enfraquece nosso senso crítico, distrai e nos pacifica. Passamos tanto tempo em nossos telefones e dispositivos que mal nos resta tempo para estudar ou trabalhar, muito menos para o ativismo político. No fim, o modo mais apropriado de pensar sobre tudo isso não é por meio da lente da docilidade, mas da estrutura do engajamento. É crucial que se entenda isso da maneira apropriada, pois desvelar essa articulação é a chave para compreender como a governança da contrainsurgência opera mais amplamente. Além disso, esse tipo de foco na docilidade – dentro do antigo registro disciplinar – provavelmente nos levará a privilegiar uma análise da propaganda feita de cima para baixo, hoje desatualizada. Precisamos pensar em contrainsurgência internalizada não como algo simplesmente contra nós mesmos, mas como algo no qual também estamos escolhendo participar – e poderíamos optar por não o fazer.

Poderíamos ter previsto a internalização da contrainsurgência. Os oficiais franceses que desenvolveram a guerra moderna nos anos 1950 e 1960, de fato, perceberam rapidamente que os princípios e doutrinas poderiam ter aplicação mais ampla do que apenas no conflito colonial. Roger Trinquier identificou, desde cedo, as implicações internas da guerra insurgente. "Testada na Indochina e levado à perfeição na Argélia, a guerra revolucionária [*guerre révolutionnaire*] pode levar a qualquer ousadia, até mesmo a um ataque direto à França metropolitana", alertou. Ele chegou a sugerir que o Partido Comunista Francês poderia facilitar o terrorismo interno, levando à possibilidade de que "poucos homens de ação, organizados e bem treinados, construissem um reinado de terror nas grandes cidades" da França. O interior e as "regiões montanhosas como o Maciço Central, os Alpes ou a Bretanha" seriam ainda mais suscetíveis à insurgência. E "com o terrorismo nas cidades e guerrilheiros no campo, a guerra terá começado", advertiu Trinquier aos seus compatriotas franceses. "Esse é o mecanismo simples, agora já bem conhecido, que pode ser manejado a qualquer momento contra nós".[406] A guerra moderna, ao que parece, poderia fluir perfeitamente das colônias para a terra natal – e, portanto, a contrainsurgência também precisava fazê-lo.

O historiador Peter Paret também antecipou a internalização do paradigma da contrainsurgência. Em 1964, ele advertiu seus leitores a "não ignorar as teses da *guerre révolutionnaire*, nem suas implicações em outros campos que não o puramente militar" – uma evidente referência ao político e ao interno. De fato, na frase

406 Roger Trinquier, *Modern Warfare* [1961/1964], p. 24-25.

seguinte, Paret se referia ao fato de que as novas estratégias tiveram impacto "político e militar sobre a França".[407]

Mais ou menos na mesma época em que Paret escrevia sobre a contrainsurgência, Michel Foucault desenvolveu, em seu curso de 1971 e 1972, "Teorias e Instituições Penais", a ideia de que a aplicação da lei interna e, mais genericamente, as relações de poder na sociedade civil poderiam ser mapeadas a partir do modelo da Guerra Civil. Tomando o exemplo histórico da brutal repressão das revoltas camponesas de 1639 na Normandia – pelo cardeal Richelieu e seu agente nomeado, o chanceler Séguier –, Foucault demonstrou como surgiu naquela época um modelo repressivo de poder, ou o que ele chamou de um aparato jurídico estatal repressivo. Nem puramente militar, nem puramente fiscal – como foram os aparatos estatais da Idade Média – as estratégias repressivas de Richelieu e Séguier deram forma a um novo mecanismo de aplicação da lei que combinou os modos militar e civil. Esse aparato jurídico estatal repressivo apropriou-se do direito militar de dar ordens e do direito civil de aplicar punições. E isso violava todas as fronteiras entre os âmbitos militar e civil, colocando-se simultaneamente acima de ambos.

Essa nova forma repressiva de governar, sugeriu Foucault, tinha que ser entendida através das lentes da internalização e da extensão da Guerra Civil. A adoção de uma matriz de guerra por Foucault foi influenciada por seus compromissos com o movimento maoísta, a Esquerda Proletária [*Gauche prolétarienne*]. Em diálogo com a teoria da insurgência maoísta, Foucault inverteria a famosa proposição de Clausewitz. Não é exatamente que a guerra seja a continuação da política por outros meios, mas a política é a continuação da guerra por outros meios. Praticamente ao mesmo tempo, Peter Paret argumentou: "Uma plena compreensão do famoso enunciado de Clausewitz sobre a interação entre guerra e política é a chave para operações de guerrilha modernas bem sucedidas. A motivação dos guerrilheiros para o combate é, ao menos em parte, política – ou, em outras palavras, ideológica".[408]

A internalização da contrainsurgência é o casamento entre guerra e a política. Essa união é o que agora enfrentamos nos Estados Unidos. Poucos meses depois de ter declarado

407 Peter Paret, *French Revolutionary Warfare* [1964], p. 5.

408 Peter Paret e John W. Shy, *Guerrillas in the 1960's* [1962], p. 19.

emergência nacional, na sequência do 11/9, o presidente George W. Bush declarou que "a guerra contra o terrorismo institui um novo paradigma".[409] Na época, esse novo paradigma foi enquadrado em termos militares. No entanto, excedeu em muito as leis de guerra. Com o passar do tempo, converteu-se num pleno paradigma de governo.

409 Karen J. Greenberg e Joshua L. Dratel (eds.), *The Torture Papers* [2005], p. 134 (Memorando 11, datado de 7 fev. 2002).

PARTE IV
DA CONTRAINSURGÊNCIA À CONTRARREVOLUÇÃO

11. NASCE A CONTRARREVOLUÇÃO

Desde o início da guerra moderna nos anos 1960, houve exemplos de uso interno de estratégias de contrainsurgência em solo norte-americano. No entanto, nos anos posteriores ao 11/9, tais estratégias alcançaram um crescimento gradual em termos de sistematicidade e implementação difusa em âmbito doméstico. O paradigma foi refinado e rearranjado, atingindo um novo estágio: o uso completo e sistemático de estratégias de contrainsurgência no plano interno contra uma população local *dentro da qual não existe insurgência real nem uma minoria politicamente ativa*. Esse novo estágio é o que chamo de "a Contrarrevolução".

A Contrarrevolução é um novo paradigma de governo, baseado na guerra de contrainsurgência colonial, e aplicado aos nossos próprios cidadãos – não obstante a ausência de uma insurreição no plano interno. Ela não é dirigida contra uma minoria rebelde – visto que, na realidade, essa minoria rebelde sequer existe nos Estados Unidos. Ao contrário, cria-se a ilusão da existência de uma minoria insurgente que pode atingir grupos e comunidades particulares, para assim governar toda a população norte-americana com base em um modelo de guerra de contrainsurgência. Esse paradigma opera através das três principais estratégias da guerra moderna, que, aplicadas ao povo estadunidense, podem ser recapituladas da seguinte forma:

1. *Conhecimento total sobre a população norte-americana...*: Um grupo de elite coleta, monitora e minera dados de todas as nossas comunicações e informações pessoais. Esses líderes autoproclamados – funcionários de alto escalão da Casa Branca e do Pentágono; chefes de agências de inteligência e de departamentos de polícia; membros do aparato de segurança nacional e dos comitês de inteligência do Congresso; os CEO's mais importantes das mídias sociais, segurança privada e empresas de

tecnologia como *Google*, *Microsoft* ou *Facebook* – poderiam ser chamados de "minoria contrarrevolucionária". Assumindo o papel de guardiões, implementam programas como o PRISM e o UPSTREAM, "Seção 215"; vigilância de mesquitas, de meios de comunicação social e de coleta de dados, configurando um sistema de conhecimento total da informação sobre toda a população norte-americana. Eles têm a capacidade de saber tudo sobre todas as pessoas e dispositivos, reunindo e analisando todos os vestígios digitais estrangeiros e domésticos.

2. *... com o objetivo de selecionar uma minoria insurgente...*: Além de atacar inimigos suspeitos no Afeganistão, Iraque e Iêmen, entre outros países, essa minoria contrarrevolucionária autoproclamada tenta identificar e tornar alvo uma minoria ativa nos Estados Unidos. No processo, forjam uma minoria insurgente amorfa, mal definida, cujos limites mudam dependendo da ameaça percebida, mas que geralmente inclui muçulmanos e mexicanos, ativistas contra a violência policial, ativistas sociais afro-americanos e latinos, e outras comunidades predominantemente não brancas. Esses supostos inimigos internos são vistos, então, como alvo de contenção e possível eliminação por meio das estratégias mais eficientes: policiamento hipermilitarizado, vigilância de mesquitas e comunidades muçulmanas, infiltração em protestos de grupos estudantis, prisões e custódias preventivas, confinamento, detenção juvenil, aprisionamento e deportação.

3. *... e conquistar os corações e mentes dos norte-americanos*: Enquanto isso, a minoria contrarrevolucionária trabalha para pacificar e acalmar a população em geral, a fim de garantir que a grande maioria dos norte-americanos permaneça exatamente assim: consumidores comuns. Eles incentivam e promovem um novo ambiente digital repleto de conteúdo do *YouTube*, *Netflix*, *Amazon Prime*, *Twitter*, *Facebook*, *Instagram*, *Snapchats* e *realitys shows* que consomem atenção ao coletar digitalmente dados pessoais – e, às vezes, impulsionam o teor do conteúdo. Essa propaganda digital é direcionada a usuários suscetíveis. E eles chocam e fascinam as massas com sua disposição para torturar supostos terroristas ou matar seus próprios cidadãos no exterior. Por fim, entreter, distrair, fascinar e acalmar a população em geral é a chave para o sucesso – é a nossa nova forma de prover "pão e circo".

Essas três estratégias centrais agora orientam a política interna, da mesma forma que orientam as questões militares e de relações exteriores. O que emergiu mais recentemente é uma nova e diferente arte de governar. Forma um todo coerente com, no centro, um aparato de segurança composto por funcionários da Casa Branca, Pentágono e Inteligência, membros do alto escalão do Congresso, juízes do Tribunal de Fiscalização da Inteligência Estrangeira dos EUA [FISC], especialistas em segurança e *internet*, divisões policiais de inteligência, empresas de mídia social, executivos do Vale do Silício e corporações multinacionais. Essa rede ampla, que ora colabora, ora compete entre si, exerce o controle ao coletar e minerar nossos dados digitais. O controle informacional agora é o principal campo de batalha e os dados, o principal recurso – talvez o recurso primário mais importante nos Estados Unidos atualmente.

Esse aparato de segurança se aprimora ao colher tudo sobre cada um de nós; assim como nos atrai por meio de nossos próprios desejos, distrações e indulgências. O conjunto de instruções por ele utilizado é simples: vigilância total para obter conhecimento total; confinamento, detenção juvenil, policiamento militarizado e bombas-robô para eliminar uma minoria insurgente – tudo isso voltado para fazer a população norte-americana se sentir segura, garantindo, assim, que mantenha o foco no consumo em vez de simpatizar com aqueles que são tidos como alvo.

Nessa nova forma de governo pulsam resquícios e vestígios de uma tensão herdada da teoria da contrainsurgência, entre a brutalidade e a legalidade: entre a aplicação de afogamentos e os memorandos sobre tortura de cunho legalista, entre o assassinato seletivo de cidadãos norte-americanos no exterior e o memorando de 41 páginas justificando tais mortes; entre o mapeamento humano dos bairros muçulmanos e as diretrizes aprovadas pelos tribunais para a investigação da atividade política; entre o grampeamento clandestino dos cabos subterrâneos de redes de comunicações e o Tribunal de Fiscalização da Inteligência Estrangeira [FISC]. Tal tensão herdada persiste nessa nova forma de governar, embora tenha sido essencialmente resolvida por meio da legalização da brutalidade, que acaba produzindo não um estado de exceção temporário, mas variações da contrainsurgência.

O "novo paradigma" que o presidente George W. Bush anunciou pela primeira vez logo após o 11/9 surtiu efeitos. Permaneceu pacientemente aninhado para agora renascer no plano interno. Atualmente, constitui uma nova arte de governar os seus próprios cidadãos. Desafiando todas as previsões, contrariando histórias progressistas, esse paradigma ganhou vida e rompeu a crosta terrestre como aquela velha toupeira da história, que só aparece quando finalmente está pronta para derrubar o velho regime.[410] Esse novo modo de governar não tem horizonte temporal. Nem um pôr do sol programado. E é marcado por uma lógica tirânica de violência. Existe a violência amplamente televisionada da mais extrema facção no exterior – as decapitações do ISIS. Existem vídeos selecionados sobre rebeliões e saques praticados pela suposta minoria insurgente interna – seja em Baltimore, Milwaukee, Ferguson, Londres ou no *banlieues* de Paris. Existem os ataques aéreos seletivos de *drones* e as operações especiais, os interrogatórios mediante tortura e a resposta militarizada do Estado com a polícia. Toda essa violência não é excepcional. Faz e tem parte no novo paradigma de governo que reconcilia brutalidade com legalidade.

Para ficar claro: episódios envolvendo o uso de técnicas de contrainsurgência no plano interno ocorreram na década de 1960, com a execução de estratégias de guerra moderna contra o Partido dos Panteras Negras; na década de 1970, no contexto das rebeliões prisionais; e nas décadas de 1980 e 1990, contra vários movimentos de resistência, como o MOVE e o *Branch Davidians*. Mas o que torna a Contrarrevolução nova e única nos dias de hoje é que os métodos foram refinados, sistematizados, aplicados em todo o país e, principalmente, tornaram-se dominantes em uma época na qual não há sequer um indício de uma insurgência ou revolução ocorrendo internamente. Quando você acrescenta a isso as novas tecnologias digitais que possibilitam formas muito mais poderosas de vigilância, força militar controlada remotamente,

410 É a Contrarrevolução, e não a revolução, que em vez disso tem estado "trabalhando interiormente sempre para a frente", para tomar emprestadas as palavras de Hegel; e, desafiando a previsão de Marx, é o advento da Contrarrevolução que pode nos levar a responder, dessa vez com perplexidade: "Bem desenterrada, velha toupeira!". A história talvez tenha se invertido, ou estamos um passo mais perto do próximo estágio, como sugiro concluir, enfrentamos uma luta interminável contra formas recorrentes de tirania. Ver G.W.F. Hegel, *Lectures on the History of Philosophy* vol. 3, trad. E. S. Haldane and Frances H. Simson (New York, The Humanities Press, 1974), p. 547; Karl Marx, *The Eighteenth Brumaire of Louis Bonaparte*, em *The Marx-Engels Reader*, 2. ed., ed. Robert C. Tucker (New York, W.W. Norton & Company, 1978), p. 606; e William Shakespeare, *Hamlet*, ed. Sylvan Barnet, 2. ed. rev. (New York, Signet Classics, 1998), Ato 1, Cena 5, p. 33.

bem como a sistematicidade e a difusão de estratégias de contrainsurgência – quando se agrega tudo isso, fica claro que há uma diferença de tipo, não apenas de grau. Somos governados agora de forma diferente nos Estados Unidos: não mais por meio de programas sociais abrangentes como o *New Deal* ou a *War on Poverty*,[411] mas por meio de estratégias cirúrgicas de contrainsurgência contra um inimigo fantasma. Agora, a intensidade da internalização desse paradigma não encontra precedentes.

Sem dúvida, quando o ISIS transmite imagens de decapitações de reféns inocentes no exterior ou reivindica a autoria por ataques em Paris, Beirute e Istambul; ou quando a *Al Qaeda* ataca as Torres Gêmeas, causando a morte de quase três mil vítimas inocentes, os métodos de contrainsurgência parecem mais necessários do que nunca. Talvez parecesse diferente quando as estratégias de contrainsurgência eram direcionadas contra indivíduos como o dr. Martin Luther King Jr. ou contra organizações como *Students for a Democratic Society* (SDS) [Estudantes por uma Sociedade Democrática] ou o *National Lawyers Guild* [Associação Nacional dos Advogados] – pessoas e organizações que eram admiradas. Nesses casos, a ideia de uma contrainsurgência interna pereceu simplesmente inadequada, o que, *per se*, justificava as críticas. Contudo, as coisas parecem diferentes hoje. As decapitações por si só não exigem intervenções de contrainsurgência ainda mais agressivas?

A resposta é que a existência de inimigos *no exterior* – a intenção de inimigos estrangeiros matarem cidadãos dos Estados Unidos, Ocidente e outros – simplesmente não justifica forjar uma minoria insurgente dentro do país. Não justifica a fabricação de um inimigo interno. Mesmo os poucos homens e mulheres em solo norte-americano que causaram danos terroristas não formam uma insurgência. (Por terrorismo, refiro-me aos ataques que os meios de comunicação chamam de terrorismo doméstico em contraste com os disparos mais comuns de múltiplas vítimas que envolvem quatro ou mais vítimas e que ocorrem, em média, todos os dias nos Estados Unidos).[412] No passado, homens e

411 N.T.: "Guerra contra a Pobreza" é o nome não oficial da legislação introduzida pelo Presidente dos Estados Unidos Lyndon B. Johnson, em 1964. Ela foi proposta por Johnson em resposta a um grande aumento do índice nacional de pobreza.

412 Sharon Lafraniere, Sarah Cohen e Richard A. Oppel Jr., "How Often Do Mass Shootings Occur? On Average, Every Day, Records Show", *New York Times*, 2 dez. 2015: <https://www.nytimes.com/2015/12/03/us/how-often-do-mass-shootings-occur-on-average-every-day-records-show.html>; Sharon Lafraniere, Daniela

mulheres que causaram danos terroristas em solo norte-americano foram considerados indivíduos instáveis que se precipitavam para formas radicais do Islã – ou formas radicais de cristianismo, ou a KKK – porque essas ideias e organizações representam a ponta mais ameaçadora. De fato, certos indivíduos extremamente violentos expressam seus atos na linguagem do islamismo radical (e do cristianismo radical), porque ela recebe mais atenção e mexe de forma mais incisiva com os medos mais profundos do público. Porém, existe uma diferença importante entre um grupo de alguns indivíduos instáveis, solitários e extremamente violentos e uma minoria insurgente. Alguns indivíduos, é claro, são literalmente uma minoria; no entanto, eles não necessariamente compõem – como a teoria da contrainsurgência os enxerga – um grupo organizado com um objetivo comum. A tentativa de defini-los como uma minoria insurgente impõe uma coerência que não existe – a um custo político perigoso.

A contrainsurgência, com seu esquema tripartido (minoria ativa, massas passivas, minoria contrarrevolucionária) e sua estratégia tripartida (conhecimento total de informações, eliminação da minoria ativa e pacificação das massas) é uma profecia autorrealizadora profundamente contraproducente que radicaliza os indivíduos contra os Estados Unidos. Este é especialmente o caso de suas manifestações mais brutais, como o banimento de mulçumanos [*Muslim ban*], o afogamento [*waterboarding*] ou as prisões por tempo indeterminado na baía de Guantánamo. As imagens de Abu Ghraib, as mortes por ataques de *drones*, a tortura de muçulmanos durante os interrogatórios: essas ações contribuíram para a radicalização de muitos no exterior e para a alienação de muitos em âmbito doméstico. Esse fato não justifica de forma alguma atos terroristas ou decapitações, mas certamente nos compele a tomar uma abordagem diferente, informada pela inescapável realidade de que cada um de nós está inevitavelmente implicado na produção da atual situação política em que vivemos.

Estratégias de contrainsurgência plantam as sementes do conflito. Como Richard Stengel, ex-subsecretário de Estado, explica no *New York Times*: "O Estado Islâmico não é apenas um grupo terrorista, é uma ideia. Seu grito de guerra é que o Ocidente é

Porat e Agustin Armendariz, "A Drumbeat of Multiple Shootings, but America Isn't Listening", *New York Times*, 22 mai. 2016: <https://www.nytimes.com/2016/05/23/us/americas-overlooked-gun-violence.html>.

hostil ao Islã e que todo bom muçulmano tem o dever de se juntar ao califado".[413] Estratégias que alimentam essa percepção da hostilidade norte-americana ao Islã são, portanto, profundamente contraproducentes. Para combater extremistas no exterior e evitar uma insurgência interna, o exato oposto é necessário. Os norte-americanos precisam mostrar quem realmente são: uma nação predominantemente de imigrantes, escravizados e nativos que prezam pela tolerância e aceitação, e que está profundamente conectada, por meio de suas populações imigrantes, a todos os países, crenças e religiões do mundo. Essa abordagem não é apenas eticamente correta, mas também serve à política externa. Como Stengel escreveu: "Para derrotar o extremismo islâmico, precisamos de nossos aliados – os jordanianos, os povos dos Emirados, os egípcios, os sauditas – e eles acreditam que [a ideia de "terrorismo islâmico radical"] difamou toda uma religião".

É verdade que os ataques de 11/9 foram realizados por indivíduos muçulmanos que vieram e viveram nos Estados Unidos. Vários deles foram identificados e estavam sendo rastreados (embora as informações das agências de inteligência que atuavam sobre eles não tenham sido compartilhadas de maneira eficaz). Esses fatos, por si só, exigem a vigilância extrema de qualquer pessoa suspeita de ligações terroristas. Mas certamente não significam que todos os muçulmanos – no exterior e em solo norte-americano – tornem-se uma minoria insurgente em potencial. Ao se internalizar a contrainsurgência, milhões de norte-americanos comuns são transformados em potenciais inimigos. Ela violenta nossos compatriotas e vizinhos. Aliena as pessoas, em vez de curá-las. É a resposta errada. A Contrarrevolução enxerga uma minoria insurgente onde simplesmente não existe insurgência alguma.

Essas questões complexas e delicadas exigem um pensamento cauteloso. O fato é: existem pessoas que tentam e conseguem realizar ataques terroristas tanto em solo norte-americano quanto no exterior. O esforço para impedir esses ataques é de vital importância e inteiramente legítimo. Contudo, isso certamente não deve envolver o governo da própria população e de grandes áreas do resto do mundo por meio de uma lógica contrainsurgente que provou ser mais prejudicial do que benéfica. A ficha corrida da contrainsurgência é simplesmente atroz – falhou em toda

413 Richard Stengel, "Why Saying 'Radical Islamic Terrorism' Isn't Enough", *New York Times*, 13 fev. 2017: <https://www.nytimes.com/2017/02/13/opinion/why-saying-radical-islamic-terrorism-isnt-enough.html>.

parte: Indochina, Algéria, Malásia, Vietnã. E também no Iraque e no Afeganistão, onde éramos constantemente lembrados de que qualquer pequeno ganho raramente se estendia além do aumento momentâneo de tropas terrestres. Os Estados Unidos desperdiçaram mais de um trilhão de dólares e perderam quase 5 mil de seus próprios cidadãos em um esforço de guerra e contrainsurgência no Iraque que causou mais de 125.000 baixas diretas e mais de 650 mil mortes indiretas: foi uma contrainsurgência fracassada que, no final das contas, só beneficiou o Irã e os empreiteiros privados.[414] A contrainsurgência produz seus próprios efeitos ao radicalizar minorias, perpetuar a brutalidade e criar divisões sociais que a tornam uma maneira perigosa de governar. Historicamente, a guerra de contrainsurgência tem sido estrategicamente ineficaz, politicamente destrutiva e eticamente terrível. Isso não significa que não precisamos manter a vigilância e nos proteger contra ataques terroristas. Significa que devemos resistir à abordagem de contrainsurgência em assuntos de política externa e à Contrarrevolução em território nacional.

O ataque ao *World Trade Center* e as decapitações do ISIS são inaceitáveis. No entanto, é precisamente quando nos sentimos tão injustiçados – e com razão – que corremos o maior risco de ultrapassar e abraçar soluções simplistas com efeitos devastadores. É quando nos sentimos tão moralmente certos de que as coisas saem do controle, que ignoramos o dano colateral a homens, mulheres e crianças inocentes e transformamos comunidades inteiras em inimigos internos. Tais estratégias da guerra moderna encheram o exterior de inimigos que pretendem eliminar e, além disso, criaram o espectro ilusório da rebelião em âmbito doméstico – o qual está prejudicando e alienando milhões de norte-americanos.[415] A Contrarrevolução deve acabar.

414 Tim Arango, "Iran Dominates in Iraq After US 'Handed the Country Over,'" *New York Times*, 15 jul. 2017: <https://www.nytimes.com/2017/07/15/world/middleeast/iran-iraq-iranian-power.html>; David Leigh, "Iraq War Logs Reveal 15,000 Previously Unlisted Civilian Deaths—Leaked Pentagon Files Contain Records of More than 100,000 Fatalities Including 66,000 Civilians", *Guardian*, 22 out. 2010: <https://www.theguardian.com/world/2010/oct/22/true-civilian-body-count-iraq>; e Gilbert Burnham et. al, "Mortality After the 2003 Invasion of Iraq: A Cross-sectional Cluster Sample Survey", *The Lancet*, 11 out. 2006: <https://web.archive.org/web/20150907130701/http://brusselstribunal.org/pdf/l>.

415 Eles até criam terroristas no âmbito interno por meio de agressivas operações forjadas [*sting operations*], que inventam e possibilitam tramas que jamais teriam acontecido; como o juiz federal do caso "Newburgh Four" escreve, um caso envolvendo quatro homens muçulmanos no estado de Nova Iorque, o FBI "inventou o crime, forneceu os meios e removeu todos os obstáculos relevantes", e assim

Ao contrário, estamos nos movendo exatamente na direção oposta. Com a eleição do presidente Trump, os Estados Unidos adotaram a versão mais brutal da guerra de contrainsurgência. Na campanha eleitoral, Donald Trump prometeu tornar a tortura ainda pior, aumentar a vigilância e ter como alvo muçulmanos, mexicanos e minorias – em suma, prometeu acelerar e ampliar a contrainsurgência no exterior e dentro do país.

Em seus primeiros meses no cargo, o presidente aumentou e acelerou a Contrarrevolução em todas as frentes. Com sua ordem executiva que proibia viagens de residentes norte-americanos oriundos de países de maioria muçulmana, sua promessa de construir o muro na fronteira sul e seu compromisso de reabastecer Guantánamo, inclusive com suspeitos estadunidenses, Trump jogou gasolina na fogueira. O banimento muçulmano foi particularmente notório e contraproducente porque fomentou a estratégia de recrutamento do ISIS. Como Richard Stengel relatou: "O Estado Islâmico chamou isso de 'o banimento abençoado' porque fortalece sua posição de que a América odeia o Islã. A disposição que dá aos cristãos tratamento preferencial será vista como uma confirmação da narrativa apocalíptica do Estado Islâmico de que o Islã encontra-se em luta até a morte contra os cruzados cristãos. As imagens de visitantes muçulmanos rejeitados nos aeroportos norte-americanos só inflamam aqueles que procuram nos prejudicar".[416]

Enquanto a proibição de viagem representava a determinação de Trump de colocar os muçulmanos como uma minoria insurgente, o presidente agilmente compôs seu gabinete com militares de contrainsurgência. Ele nomeou como seu secretário de defesa o general James Norman Mattis, que foi um colaborador próximo e contribuiu para o manual de campo de contrainsurgência do general Petraeus. Os dois haviam se aproximado muito antes, na época em que invadiram o Iraque, durante a primeira década deste século. A vasta experiência de Mattis, comandante do Corpo de Fuzileiros Navais, com a contrainsurgência, depois de ter liderado

ludibridiam alguém "cuja bufonaria é positivamente shakespeariana no seu escopo" (tradução livre). David K. Shipler, "Terrorist Plots, Hatched by the F.B.I.", *New York Times*, 28 abr. 2012: <http://www.nytimes.com/2012/04/29/opinion/sunday/terrorist-plots-helped-along-by-the-fbi.html>; Human Rights Watch e Columbia Law School's Human Rights Institute, "Illusion of Justice: Human Rights Abuses in US Terrorism Prosecutions", 21 jul. 2014: <https://www.hrw.org/report/2014/07/21/illusion-justice/human-rights-abuses-us-terrorism-prosecutions>.

416 Richard Stengel, "Why Saying 'Radical Islamic Terrorism' Isn't Enough" [2017].

a invasão do Iraque em 2003, teve uma grande influência sobre Petraeus.[417] Em 20 de fevereiro de 2017, Trump nomeou outro líder contrainsurgente como seu conselheiro de Segurança Nacional: o tenente-general H.R. McMaster, um respeitado estrategista militar com especialização em guerra moderna.[418] McMaster foi responsável pelo que se dizia ser um dos grandes sucessos da contrainsurgência na Guerra do Iraque, o esforço de 2005 para garantir a cidade de Tal Afar no norte do país, discutido anteriormente e descrito em detalhes no manual de campo do general Petraeus. Na verdade, esse sucesso específico da contrainsurgência pesou sobre ele, que se basearia tanto teoricamente, para desenvolver seu estilo de guerra moderna, quanto praticamente, quando assumiu o comando no Iraque em 2007. O general McMaster publicou seu PhD sob o título *Dereliction of Duty: Lyndon Johnson, Robert McNamara, the Joint Chiefs of Staff, and the Lies that Led to Vietnam* [O Abandono de Dever: Lyndon Johnson, Robert McNamara, o Estado-Maior Conjunto e as Mentiras que Conduziram ao Vietnã], uma crítica devastadora ao fracasso dos chefes das forças armadas em se oporem ao presidente Johnson e Robert McNamara durante a Guerra do Vietnã. Ele também criticou a maneira como o presidente George W. Bush comandou a Guerra do Iraque, afirmando que o governo não havia planejado "um resultado político sustentável que fosse consistente com nossos interesses vitais", o que "complicou as duas guerras".[419] As dimensões políticas mais do que as militares foram fundamentais para McMaster, um reflexo clássico do paradigma da contrainsurgência. E, em 28 de julho de 2017, o presidente Trump promoveu ao cargo de Chefe de Gabinete outro guerreiro de contrainsurgência, o ex-general John Kelly, que serviu durante meses como Secretário de segurança Interna. Um profissional da contrainsurgência experiente e nato liderava então todas as operações da Casa Branca.

417 FM, p. xv–xvi; Paula Broadwell, *All In* [2012], p. 351. Como Broadwell escreve na biografia oficial de Petraeus, "Petraeus e Mattis se uniram para redigir o novo Manual de Campo de Contrainsurgência em 2006". Sobre a rede social de soldados-estudiosos, ver Laleh Khalili, "The New (and Old) Classics of Counterinsurgency", *Middle East Report* 255 [2010]: <https://core.ac.uk/download/pdf/2791029.pdf>.

418 Peter Baker, "Trump Chooses H. R. McMaster as National Security Adviser", *New York Times*, 20 fev. 2017: <https://www.nytimes.com/2017/02/20/us/politics/mcmaster-national-security-adviser-trump.html>.

419 H. R. McMaster: 5 Fast Facts You Need to Know", *Heavy*, 20 fev. 2017: <http://heavy.com/news/2017/02/h-r-mcmaster-donald-trump-national-security-adviser-wife-career-bio-age-who-is-books-flynn/>.

A primeira proposta orçamentária do presidente Trump habilitou virtualmente a estratégia de contrainsurgência, combinando um acentuado aumento de gastos militares e financiamento para um muro no Sul com dramáticas reduções nos gastos direcionados aos refugiados e às questões sociais – de fato, para fornecer apenas "serviços essenciais". Trump propôs aumentar os gastos com a defesa em 54 bilhões de dólares, ou em 10%, em 2018, e reservou no orçamento 469 bilhões de dólares em fundos discricionários para defesa durante a próxima década. Em suas próprias palavras, ele procurou atingir "um dos maiores aumentos nos gastos em defesa nacional da história norte-americana". O orçamento proposto também inclui 2,6 bilhões de dólares para aumentar a segurança na fronteira, para começar a construir o muro na divisa com o México e, dessa forma, manter os imigrantes fora. Trump propôs cortar programas sociais como os serviços *Medicaid* e outros serviços de assistência médica (queda de 23,3% nos próximos dez anos), assistência alimentar suplementar, antigamente conhecido como *Food Stamp Program* [Programa de Assistência Alimentar] (queda de 25,3%), e o programa de refugiados (abaixo de 74,2%); e eliminou também outros programas, como o *AmeriCorps*, o *Senior Corps* e o *Vista*[420] – em suma, reduziu os programas sociais e os serviços essenciais ao nível mínimo exigido.[421]

420 N.T.: O *Medicaid* é um programa de saúde social, do governo dos EUA, para indivíduos de todas as idades, que tenham baixa renda ou recursos insuficientes para pagar um seguro de saúde. Além disso, há serviços de assistência médica fornecidos por múltiplas organizações de saúde. A maioria das unidades de saúde associadas ao serviço são de propriedade ou operadas por empresas do setor privado. *Food Stamp Program*, atualmente conhecido como SNAP [Programa de Assistência Nutricional Suplementar], é um programa de ajuda federal, administrado pelo Departamento de Agricultura dos Estados Unidos. O *AmeriCorps* é uma rede de programas de serviços nacionais, composta por três programas principais, cada um com uma abordagem diferente para melhorar a vida e promover engajamento cívico. Os membros dedicam seu tempo para atender às necessidades críticas da comunidade, como aumentar o desempenho acadêmico, orientar os jovens, combater a pobreza, sustentar os parques nacionais, preparar-se para os desastres e outras atividades. O *Senior Corps* é uma rede de programas de serviço nacional para americanos com 55 anos ou mais, composta de três programas principais, cada qual adotando uma abordagem diferente para melhorar a vida e promover o engajamento cívico. Voluntários do *Senior Corps* dedicam seu tempo a atender às necessidades críticas da comunidade, incluindo orientação e aconselhamento acadêmico, assistência a idosos, apoio para auxílio em desastres e outras atividades. O *Vista* é um programa de serviço nacional projetado para aliviar a pobreza. O presidente John F. Kennedy deu origem à ideia do programa, que foi fundado como *Voluntários a Serviço da América* em 1965 e incorporado à rede de programas *AmeriCorps*.

421 "President Trump's Taxpayer First Budget", The White House: <https://www.

O banimento de viagem para mulçumanos, o gabinete de contrainsurgência, as propostas orçamentárias – bem como as promessas de um muro na fronteira sul, de detentos norte-americanos em Guantánamo e de mais vigilância em mesquitas – encaixam-se perfeitamente em uma estrutura contrarrevolucionária. Essas medidas servem, em primeiro lugar, para produzir uma minoria insurgente fictícia nos Estados Unidos, composta de residentes nacionais de países de minoria muçulmana (apesar do fato de que nenhum ataque terrorista em solo norte-americano tenha sido conduzido por um cidadão de nenhum desses países) e nossos vizinhos do sul. Tendo fabricado uma minoria insurgente e incutido medo na população geral, em segundo lugar, essas medidas buscam erradicar e eliminar a minoria, excluindo-a dos EUA. Finalmente, as medidas também servem para demonstrar quem está no comando, quem está disposto e é capaz de proteger melhor, e quem está cuidando do povo norte-americano. É a estratégia perfeita de contrainsurgência – exceto pelo fato de que repousa sobre um inimigo interno fantasmagórico e fortalece os inimigos reais no exterior.

Uma das maiores tragédias – e a mais preocupante – é que tantos norte-americanos tenham abraçado conscientemente a Contrarrevolução quando votaram em Trump, em novembro de 2016. Durante sua campanha presidencial, ele prometeu fazer exatamente o que fez nos primeiros dias de seu governo – e pior. Apesar disso, foi eleito presidente.

Durante a campanha, Trump afirmou explicitamente que estava preparado para retomar a prática de tortura. "Eu traria de volta o afogamento [*waterboarding*] e um inferno muito pior que isso", prometeu. Ele expressou sua intenção de encher novamente a prisão de Guantánamo, e por algum tempo alegou

whitehouse.gov/taxpayers-first>; Binyamin Appelbaum and Alan Rappeport, "Trump's First Budget Works Only if Wishes Come True", *New York Times*, 22 mai. 2017: <https://www.nytimes.com/2017/05/22/us/politics/budget-spending-federal-deficit.html>; Gregor Aisch and Alicia Parlapiano, "How Trump's Budget Would Affect Every Part of Government", *New York Times*, 23 mai. 2017: <https://www.nytimes.com/interactive/2017/05/23/us/politics/trump-budget-details.html>; Erica L. Greenmay, "Trump's Budget, Breaking Tradition, Seeks Cuts to Service Programs", *New York Times*, 25 mai. 2017: <https://www.nytimes.com/2017/05/25/us/politics/trump-budget-americorps-peace-corps-service.html>; e Zachary Cohen, "Trump Proposes $54 Billion Defense Spending Hike", CNN, 16 mar. 2017: <https://edition.cnn.com/2017/03/16/politics/donald-trump-defense-budget-blueprint/index.html>.

que iria torturar os familiares de supostos terroristas para obter informações deles, se necessário. Ele abraçou a tortura não apenas porque "funciona", disse, mas porque mesmo "se não funcionar, eles merecem ainda assim".[422] Declarou, inclusive, que enviaria cidadãos norte-americanos suspeitos de terrorismo para Guantánamo para responder a processos militares.

"Deixei claro em minha campanha que apoiaria e endossaria o uso de técnicas aprimoradas de interrogatório se o uso desses métodos aumentasse a proteção e a segurança da nação", escreveu Trump no *USA Today*. "Embora a eficácia de muitos desses métodos possa estar em disputa, nada deve ser retirado da mesa quando vidas estadunidenses estão em jogo. O inimigo está cortando as cabeças de cristãos e afogando-os em gaiolas, e ainda assim temos sido muito politicamente corretos evitando responder da mesma maneira [...]. Eu farei o que for preciso para proteger e defender esta nação e seu povo [...] com o apoio deles, vamos tornar a América grande novamente [*make America great again*]".[423]

Durante sua campanha à presidência, Trump identificou uma minoria ativa nos Estados Unidos que, com efeito, incluía não apenas mulçumanos, mas também imigrantes sem documentos, especialmente aqueles com antecedentes criminais e grandes segmentos da comunidade afro-americana, principalmente aqueles que participaram dos protestos Vidas Negras Importam [*Black Lives Matter*]. Os muçulmanos nos EUA, disse ele, devem fornecer ao governo informações uns sobre os outros, e a chegada de mais muçulmanos deve ser interrompida. Quanto aos mexicanos, Trump os comparou a estupradores: "Quando o México envia seu povo, eles não mandam o seu melhor [...]; enviam pessoas que têm muitos problemas, e estão

422 Arlette Saenz, "President Trump tells ABC News' David Muir He 'Absolutely' Thinks Waterboarding Works", *ABC News*, 25 jan. 2017,: <https://abcnews.go.com/Politics/president-trump-tells-abc-news-david-muir-absolutely/story?id=45045055>; Republican presidential debate, *ABC News*, <https://www.youtube.com/watch?v=Upnc_y1cKEk>; Charlie Atkin, "Donald Trump Quotes: The 10 Scariest Things the Presumptive Republican Nominee Has Ever Said", *Independent*, 6 mai. 2016: <http://www.independent.co.uk/us/donald-trump-quotes-the-10-scariestthings-the-presumptive-republican-nominee-has-ever-said-a7015236.html>; e Charlie Savage, "Obama Policies Give Successor a Path to Vast Security Powers", *New York Times*, 14 nov. 2016, A1, https://www.nytimes.com/2016/11/14/us/politics/harsher-security-tacticsobama-left-door-ajar-and-donald-trump-is-knocking.html.

423 Donald J. Trump, "Flashback: I Will Do Whatever It Takes, Trump Says", *USA Today*, 15 fev. 2016: <http://www.usatoday.com/story/opinion/2016/02/15/donald-trump-tortureenhanced-interrogation-techniques-editorials-debates/80418458/>.

trazendo esses problemas para nós. Eles trazem drogas. Trazem crimes. São estupradores. E alguns, suponho, são boas pessoas". Ele prometeu deportar 11 milhões de residentes ilegais, dizendo que começaria com dois ou três milhões de pessoas que estão sem documentos e têm antecedentes criminais. Também prometeu adotar medidas de lei e ordem que atingem essas minorias. Deu todo o seu apoio para aumentar ainda mais a vigilância da NSA, além de clamar por uma vigilância direcionada às mesquitas nos Estados Unidos.[424]

Trump advertiu explicitamente aos norte-americanos: "Teremos que fazer coisas que nunca fizemos antes". Em uma entrevista durante sua campanha, enfatizou: "Algumas pessoas vão ficar chateadas com isso... Serão feitas certas coisas que nunca pensamos que seriam feitas neste país em termos de informação e aprendizado sobre o inimigo". "Vamos ter que fazer coisas que eram francamente impensáveis há um ano".[425]

De fato, Trump ameaçou elevar a aposta em toda e qualquer máxima de contrainsurgência: expandir o conhecimento total da informação, oferecer tratamento mais duro a minorias e mais tuítes de desinformação para as pessoas. Ele fez tudo que era possível para deslegitimar a grande mídia, espalhando declarações sem sentido e ajudando a divulgar informações falsas. Abraçou a linguagem da brutalidade contra uma minoria fantasma. Adotou a lógica política – senão a teoria explícita – do paradigma da contrainsurgência. Ele até reencenou, nos termos mais vulgares, a ligação entre brutalidade e masculinidade, discutida anteriormente no contexto das funções ocultas do terror. Trump foi flagrado em uma filmagem fazendo comentários depreciativos e violentos sobre as mulheres, dizendo: "Quando você é uma estrela, elas permitem que você faça. Pode fazer qualquer coisa. Pegue-as pela buceta. Você pode fazer qualquer coisa". Em outro incidente, ele misturou misoginia com homofobia quando zombou de Arianna

424 Berman, "Donald Trump Says Muslims"; Michal Addady, "Donald Trump's Muslim Ban Is Back Up on His Website", *Fortune*, 10 nov. 2016: <https://fortune.com/2016/11/10/donald-trump-muslim-ban-statement/>; Michelle Ye Hee Lee, "Donald Trump's False Comments Connecting Mexican Immigrants and Crime", *Washington Post*, 8 jul. 2015: <https://www.washingtonpost.com/news/fact-checker/wp/2015/07/08/donald-trumps-false-comments-connecting-mexican-immigrants-and-crime/>; e Charlie Savage, "Obama Policies Give Successor a Path to Vast Security Powers" [2016].

425 Mark Hensch, "Trump Won't Rule Out Database" [2015].

Huffington, dizendo que ela era "pouco atraente tanto por dentro quanto por fora. Compreendo completamente porque seu ex-marido a abandonou por um homem – ele tomou uma boa decisão".[426] Os clichês tradicionais da masculinidade ornamentavam sua retórica de campanha.

Apesar de tudo isso, mais de 62 milhões de pessoas votaram em Donald Trump, resultando em sua vitória no Colégio Eleitoral. E não foi, de forma alguma, uma eleição incomum. A participação eleitoral em 2016 foi típica para o país. Cerca de 60,2% dos cerca de 231 milhões de eleitores votaram, representando cerca de 139 milhões de votos. Esse número está de acordo com a taxa de comparecimento histórica no país, quase igual ao comparecimento dos eleitores em 2012 (58,6%) e em 2008 (61,6%), mas ainda acima da maioria das eleições presidenciais desde 1972.[427] Em todas as categorias de eleitores brancos, Trump prevaleceu. Abraçando a Contrarrevolução, ele foi conscientemente eleito presidente, o que traz à mente as assombrosas palavras de Hannah Arendt no livro intitulado *As origens do totalitarismo*: "É bastante óbvio que o apoio massivo ao totalitarismo não provém da ignorância nem da lavagem cerebral".[428]

A totalização e internalização da contrainsurgência nos Estados Unidos hoje – numa época em que não há sequer a mais remota aparência de uma insurgência doméstica – merece um novo rótulo: Contrarrevolução. É ainda mais preocupante porque parece ser sem fim, como nos adverte o historiador jurídico Samuel Moyn.[429] Não estamos, como Kant teria posto, em

426 David A. Fahrehhold, "Trump Recorded Having Extremely Lewd Conversation About Women in 2005", *Washington Post*, 7 out. 2016: <https://www.washingtonpost.com/politics/trump-recorded-having-extremely-lewd-conversation-about-women-in-2005/2016/10/07/3b9ce776-8cb4-11e6-bf8a-3d26847eeed4_story.html>; e Matt Baume, "The Top Ten Worst Comments Donald Trump Has Made About LGBTQ People", *LGBTQ Nation*, February 4, 2016: <https://www.lgbtqnation.com/2016/02/the-top-ten-worst-comments-donald-trump-has-made-about-lgbtq-people/>.

427 Nonprofit VOTE and US Elections Project, "America Goes to the Polls: A Report on Voter Turnout, 2016 Presidential Elections": <https://www.nonprofitvote.org/webinar-rundown-america-goes-to-the-polls-2016/>; "Presidential Results", CNN, "Election 2016": <http://www.cnn.com/election/results/president>.

428 Hannah Arendt, *The Origins of Totalitarianism* (New York, Harcourt, Brace & World, 1966), p. vii (grifo nosso) [ed. bras.: *As Origens do Totalitarismo*, trad. Roberto Raposo, São Paulo, Companhia das Letras, 1989].

429 Samuel Moyn, "Why the War on Terror May Never End", *New York Times Book Review*, 24 jun. 2016: <http://www.nytimes.com/2016/06/26/books/review/spiral-by-mark-danner.html>.

direção à paz perpétua, mas, ao contrário, ecoando o refrão nietzschiano do eternoretorno, em direção a um estado perpétuo de guerra de contrainsurgência.

Agora que ficou claro que a Contrarrevolução chegou e provavelmente crescerá de maneira mais brutal, precisamos examiná-la mais de perto para entender como ela funciona, de modo mais completo, e como podemos resistir a ela.

12 . UM ESTADO DE LEGALIDADE

Muitos teóricos argumentam que agora vivemos, nos Estados Unidos e no Ocidente de modo geral, um "estado de exceção" que se caracteriza pela suspensão da legalidade. Nessa visão, nossos líderes políticos colocaram em vigor um controle temporário sobre o Estado de direito, com o entendimento tácito de que eles vão retomar sua adesão aos valores legais liberais quando a situação política se estabilizar.

Essa perspectiva, no entanto, interpreta de forma equivocada uma tática particular da contrainsurgência – ou seja, aquela do estado de emergência – frente a mais ampla racionalidade desse novo regime político. Ela falha em capturar a ambição maior do novo modo de governar. O fato é que o governo faz tudo que é possível para *legalizar* medidas da contrainsurgência e colocá-las solidamente dentro do Estado de direito – por meio de intermináveis consultas com advogados do governo, argumentos jurídicos excessivamente técnicos e longos memorandos. A ideia não é colocar a lei em suspensão, nem mesmo temporariamente. Não se trata de criar uma exceção, literal ou figuradamente. Ao contrário, é central transformar o modelo da contrainsurgência em uma estratégia totalmente legal. Portanto, o paradigma de governo não é o da excepcionalidade, mas o da contrainsurgência *e* da legalidade.

Certamente, dispositivos legais como estados de emergência são ativamente implantados e desempenham um importante papel no modelo da contrainsurgência. Crises e emergências justificam práticas da guerra moderna. O presidente George W. Bush declarou estado de emergência formal logo após o 11/9 e o presidente François Hollande iniciou um estado formal de emergência sob a lei francesa depois dos ataques terroristas de novembro de 2015 em Paris. Mais metafórica do que formalmente, o Sistema de Consultoria de Segurança Interna dos EUA [*US Homeland Security Advisory System*][430] com seu alerta laranja para alto risco, e

430 N.T.: Sistema que contém uma escala consultiva de ameaça de terrorismo codificada

vermelho para risco severo de ameaças terroristas; as campanhas públicas "*If you see something, say something*" [se você vir algo, diga algo]; as mensagens de aviso reproduzidas nas estações de metrô e de trem; as patrulhas militarizadas com metralhadoras automáticas nas estações e nos aeroportos – tudo isso funciona de modo relevante dentro das medidas de emergência.

Contudo, é importante diferenciar essas medidas excepcionais e específicas da racionalidade mais ampla e totalmente coerente que constitui *a Contrarrevolução.* A lógica dessa estrutura não é de regras e exceção, sejam permanentes ou temporárias. Não se trata de uma lógica binária. É, ao contrário, um modelo que *legaliza* práticas da contrainsurgência, *legitimando-as* e, com isso, produz um *sistema legal* totalmente coerente – baseado em noções de legalidade. O paradigma da contrainsurgência é totalmente integrado em uma teia de memorandos assessorados juridicamente, de dossiês do Gabinete de Assessoria Jurídica, de pareceres judiciais reais ou *quasi* e de advogados de ponta. Em vez de repousar em uma lógica binária de norma e exceção, ela consiste em tornar todas essas "táticas excepcionais" em atos totalmente legais. Não se baseia em *ilegalidade* excepcional, mas em formas recorrentes daquilo que poderíamos chamar de *legalizações*, ou até mesmo *legalidades* – um termo ao qual voltarei.

Seria possível, é claro, argumentar que uma Contrarrevolução totalmente legalizada produz um "estado de exceção permanente", mas isso tem pouco significado – já que a exceção exige a regra – e falha em capturar a *lógica* mais abrangente desse novo paradigma de governo. Esta, hoje, é baseada em um modelo da guerra de contrainsurgência com, essencialmente em seu coração, a resolução da tensão central entre legalidade e brutalidade. O modelo contrarrevolucionário resolveu a tensão herdada e legalizou a brutalidade. É vital que identifiquemos e compreendamos adequadamente a lógica desse novo paradigma; caso contrário, será impossível resistir a ele.

O termo "estado de exceção" é amplo e abrange uma variedade de diferentes mecanismos legais, incluindo, entre outros, o estado de emergência ou de sítio, a imposição de regime militar, casos de necessidade e segurança nacional ou justificações de

por cores. Os diferentes níveis desencadeiam ações específicas de agências federais e governos estaduais e locais, e afetam o nível de segurança em alguns aeroportos e outras instalações públicas.

razão de Estado [*raison d'État*]. O que todas essas formas legais têm em comum é que representam a ruptura com o processo legal ordinário, uma suspensão temporária do paradigma liberal convencional. E elas geralmente exigem, em uma democracia liberal, a suspensão de certas regras legais.

Então, como exemplo, apenas três dias após o 11/9, o presidente George W. Bush proclamou um estado de emergência nacional, emitindo a Proclamação 7463, intitulada Declaração de Emergência Nacional em Razão de Determinados Ataques Terroristas [*Declaration of National Emergency by Reason of Certain Terrorist Attacks*]. A proclamação autorizava, sob a Lei de Emergências Nacionais [*National Emergencies Act*], a convocação de reservistas para o serviço militar ativo, o que facilitou as tarefas burocráticas relativas ao emprego de pessoal nas forças armadas.[431] De modo semelhante, o presidente francês François Hollande imediatamente invocou um estado de emergência, após os ataques a Paris, em 13 de novembro de 2015, suspendendo, assim, restrições comuns em mandados de buscas, apreensões e prisões policiais. Considerando que normalmente as buscas em residências ou a prisão domiciliar exigem a autorização judicial prévia, no estado de emergência essas práticas podem ser ordenadas pelo ministro do Interior. A Assembleia francesa estendeu o estado de emergência por meses a fio, voltando a fazê-lo após o ataque em Nice, no dia 14 de julho de 2016. O país permaneceu em estado de emergência por quase dois anos, até que o Presidente Emmanuel Macron integrou as medidas excepcionais à legislação ordinária.

O argumento de que entramos em um novo paradigma político caracterizado por um estado de exceção, entretanto, vai além desses dispositivos estritamente legais. O argumento sugere que nossa forma de governar foi fundamentalmente alterada e tornada excepcional – fora do âmbito da lei ordinária. Tal como foi aplicado no pós-11/9, o argumento é que começamos a aceitar, como nação, que as circunstâncias especiais da ameaça apresentada por redes não-estatais de inimigos, como a *Al Qaeda*, o Talibã, outras organizações terroristas e agora o ISIS, exigem uma

431 *Proclamation 7463*: Declaração de Emergência Nacional por Razão de Determinados Ataques Terroristas de 14 de setembro de 2001; ver também a *Ordem Executiva 13223*, de 14 de setembro de 2001, "Ordenar a Reserva Pronta das Forças Armadas para o Dever Ativo e Delegar Determinadas Autoridades à Secretaria de Defesa e à Secretaria de Transportes"; e Karen J. Greenberg e Joshua L. Dratel (eds.), *The Torture Papers* [2005], p. 25 (Ordem Militar de 13 de novembro de 2001).

interrupção temporária da normalidade legal. Essa interrupção permitiria que os Estados Unidos e seus aliados implementassem medidas militares e políticas excepcionais, a fim de restabelecer a ordem e, eventualmente, retornar ao Estado de direito regular.

É claro que existe evidência para embasar essa visão. Como observado anteriormente, alguns meses após a declaração de emergência nacional limitada, o presidente Bush criou uma nova categoria de "combatentes inimigos" não reconhecidos pela lei, declarando, em 7 de fevereiro de 2002, que a "guerra contra o terrorismo introduz um novo paradigma".[432] Essa categoria extralegal de "combatentes inimigos" certamente sugeria algo importante, assim como a ideia de um novo paradigma. Eu, porém, argumentaria que isso é muito mais amplo e abrangente do que o mero quadro da exceção. Essa ideia seria reducionista e simplista demais. Ao invés disso, a noção do presidente Bush de um "novo paradigma" prefigura algo mais complexo, coerente e sistemático. Foi o presságio do paradigma mais amplo da guerra moderna e da Contrarrevolução.

Carl Schmitt, o teórico político alemão, está mais intimamente associado à noção de estado de exceção, e seus escritos influenciaram tanto os defensores quanto os críticos da ideia. O próprio Schmitt foi um dos principais defensores de um Executivo forte e da ideia de adoção de medidas de emergência para responder a situações de crise. Ele defendeu e justificou a afirmação de poderes de emergência do presidente von Hindenburg, de acordo com o artigo 48 da Constituição de Weimar, em setembro de 1930 – um exercício de poderes de emergência que desencadeou a eleição imediata do Partido Nazista ao *Reichstag*. Depois que Schmitt se juntou ao partido nazista, em abril de 1933, ele defendeu a legalidade do expurgo de 30 de julho do ano seguinte – conhecido como "A Noite dos Longos Punhais", quando Hitler matou centenas de seus oponentes políticos.[433] Com base na defesa que fez dos poderes de emergência, assim como seus escritos sobre o conceito de "político" e sobre ditadura, Schmitt notoriamente – ou infamemente – declarou: "O Führer protege

432 Karen J. Greenberg e Joshua L. Dratel (eds.), *The Torture Papers* [2005], p. 134 (Memorando 11, de 7 de fevereiro de 2002).

433 Oona Hathaway e Scott Shapiro, "Schmitt at Nuremberg", em *The Worst Crime of All: The Paris Peace Pact and the Beginning of the End of War* (documento em posse do autor, 16 set. 2015), p. 12-13, 22.

a lei de seu pior abuso quando, no momento de perigo, ele, por seu domínio como Führer e enquanto autoridade judicial suprema, cria diretamente a lei".[434]

Em seu livro *Teologia Política*, de 1922, Schmitt definiu o *soberano* como "aquele que decide sobre a exceção",[435] atribuindo a este a capacidade de decretar um estado de exceção como a condição *sine qua non* do poder político soberano. As pistas sobre a defesa de Schmitt da afirmação dos poderes de emergência podiam ser encontradas em sua propensão à ditadura e na sua concepção antagônica do político – isto é, sua visão de que o elemento definidor da relação política é discernir amigos de inimigos e fazer o que for necessário, tanto para promover os interesses políticos quanto para se defender dos inimigos.[436] A distinção crítica entre amigo e inimigo – ou, mais precisamente, a capacidade de manter essa oposição em vista, de apreciá-la inteiramente, de ser guiado por ela – está no coração da defesa dos poderes de emergência de Schmitt. Isso o levaria, por exemplo, a expulsar seu rival e colega, o jurista Hans Kelsen, da Universidade de Colônia e a escrever nas páginas do jornal nazista de Colônia as novas regulamentações proibindo os não-arianos de certas ocupações: "Estamos mais uma vez aprendendo a discriminar. Acima de tudo, estamos aprendendo a discriminar o amigo do inimigo".[437]

Em seus escritos, especialmente em *Estado de Exceção*, publicado em 2003, o filósofo Giorgio Agamben traçou uma genealogia do conceito de estado de exceção, ligando-o ao poder soberano como "o paradigma dominante do governo na política contemporânea", mas também relacionando-o a muitos outros conceitos de necessidade. As variantes da ampla noção de exceção referem-se à máxima latina *necessitas legem non habet* "a necessidade não tem lei"; mas elas o fazem de maneira um tanto confusa ou imprecisa. Para ajudar a desenredá-los, Agamben ligou os termos alemães

434 Oona Hathaway e Scott Shapiro, p. 22, citando o livro de referência *Third Reich Sourcebook*, p. 64.

435 Carl Schmitt, *Political Theology: Four Chapters on the Concept of Sovereignty*, trad. George Schwab (Chicago, University of Chicago Press, 2006), p. 5 [ed. bras.: *Teologia Política*, trad. Elisete Antoniuk, (Belo Horizonte, Del Rey, 2006)].

436 Carl Schmitt, *The Concept of the Political*, trad. George Schwab (1932; repr. Chicago: University of Chicago Press, 2007); e Carl Schmitt, *Dictatorship* (1921; repr. Polity Press, 2013).

437 Oona Hathaway e Scott Shapiro, "Schmitt at Nuremberg" [2015], p. 19, citando Bernd Rüthers, "On the Brink of Dictatorship—Hans Kelsen and Carl Schmitt at Cologne 1933", In: *Hans Kelsen and Carl Schmitt: A Juxtaposition*, eds. Dan Diner e Michael Stolleis (Gerlingen: Bleicher, 1999).

Ausnahmezustand [estado de exceção] e *Notstand* [estado de necessidade] às categorias legais francesas e italianas de "decretos de emergência" e "estado de sítio real" ou "fictício," e às categorias norte-americana e inglesa de lei marcial [*martial law*] ou "poderes de emergência", bem como à suspensão de *habeas corpus* da Constituição dos EUA. Por meio dessa genealogia, Agamben enfatizou que "o estado de exceção alcançou hoje sua máxima implantação em todo o mundo". Sua análise focou na questão da regulamentação legal do estado de exceção – se este pode ser considerado sujeito às regras, dado que, por definição, está fora do Estado de direito. "Se a propriedade característica da exceção é uma suspensão (total ou parcial) da ordem jurídica", pergunta ele, "como essa suspensão ainda pode estar contida nela?".[438]

O filósofo ressaltou a natureza premente e urgente do problema. Ele enfatizou "a urgência do estado de exceção 'em que vivemos'". E caracterizou a ordem militar assinada pelo presidente George W. Bush em 13 de novembro de 2001 (que permitia a detenção, por tempo indeterminado, de suspeitos de terrorismo) e o *USA PATRIOT Act* como exemplos de um estado de exceção no qual os inimigos combatentes detidos foram colocados na mesma "situação legal dos judeus nos *Nazi Lager* ['campos'], que, junto com sua cidadania, perderam qualquer identidade legal, mas ao menos mantiveram sua identidade de judeus".[439] Em um volume anterior da série *Homo Sacer*, Agamben interpretou o uso de campos – como na baía de Guantánamo – e a tortura como um exemplo da lógica do estado de exceção. O autor sugeriu que esse estado de exceção foi traçado há muito mais tempo do que se imagina, muito antes do 11/9, o que pode definir bem a história, de longa duração, da civilização ocidental. Para ele, essa história revelou um paradoxo: o modelo da exceção tornou-se a regra, e agora vivemos em um estado de exceção permanente que forma o próprio fundamento do pensamento político ocidental.

Os escritos de Schmitt e Agamben desencadearam uma expansão no interesse pelo estado de exceção, e muitos pensadores contemporâneos abraçaram a ideia de que ele constitui nosso novo paradigma de governo pós-11/9. O conceito praticamente dominou os debates entre os teóricos políticos contemporâneos

438 Giorgio Agamben, *State of Exception*, trad. Kevin Attell (Chicago, University of Chicago Press, 2005), pp. 2, 20, 87 e 23 [ed. bras.: *Estado de Exceção*, trad. Iraci D. Poleti (São Paulo, Boitempo, 2004)].

439 *Ibid.*, p. 4, 86.

de ambos os lados da questão. "O estado de exceção se tornou permanente e geral", escreveram Antonio Negri e Michael Hardt em seu livro *Multidão*, de 2005: "a exceção se tornou a regra, permeando tanto as relações exteriores quanto as internas".[440] Já, em 2002, Judith Butler caracterizou o campo de detenção de Guantánamo como "a exceção", argumentando que "quando [o secretário de Defesa Donald] Rumsfeld diz que esta não é uma situação regular, [...] ele insinua que o caráter extraordinário do terror justifica a suspensão da lei no próprio ato de responder ao terror".[441] Da mesma forma, Slavoj Žižek advertiu em 2002 que "estamos entrando em um momento no qual um estado de paz pode ao mesmo tempo ser um estado de emergência". Žižek também caracterizou a retórica das sociedades democráticas liberais pós-11/9 como "o de uma emergência global na luta contra o terrorismo, legitimando mais e mais suspensões de direitos e garantias". Žižek introduziu certa ambiguidade na noção de emergência, mas mesmo assim permaneceu próximo de Schmitt e da ideia de poderes de emergência: "Nossas democracias liberais pluralistas e tolerantes permanecem profundamente schmitteanas: elas continuam a confiar na imaginação [*Einbildungskraft*] política para fornecer a elas a figura apropriada que torne visível o Inimigo invisível".[442]

Outros críticos também usaram o conceito do estado de exceção como uma maneira de desafiar características de nossa condição política atual – por vezes, de forma muito produtiva. O crítico social e advogado de Guantánamo Thomas Anthony Durkin, que atuou ativamente na guerra contra o terrorismo como advogado *pro bono* de vários detidos e acusados de terrorismo doméstico, também abraçou a ideia da exceção como o quadro que caracteriza nosso tempo. Em sua opinião, estamos construindo um sistema de justiça de dois níveis em tribunais

440 Michael Hardt e Antonio Negri, *Multitude* (London, Hamish Hamilton, 2005), p. 7 [ed. bras. *Multidão*, trad. Clóvis Marques (Rio de Janeiro, Record, 2005)]. Hardt e Negri já haviam usado o conceito em *Império*, descrevendo o "direito à intervenção" como decorrente de "um estado permanente de emergência e exceção justificada, pelo apelo aos valores essenciais da justiça". (tradução livre). Michael Hardt e Antonio Negri, *Empire* (Cambridge, Harvard University Press, 2000), p. 18 [ed.bras.: *Império*, trad. Berilo Vargas, 2ªed. (Rio de Janeiro, Record, 2001)].

441 Judith Butler, "Guantánamo Limbo", *The Nation*, 14 mar. 2002: <https://www.thenation.com/article/Guantanamo-limbo/>; Judith Butler, *Precarious Life: The Powers of Mourning and Violence* (London, Verso, 2004).

442 Slavoj Žižek, "Are We In a War? Do We Have an Enemy?", *London Review of Books*, 23 mai. 2002, p. 3-6: <http://www.lrb.co.uk/v24/n10/slavoj-zizek/are-we-in-a-war-do-we-have-an-enemy>.

federais, baseado em uma lógica de estado de exceção que remonta às guerras contra as drogas e o crime, e agora contra o terrorismo. Tem havido um aumento gradual no uso de poderes de emergência, sob o disfarce da periculosidade dos predadores – a começar com a Lei de Reforma da Fiança de 1984, que, pela primeira vez, reconheceu a detenção preventiva no sistema federal. Esse sistema emergente de dois níveis, argumentou Durkin, é projetado para a coleta de informações, originalmente sobre crime e drogas, mas agora filtrado pela segurança nacional – e está se tornando um elemento permanente do procedimento federal. Da mesma forma, a socióloga Kim Lane Scheppele argumentou: "Desde o 11/9, o governo Bush repetidamente invocou sua capacidade de fazer exceções à legalidade para lidar com a ameaça terrorista na política interna por meio da invocação crescente de racionalidades militares para suas ações". Ela identificou as práticas de detenção preventiva, as novas diretrizes para vigilância, investigação de atividades relacionadas ao terrorismo e a tentativa do governo Bush de contornar o Congresso e os tribunais "tentando trazer a guerra ao terrorismo totalmente para dentro do Poder Executivo", como desvios dos procedimentos operacionais normais na política interna.[443]

No outro extremo do espectro político, aqueles que vieram em defesa de práticas como os interrogatórios aprimorados, a detenção por tempo indeterminado, a baía de Guantánamo ou o Poder Executivo ilimitado, como os juristas Eric Posner e Adrian Vermeule, também se basearam nos escritos de Carl Schmitt e suas noções de excepcionalismo político. John Yoo, professor em Berkeley e autor de alguns memorandos sobre tortura, justificou de forma similar o avultamento do Poder Executivo invocando noções de exceção e retomando a ideia da "situação de emergência" para justificar práticas que outros descreveram como tortura.[444]

443 Thomas Anthony Durkin, "Permanent States of Exception: A Two-Tiered System of Criminal Justice Courtesy of the Double Government Wars on Crime, Drugs & Terror", *Valparaiso University Law Review* 50 [2016]: 419–492: <http://scholar.valpo.edu/vulr/vol50/iss2/3>; e Kim Lane Scheppele, "Law in a Time of Emergency: States of Exception and the Temptations of 9/11", *University of Pennsylvania Journal of Constitutional Law* 6 [2004]: 1001–1083: <http://papers.ssrn.com/sol3/papers.cfm? abstract_id=611884>.

444 Eric Posner e Adrian Vermeule, "Should Coercive Interrogation Be Legal?", *Michigan Law Review* 104 [2006]: 671–707; Eric Posner e Adrian Vermeule, "Demystifying Schmitt", em *The Oxford Handbook of Carl Schmitt*, Jens Meierhenrich e Oliver Simons (eds.) (New York, Oxford University Press, 2017); John Yoo, *War by Other*

E, entre esses polos, alguns pensadores liberais também abraçaram o conceito do estado de exceção, embora procurassem principalmente controlá-lo. O teórico político e jurídico Bruce Ackerman, por exemplo, apelou a um regime constitucional que "permita medidas de emergência a curto prazo, mas limite as restrições permanentes". Ele observou: "O estado de emergência permite ao governo tomar medidas extraordinárias em sua luta de vida e morte pela sobrevivência". Argumentou que "devemos resgatar o conceito" de poderes de emergência "de pensadores fascistas como Carl Schmitt" e "ver o estado de emergência como uma ferramenta crucial que permite a segurança pública a curto prazo sem criar danos a longo prazo aos compromissos fundamentais de liberdade e do Estado de direito".[445]

O estado de exceção dominou a argumentação teórica e penetrou no debate público mais amplo. Fareed Zakaria, o popular apresentador do programa GPS [*Global Public Square*] da CNN e intelectual público, opinou no *Washington Post* em 2012: "Por 11 anos, os Estados Unidos têm operado sob os poderes de emergência de tempo de guerra garantidos pela Autorização de Uso de Força Militar de 2001". Acrescentou: "Esse período é mais longo do que aquele em que, somando-se tudo, o país passou combatendo na Guerra Civil, na Primeira e na Segunda Guerra Mundial".[446] Scott Horton, que escreve para a *Harper's Magazine*, argumentou em um artigo intitulado "*State of Exception: Bush's War on the Rule of Law*" [Estado de Exceção: A Guerra de Bush ao Estado de Direito] que "a experiência norte-americana no período pós-11/9 traz alguns notáveis paralelos com o diálogo Schmitt-Benjamin" e que "o Executivo estadunidense nesse período fez uso hábil das teorias schmittianas".[447] Horton referia-se

Means: An Insider's Account on the War on Terror (New York, Atlantic Monthly Press, 2006); Yoo Memorandos, em Karen J. Greenberg e Joshua L. Dratel (eds.), *The Torture Papers* [2005].

445 Bruce Ackerman, "The Emergency Constitution", Yale Law Journal 113 [2004]: 1030, 1037, 1044: <http://www.yalelawjournal.org/essay/the-emergency-constitution>. Para uma discussão aprofundada da exceção no constitucionalismo americano, ver o manuscrito do livro de Thomas P. Crocker, *Overcoming Necessity: Emergency, Constraint, and the Meanings of American Constitutionalism*.

446 Fareed Zakaria, "End the War on Terror and Save Billions", *Washington Post*, 6 dez. 2012: <https://www.washingtonpost.com/opinions/fareed-zakaria-end-the-war-on-terror-and-save-billions/2012/12/06/a468db2a-3fc4-11e2-ae43-cf491b-837f7b_story.html>.

447 Scott Horton, "State of Exception: Bush's War on the Rule of Law", *Harper's Magazine*, jul. 2007: <https://harpers.org/archive/2007/07/state-of-exception/>; Scott Horton,

ao fato de que o crítico Walter Benjamin, em seu próprio ensaio *Sobre o conceito de história,* de 1940, tentou recuperar a noção do estado de emergência como um meio para a revolução emancipatória. Como Agamben, ele também, argumentou que "o 'estado de emergência' em que vivemos não é a exceção, e sim a regra", mas argumentou explicitamente contra Schmitt, declarando que a exceção seria usada *contra* o nazismo: "É nossa tarefa provocar um estado de exceção real" na "luta contra o fascismo", escreveu Benjamin. Essa inversão benjaminiana pode ser vista no trabalho de Ackerman. Outros críticos e teóricos também utilizam o conceito de exceção como a principal estrutura para analisar nossos tempos contemporâneos.[448]

Interpretadas através das lentes do estado de exceção, as práticas extremas de vigilância total, ataques com *drones*, inclusive contra cidadãos norte-americanos, tortura e confinamento solitário devem ser justificadas (ou não) como meios *excepcionais, mas necessários*, numa conjuntura histórica particular. Eles são adequados (ou não) por causa de sua natureza *necessária, porém temporária*. Contudo, é esperado que eles eventualmente retrocedam, permitindo que os Estados Unidos retornem às práticas mais comuns da democracia liberal.[449] A ideia de Agamben de um estado de exceção *permanente* leva isso adiante, mas simultaneamente enfraquece o elemento definidor da exceção, uma vez que ela se torna a regra. Em grande parte, porém, o estado de exceção é apresentado como uma aberração, todavia *temporária*. A suspensão das restrições ordinárias em buscas e apreensões policiais ou prisão domiciliar na França, por exemplo, é justificada como uma suspensão necessária do Estado de direito, essencial para restabelecer a ordem e as liberdades civis comuns – ou, alternativamente,

"Benjamin—History and the State of Exception", *Harper's Magazine*, 14 mai. 2010: <http://harpers.org/blog/2010/05/benjamin-history-and-the-state-of-exception/>.

448 Mark Danner, "After September 11: Our State of Exception", *London Review of Books*, 13 out. 2011: <http://www.nybooks.com/articles/archives/2011/oct/13/after-september-11-our-state-exception/>; e David C. Unger, *The Emergency State: America's Pursuit of Absolute Security at All Costs* (New York, Penguin Books, 2013). Unger argumenta que os presidentes desde a Segunda Guerra Mundial inflaram ameaças externas para justificar a criação de um "estado de emergência", que não apenas expande os poderes do poder executivo e faz erodir as liberdades civis, mas também é ineficaz na proteção da nação.

449 A relação entre democracia e guerra, no entanto, é complexa, e para uma discussão sutil que explora o papel da tomada de decisão coletiva na legitimação da violência, ver Christopher Kutz, *On War and Democracy.* (Princeton, Princeton University Press, 2016).

como medidas que eventualmente integrarão o Estado de direito. Na maioria das vezes, as práticas representam uma exceção temporária às normas do liberal Estado democrático de direito. Não está claro, desse ponto de vista, por quanto tempo a guerra contra o terrorismo, contra a *Al Qaeda*, contra o ISIS e, mais genericamente, contra o extremismo violento precisarão se estender até que o país possa voltar ao normal; mas o que justifica o uso excepcional da vigilância da NSA, do confinamento solitário ou de assassinatos seletivos remotos é o fato de que essas medidas são necessárias para acabar com o estado de sítio que começou com os ataques de 11/9. As práticas de longo prazo dos Estados Unidos, segundo esse ponto de vista, estão em consonância com o legalismo liberal e o Estado de direito. E aqueles que teoricamente abraçam, mas que na prática se opõem à estrutura de estado de exceção, discordam essencialmente da alegação de necessidade, argumentando que qualquer abertura temporária deve ser fechada rapidamente, se não imediatamente.

O problema do ponto de vista do estado de exceção é que ele confunde as táticas com a lógica mais abrangente desse novo paradigma de governo e, no processo, falha em ver a estrutura mais ampla da Contrarrevolução. O quadro do estado de exceção repousa sobre uma dicotomia ilusória entre regra e exceção, um mito que idealiza e reifica o Estado de direito. A questão é que o uso de tortura em prisões secretas da CIA e a coleta em massa de metadados de telefonia norte-americana não foram exceções em relação ao Estado de direito, mas totalmente legalizadas e regulamentadas – firmemente incorporadas em uma teia de memorandos legais, formalidades pré-autorizadas e supervisão judicial ou *quasi* judicial. Nesse sentido, praticamente nada do que ocorreu estava fora da lei, em caráter excepcional frente a ela, ou não poderia ser reutilizado. A Contrarrevolução, ao contrário do estado de exceção, não funciona em uma lógica binária de regra e exceção, mas em uma lógica sistemática de contrainsurgência totalmente coerente, que é generalizada, expansiva e permanente. Não tem limites ou fronteiras. Não existe em um espaço fora do Estado de direito. É tudo abrangente, sistemático e legalizado.

É claro que a retórica da "exceção" é extremamente útil para A Contrarrevolução. Os "estados de emergência" são frequentemente implantados para assumir o controle de uma crise e para acelerar os três eixos da contrainsurgência. Na França, o estado de emergência permitiu *persecuções* – "buscas e apreensões"

– sem autorização prévia ou supervisão judicial. Isso permitiu a prisão domiciliar administrativa decretada apenas pelo ministro do Interior. E quase possibilitou a retirada da nacionalidade de dois cidadãos suspeitos de terrorismo. O estado de emergência foi uma maneira rápida e eficaz de recalibrar as relações de poder. Da mesma forma, nos Estados Unidos, o presidente Bush declarou uma emergência para mobilizar poderes e recursos policiais. Durante o conflito argelino, os franceses instauraram a lei marcial em Casbah, que permitia o controle militar de entrada e saída, bem como buscas e apreensões abrangentes. Após a Guerra do Iraque, todo o país estava sob um estado de emergência efetivo e sob um governo protetorado. Pode-se facilmente imaginar um estado de emergência total sendo convocado hoje nos Estados Unidos *dentro* do paradigma da contrainsurgência.

No entanto, é importante distinguir manobras estratégicas como essas do paradigma geral de governo. Pois a lógica e a racionalidade teórica dominantes da Contrarrevolução não são as do estado de exceção. Ao contrário, o paradigma da guerra contrainsurgente forma uma abordagem coerente, permanente e sistemática que agora se aplica em *todos os momentos*. Como Galula escreveu, a teoria da contrainsurgência é o "princípio básico do exercício do poder político" e se aplica "*em qualquer situação, seja qual for a causa*", uma frase repetida no manual de campo do general Petraeus.[450]

450 David Galula, *Counterinsurgency Warfare* [1964], p. 56. Não sou o primeiro nem o único a resistir à estrutura do estado de exceção. O historiador Samuel Moyn também rejeita a noção de exceção, argumentando que o que enfrentamos hoje é uma guerra mais contida e humana sem fim – mas sim o que ele chama de "uma nova forma de guerra humanitária simultaneamente sem fronteiras no tempo e no espaço". Samuel Moyn, "Why the War on Terror May Never End", *New York Times Book Review*, 24 jun. 2016: <http://www.nytimes.com/2016/06/26/books/review/spiral-by-mark-danner.html>. Fleur Johns rejeita veementemente a compreensão da baía de Guantánamo como um domínio de exceção soberana, argumentando, em vez disso, que ela é "um exemplo da norma que luta para superar a exceção". (Fleur Johns, "Guantánamo Bay and the Annihilation of the Exception", *European Journal of International Law* 16, n. 4 [2005]: 614-615: <http://www.ejil.org/pdfs/16/4/311.pdf>. Naser Hussain, nas páginas da *Critical Inquiry*, sustenta que, em vez de singular ou excepcional, "muitos dos mecanismos e justificativas que encontramos são contínuos e consonantes com uma gama de leis regulares e práticas disciplinares diárias, em particular, os domínios de imigração e encarceramentos domésticos – sendo a diferença mais um do que grau". (Naser Hussain, "Beyond Norm and Exception: Guantánamo", *Critical Inquiry* [2007]: <http://www.jstor.org/stable/10.1086/521567>). Outros também criticam o retorno à exceção como um mecanismo explicativo. Veja, por exemplo, Venator Santiago, "From the Insular Cases to Camp X-Ray: Agamben State of Exception and United States Territorial Law", *Studies in Law, Politics, and Society* 15, n. 5 (um relato crítico do

A dicotomia lei *versus* exceção simplesmente não se sustenta hoje. Todas as estratégias da Contrarrevolução estão formalizadas e legalizadas. Os infames memorandos autorizando a tortura, a vigilância doméstica, o documento legal de 41 páginas que permite a execução de cidadãos norte-americanos no exterior... Tudo se encaixa dentro de uma estrutura legal – ou é feito para se encaixar.

Em seus Seminários de 1973 sobre aquilo que ele veio chamar de "A Sociedade Punitiva", Michel Foucault cunhou um conceito que denominou ilegalismos [*illégalismes*]. O termo é frequentemente traduzido para o inglês como *illegalities* [ilegalidades], mas essa tradução perde a essência do termo – a saber, que grande parte da negociação das relações de poder na sociedade envolve pressionar os limites do direito, assumindo a forma de um jogo que se desenrola em um espaço que não é nem claramente legal nem claramente ilegal. Uma tradução melhor, embora inadequada, seria "*illegalismes*" [ilegalismos]. O exercício último do poder, argumentou Foucault, é precisamente transformar as ambiguidades em relação aos ilegalismos na conduta que é "ilegal". Traduzir *illégalismes* como *ilegalidades* levaria, prematuramente, a uma conclusão, tirando de vista a luta que está no cerne das relações sociais: uma disputa a respeito da linha que desenha a própria lei. O termo ilegalismos traz a ideia de que a própria lei é uma luta, uma negociação, um combate agonístico, uma competição sobre a questão da definição da linha da ilegalidade – a linha que divide os desvios (a desordem, a quebra das regras e sua interpretação) da ilegalidade e das sanções punitivas.

Nos Seminários de 1973, o filósofo demonstra como, durante o início do século XIX, o conflito social expressava-se na conversão, por parte das classes privilegiadas, dos ilegalismos populares – bebidas, carnavais e festividades, prazer, lazer, depravação – em ilegalidades. Ser capaz de transformar atos legalmente ambíguos em violações legais, argumenta Foucault, representava a força máxima da lei. Em uma análise histórica detalhada, ele documenta uma mudança política no tratamento dos ilegalismos.

Durante o antigo regime, defende Foucault, as classes populares e as privilegiadas trabalharam juntas para escapar das regulações, taxas e imposições reais. Os ilegalismos foram generalizados ao longo do século XVIII e bem distribuídos entre os

uso de Agamben do estado de exceção, especialmente nos Estados Unidos). Mas, até onde sei, propuseram a estrutura da guerra de contrainsurgência.

diferentes estratos da sociedade: não havia apenas ilegalismos populares – os das classes populares –, mas também ilegalismos de mercadores e de homens do comércio, inclusive ilegalismos dos privilegiados e dos poderosos – dos tenentes de polícia [*lieutenant de police*], dos comissários [*commissaires*] etc. E, na maioria das vezes, os privilegiados toleravam os ilegalismos populares porque também praticavam suas próprias formas de desvio contra a monarquia, e a relação, de certa forma, "funcionava". Eles colaboravam para contornar as regras administrativas. Por exemplo, no que se refere às práticas dos tecelões na década de 1750, até mesmo a polícia e representantes do governo local poderiam participar de ilegalismos para escapar das taxas reais. Ou, nos portos de Londres, trabalhadores e moradores locais poderiam colaborar para contornar as leis estritas que regulavam o comércio. O modelo de lei aqui era o de um meio fluido. "Houve toda uma interação entre os ilegalismos populares e a lei", explica Foucault. "Quase se poderia afirmar que o respeito pela legalidade era apenas uma estratégia nesse jogo do ilegalismo".[451]

A riqueza tornava-se cada vez mais móvel após a Revolução Francesa, dando origem a novas formas de acumulação – de bens móveis, estoques e suprimentos em oposição à riqueza fundiária. À medida que entravam em contato direto com essa nova riqueza comercial, os trabalhadores expunham-se a enormes quantidades de bens móveis. Essa nova acumulação de riqueza começou a tornar os ilegalismos populares menos úteis – até mesmo perigosos – para os interesses dos privilegiados. A classe mercantil apropriou-se dos mecanismos da justiça criminal para pôr fim a esses ilegalismos populares – não apenas à depredação da propriedade material e da riqueza privada, mas também à "dissipação" de seu próprio tempo e de seus corpos, da força dos próprios trabalhadores, de seu capital humano (dissipação que tomava justamente as formas do absentismo, do atraso ou da preguiça). Os privilegiados tomaram o aparelho administrativo e policial do final do século XVIII para reprimir os ilegalismos populares.

As classes proprietárias, dessa forma, encarregaram-se das instituições judiciais para disciplinar e regular as classes

451 Michel Foucault, *The Punitive Society: Lectures at the Collège de France, 1972-1973*, ed. Bernard E. Harcourt (New York, Palgrave, 2015), p. 144 [ed. bras.: *A Sociedade Punitiva: curso no Collège de France (1972-1973)*, trad. Ivone C. Benedetti (São Paulo, Editora WMF Martins Fontes, 2015)]. Ver a discussão sobre os ilegalismos no "Course Context", em *The Punitive Society*, p. 281-293.

populares por meio da imposição legal contra seus ilegalismos. Elas efetivamente transformaram os ilegalismos populares em *ilegalidades* e, no processo, criaram a noção do criminoso como inimigo social – Foucault fala, inclusive, da criação de um "inimigo interno".[452] Ao fazê-lo, as classes proprietárias voltaram-se para a penitenciária e para a forma-prisão, que não era tanto um modelo de confinamento por violações de um regulamento, mas, antes, um aprisionamento por comportamento irregular. O processo de tomada do poder judicial assentou-se, nesse modelo, no conceito de ilegalismos.

Na Contrarrevolução – em contraste com as revoluções burguesas do início do século XIX – o processo é virado de ponta-cabeça. Ilegalismos e ilegalidades são invertidos. Ao invés dos privilegiados transformarem ilegalismos populares em ilegalidades, os guardiões transformam seus próprios ilegalismos em *legalidades*. A Contrarrevolução, com sua total vigilância, suas detenções e seus ataques de *drones*, funciona precisamente assim: as lacunas e ambiguidades da lei – em torno do direito de interceptar comunicações, do direito de autodefesa ou mesmo da definição de tortura – são transformadas em práticas *legalmente* aprovadas, ou seja, em *legalidades*. A estratégia aqui é pavimentar o próprio caminho para o domínio jurídico por meio de memorandos e pareceres bem articulados que justificam o uso de interrogatórios "aprimorados" ou o assassinato de cidadãos norte-americanos no exterior. Essa estratégia é evidente não apenas nas dezenas de memorandos legais que serviram para justificar legalmente os excessos da contrainsurgência, mas também em livros como a fascinante obra de Ganesh Sitaraman, *The Counterinsurgent's Constitution: Law in the Age of Small Wars* [A Constituição do Contrainsurgente: a lei na era das pequenas guerras], ou o Apêndice D do manual de campo do general Petraeus, "Considerações Legais" – ambos esboçam o arcabouço legal apropriado para as práticas da contrainsurgência.

A Contrarrevolução transforma os ilegalismos em legalidades. Oculta situações potencialmente problemáticas sob uma pilha de memorandos, dossiês e processos. Cria legalidades por meio do formalismo e da burocracia. O memorando de 41 páginas de

452 Michel Foucault, *The Punitive Society* [2015], p. 156, 146, 149.

David Barron, que justifica o assassinato de cidadãos norte-americanos no exterior, é a ilustração perfeita. O memorando soa como uma questão num exame da faculdade de Direito: todos os fatos têm de ser prescindidos a fim de isolar uma questão legal abstrata que deve ser respondida de forma restrita. O assassinato de um cidadão norte-americano no exterior violaria o Título 18, seção 1119 do Código dos EUA? Isso estaria dentro da justificativa da autoridade pública? Violaria qualquer outra proibição federal de assassinato ou a proibição de crimes de guerra? Violaria o devido processo constitucional?

Num enigmático exercício de raciocínio jurídico *qua* [como, na qualidade de] racionalização, o memorando de Barron usa o Código Penal federal para sugerir justificativas que não estão explicitamente articuladas nele, criando novas normas legais para quando tais justificativas implícitas de fato ocorressem. O memorando é hiperlegalista e técnico. Suas palavras e frases hábeis são minuciosamente reunidas para justificar um resultado e criar uma "legalidade". É a perfeita ilustração desse processo de *legalização* em toda a sua glória burocrática e judiciosa.

De um lado, há uma divisão estrita de responsabilidades: as agências de inteligência e os militares determinam todos os fatos fora do escopo do memorando legal. Eles são considerados verdadeiros. O memorando de Barron deve apenas resolver as estritas questões legais. Tudo é compartimentado. A lei é separada dos fatos. Mas os fatos, ao que parece, são tão extremos que justificam a lei. No entanto, não são revisados ou questionados. Não são importunados, devido ao medo de inabilitá-los. Cada parte tem sua função. Os advogados apenas consideram a estrita questão legal apresentada.

Por outro lado, o memorando autoriza: permite que a autoridade política aja dentro dos limites da lei. Ele higieniza a decisão política. Lava as mãos dos líderes militares e políticos. Produz *legalidades*. Por causa dos fatos extremos, até mesmo torna a decisão de matar moralmente irresistível. É um ato que salvará muitas vidas. Um homicídio justificado que não contraria a ordem legal. Dados os fatos, é quase como se fossemos obrigados a matar. Se isso vai prevenir futuras mortes, então o assassinato seletivo, aqui, é praticamente necessário, em termos morais.[453]

453 Para um argumento similar no contexto da pena de morte, ver Cass R. Sunstein e Adrian Vermeule, "Is Capital Punishment Morally Required? Acts, Omissions, and Life-Life Tradeoffs", *Stanford Law Review* 58, n. 3 (April 2010): 703.

Poucos meses depois que Barron escreveu seu memorando, em dezembro de 2010, o juiz federal John D. Bates, do Tribunal do Distrito de Columbia nos Estados Unidos, alterou seu próprio entendimento para decidir que não poderia haver revisão judicial nesses tipos de decisões, porque tais decisões são confiadas ao âmbito político: "Há circunstâncias nas quais a decisão unilateral do Poder Executivo de matar um cidadão dos EUA no exterior é 'constitucionalmente dedicada aos políticos' e não pode ser revista judicialmente". O caso de al-Awlaki, declarou o Tribunal Federal, "apresenta exatamente tal circunstância".[454] O memorando de 41 páginas legalizou o assassinato de cidadãos norte-americanos no exterior de modo tão completo que os ataques de *drones* não estariam sujeitos a revisão judicial.

A lei, como se sabe, pode servir como uma muleta. Robert Cover, com elegância, demonstrou esse fato no caso dos juízes abolicionistas, no período anterior à Guerra Civil, que apoiaram a Lei do Escravo Fugitivo de 1850.[455] Robert Weisberg fez o mesmo no contexto da pena de morte.[456] Da mesma forma, no contexto da Contrarrevolução, testemunhamos essa muleta legal de maneiras dolorosas – um longo memorando legal, intrincado, burocratizado, razoável, que serviu para limpar e legalizar a decisão política de matar um cidadão norte-americano sem julgamento ou o devido processo legal. Um compromisso legal para tornar possível o inimaginável: "marcar de morte" um cidadão sem nem ao menos um julgamento de aparências.

Qualquer excepcionalismo da Contrarrevolução, nesse caso, não significa que ela esteja pronta para matar um cidadão no exterior a qualquer momento. Muitas nações estão preparadas para fazer isso – e o fazem. O que é único e excepcional são as dimensões legalistas e procedimentais e o esforço que se está disposto a empenhar para tornar esses atos justificáveis, defensáveis e legais – e para proteger os líderes políticos das possíveis consequências de posteriores processos criminais ou por violações aos direitos humanos. Estamos preparados até mesmo para produzir essas *legalidades* por meio de noções de exceção – como quando os advogados confiaram em parte no princípio da necessidade para justificar a tortura ou o assassinato dirigido. Cabe lembrar que a assessoria

454 Citado em Karen J. Greenberg, *Rogue Justice* [2016], p. 221.

455 Robert M. Cover, *Justice Accused: Antislavery and the Judicial Process* (New Haven, Yale University Press, 1984).

456 Robert Weisberg, "De-regulating Death", *Supreme Court Review* [1983]: 305–395.

jurídica da CIA num primeiro momento, recomendava com insistência a alegação de "estado de necessidade" [*necessity defense*][457], como uma potencial "nova" defesa legal para policiais que se estivessem envolvidos em práticas de tortura.[458] Em última análise, esses policiais não precisaram dessa defesa porque os advogados da Casa Branca redefiniram a tortura, mas ela também se encaixaria no arcabouço legalista formal. Qualquer coisa, na verdade, desde que o paradigma da contrainsurgência seja tornado *legal*.

Em um relato fascinante e meticuloso das batalhas legais sobre a "guerra ao terror", nos governos Bush e Obama, a historiadora Karen Greenberg argumenta que a maioria das decisões de Bush e muitas das decisões do governo Obama acabaram se desviando do que consideramos ser nossa tradição do "devido processo legal". Nós não "decepamos o Estado de direito e os princípios constitucionais que ele incorpora", escreve ela. Em vez disso, permitimos que esses princípios constitucionais fossem enfraquecidos e turvados. "As instituições de justiça, arrebatadas na guerra contra o terror", conclui Greenberg, "foram desonestas".[459]

O que a história revela, entretanto, não é tanto que tenhamos abandonado o Estado de direito, mas sim que os advogados – tanto nas administrações presidenciais quanto no Congresso – fizeram tudo ao seu alcance para criar estratégias de contrainsurgência em conformidade com a lei e, nesse processo, a puseram em conformidade com a contrainsurgência. Suas legalizações reformularam o devido processo legal por meio das próprias regras do devido processo legal.

O primeiro exemplo que Greenberg fornece é ilustrativo. Quando o presidente Obama assumiu o cargo, seu novo procurador-geral, Eric Holder, anunciou que estava determinado a julgar Khalid Sheikh Mohammed e os outros quatro conspiradores do 11/9 no Tribunal Federal em Nova Iorque. Holder afirmou que eles deveriam ser julgados em um tribunal civil, em vez de estarem sujeitos a uma comissão especial militar. Isso teria sido significativo. Teria se tratado de uma mudança fundamental na

457 N.E.: Na lei norte-americana, a alegação de estado de necessidade [*necessity defense*] corresponde à admissão, por parte do réu, de ter cometido o ato pelo qual é julgado, todavia apresentando as circunstâncias específicas – o estado de necessidade causado por ameaça ou perigo iminente – nas quais a realização de tal ato não configuraria um crime.

458 Senate Report, p. 19.

459 Karen J. Greenberg, *Rogue Justice* [2016], p. 7, 252, 266.

maneira como o governo dos EUA lidou com os conspiradores do 11/9 – por meio de uma lei criminal, em vez de um paradigma de guerra. Mas o Congresso interveio. Na autorização anual para as forças armadas, a Lei de Autorização de Defesa Nacional (NDAA) [*National Defense Authorization Act*], o Congresso inseriu alguns parágrafos que proibiam expressamente o uso do dinheiro do Departamento de Defesa para "transferir, libertar ou auxiliar na transferência ou liberação, para dentro dos Estados Unidos, seus territórios ou posses, de Khalid Sheikh Mohammed ou qualquer outro detento".[460] O Congresso aprovou essa versão da Lei em dezembro de 2011. Obama a ratificou no mês seguinte.[461]

Seria possível argumentar que a proibição de julgar Mohammed em um tribunal federal não está de acordo com nossos ideais do devido processo legal e do Estado de direito.[462] Considero essa proibição chocante e concordo inteiramente com Holder, ao dizer que o Congresso tirou da mesa "uma das ferramentas de contraterrorismo mais testadas do país" e, no processo, impediu que o governo "aderisse às tradições e valores fundamentais de nossas leis".[463] Ainda assim, o presidente Obama ratificou a legislação, tornando-a a lei do país. Com efeito, o Estado de direito triunfou: um projeto de lei devidamente aprovado, assinado pelo presidente, tornou-se lei – e assim foi seguida. Nada disso viola o Estado de direito ou infringe as fronteiras do liberalismo jurídico. Ao contrário, a mudança foi considerada "legal". Se isso parece circular, é *porque é*: há um constante efeito de retorno em jogo aqui. As práticas de contrainsurgência tornaram-se legais e, simultaneamente, a justiça é feita para se adequar ao paradigma da contrainsurgência. Resulta desse ciclo de retornos que "o devido processo legal" adquire significados incessantemente novos e em constante evolução. E, por mais improbos que possam parecer, esses novos significados passaram pelas etapas processuais corretas do devido processo para torná-los totalmente legais e totalmente compatíveis com o Estado de direito.

460 National Defense Authorization Act (NDAA), citado em *Ibid.*, p. 206.

461 Karen J. Greenberg, *Rogue Justice* [2016], p. 206.

462 Wadie E. Said, *Crimes of Terror: The Legal and Political Implications of Federal Terrorism Prosecutions* (New York, Oxford University Press, 2015); e Jameel Jaffer, introduction do livro *The Drone Memos: Targeted Killing, Secrecy, and the Law* [2016]. Para uma teoria crítica fascinante, a partir de um denvolvimento histórico da noção de Estado de direito, ver Keally McBride, *Mr. Mothercountry*: *The Man Who Made the Rule of Law* (New York, Oxford, 2016).

463 Eric Holder, citado em Karen J. Greenberg, *Rogue Justice* [2016], p. 206.

A *legalidade*, assim como o terror, serve a muitos mestres. Serve para distanciar o comandante-chefe do ato de matar. Funciona também para proteger aqueles responsáveis pela tomada de decisões, ao justificar legalmente, quando não com imperativos morais, seus atos. Essa *desresponsabilização* purifica as decisões políticas. Ela lava as mãos de todos. Os advogados certamente nunca precisam suportar o peso de sua decisão. Eles apenas aplicam a lei, tecnicamente. Os agentes de inteligência também são absolvidos, porque a decisão legal é tomada em outro lugar. Os *drones* e mísseis fazem toda a matança: não tripulados e remotamente guiados. É como se, em seu próprio posto, cada um acreditasse ser aquele com o "*blank*"[464] no rifle: todos podem acreditar que não são responsáveis. Acreditam que estão apenas fazendo tarefas pequenas, inócuas. Enquanto isso, a Suprema Corte dos EUA perpetua esses mitos com suas doutrinas de *quasi* imunidade e hiperformalismo. Assim, por exemplo, o policial militarizado não pode ser responsabilizado por uso de força excessiva ou por violar os direitos civis, já que não havia decisão prévia do Supremo Tribunal cobrindo explicitamente essa situação – é um *Catch-22*[465] que serve para proteger a polícia. Aqui, também, o hiperlegalismo e o procedimentalismo permitem que a própria Suprema Corte mantenha distância das questões de uso excessivo da força que causam estragos em todo o país.

Essa desresponsabilização é o que torna possível a fácil transição de um governo Bush para um governo Obama, e, então, para o governo Trump – apesar de suas diferenças políticas. Charlie Savage, colunista de segurança nacional do *New York Times*, argumentou de modo convincente que as contradições entre a

464 N.T.: *Blank* é um cartucho que contém pólvora, mas não contém projétil. Também são chamadas de armas de saudação, por produzirem altos ruídos sonoros e estrondos. Popularmente, sua utilização não está relacionada a objetivos letais, mas sim festivos.

465 N.T.: Referência a um dilema ou a uma situação paradoxal da qual um indivíduo não pode escapar por condições mutuamente conflitantes, estando preso em um constante *looping*, devido a regras ou limitações contraditórias. Lógica do "Ardil 22", como poderia ser traduzido, devido à expressão cunhada pelo escritor Joseph Heller em romance de mesmo nome. O modelo do "Ardil 22", como formulado pelo autor, envolve o caso de John Yossarian, um bombardeiro da Força Aérea dos Estados Unidos, que deseja ser proibido de realizar combates aéreos. Para ser proibido, ele deve ser avaliado pelo médico do esquadrão e ser declarado "inapto para voar", o que seria um diagnóstico automático da insanidade de qualquer piloto que deseje voar, pois só uma pessoa insana aceitaria missões, devido ao perigo. Mas para conseguir o diagnóstico e evitar as missões, o piloto deve solicitar a avaliação, e esse ato provaria sua sanidade.

retórica do presidente Obama, durante a campanha de 2008, de reduzir o programa de contraterrorismo do governo Bush e a manutenção da maior parte desse programa durante seu governo só poderiam ser reconciliadas pelo entendimento de que ele era pautado por um completo "juridiquês" [*lawyerkly*].[466] Obama não apenas manteve a substância das medidas de contraterrorismo de Bush, mas também acrescentou seus próprios memorandos a fim de legalizar outras práticas.

Karen Greenberg observou que os memorandos de Bush dão suporte "ao direito de implementar 'Estratégias de Contrarresistência'". Um desses memorandos, datado de 25 de outubro de 2002 e de autoria de James T. Hill, declarava especificamente que a administração Bush estava "tentando identificar as técnicas contrarresistentes que *podemos* empregar legitimamente".[467] Existe uma estreita conexão entre a teoria da contrainsurgência e essas "técnicas de contrarresistência". Métodos brutais tornaram-se necessários, segundo esse raciocínio, por causa das ações estratégicas da minoria resistente. Os próprios memorandos legais afirmavam isso. Por exemplo, Diane E. Beaver, advogada designada [*staff judge advocate*][468] da baía de Guantánamo, observou especificamente que os métodos tradicionais aprovados pelas Convenções de Genebra não estavam sendo adotados "porque os detidos foram capazes de se comunicar entre si e de inquirir mutuamente sobre seus respectivos interrogatórios". Beaver enfatizou que suas "estratégias de resistência a interrogatórios se tornaram mais sofisticadas".[469] A resistência exigia o desenvolvimento e o uso de técnicas de contrarresistência. E acabou justificando as *legalidades* da Contrarrevolução. Como Ganesh Sitaraman observa, a própria lei é "inevitavelmente um instrumento de contrainsurgência – como são as operações militares, políticas, econômicas, sociais e outras".[470]

466 The American Constitution Society workshop, "Charlie Savage on the National Security State", Quinta-Feira, 12 nov. 2015, Jerome Greene Hall 102A, Columbia University.

467 Karen J. Greenberg, "From Fear to Torture", p. xvii–xx, xvii.

468 N.T.: *Staff judge advocate* é o termo utilizado para advogados designados a servir ao Exército, Força Aérea ou Corpo de Fuzileiros Navais; são responsáveis pelo aconselhamento jurídico e suporte legal quanto a questões relacionadas às atividades e operações oficiais.

469 Memorando ao Comandante da Força Tarefa Conjunta 170 na baía de Guantánamo, 11 out. 2002, assinado por Diane E. Beaver, em Karen J. Greenberg e Joshua L. Dratel (eds.), *The Torture Papers* [2005], p. 229.

470 Ganesh Sitaraman, *The Counterinsurgent's Constitution* [2013], p. 240.

Lacunas legais e ambiguidades podem ter um caráter generativos. Uma brecha entre diferentes lógicas legais ou políticas pode dar origem a novos paradigmas. Em seus Seminários de 1975, "Os Anormais", Foucault explorou como o choque entre o poder jurídico de punir e a sede psiquiátrica de conhecimento produzia novos diagnósticos médicos que, então, passavam a funcionar. Ele mostrou como a categoria psiquiátrica da *monomania* no século XIX – uma doença mental que efetivamente correspondia ao cometimento de um crime violento sem qualquer motivo ou explicação – serviu para preencher uma lacuna na lei e justificar a punição. Em sua palestra de 1978, sobre a invenção da noção de *periculosidade* na psiquiatria francesa, Foucault mostrou como a ideia futura de periculosidade emergiu das lacunas e tensões da lei do século XIX.[471]

Certamente há também lacunas na Contrarrevolução – as tensões entre a limitação das regras, por um lado, e um modelo de guerra violenta, por outro. Essas tensões dão impulso àquela oscilação pendular entre a brutalidade e sua resolução por meio de burocráticos memorandos jurídicos. Hoje, esses documentos legais justificam o ato de matar o próprio cidadão sem nem mesmo a aparência de um julgamento ou sentença. Eis a maior violação do devido processo legal: aquela que, de fato, exigiria uma nota legal bem elaborada por nossos advogados mais talentosos. Matar os outros na guerra é muito mais fácil. É natural. Mas matar um concidadão sem nenhum julgamento é outro assunto. É algo radical marcar sua própria população para a morte. Na Grã-Bretanha e nos Estados Unidos, havia sido justamente esse ponto que motivara o *habeas corpus* e dera origem à cláusula do devido processo legal. No Escritório de Assessoria Jurídica da Presidência [*Office of Legal Counsel*], nas mãos mais competentes de nossos melhores e mais brilhantes advogados, foi precisamente o que se transformou em *legalidade*. Não há, no fim, nenhuma necessidade de governar por meio da exceção quando a Contrarrevolução foi totalmente legalizada.

471 Michel Foucault, *Abnormal: Lectures at the Collège de France, 1974- 1975*, eds. Valerio Marchetti e Antonella Salomoni (London e New York, Verso, 2004), p. 117 e 129; Michel Foucault, "About the Concept of the 'Dangerous Individual' in 19th Century Legal Psychiatry", *International Journal of Law and Psychiatry* 1 [1978]: p. 1-18 [eds. bras.: *Os Anormais*: *curso do Collège de France*, trad. Eduardo Brandão (São Paulo, Martins Fontes, 2001); "A Evolução da Noção de 'Indivíduo Perigoso' na Psiquiatria Legal do Século XIX", em *Ditos e escritos V - Ética, sexualidade, política*, trad. Elisa Monteiro e Inês Autran Dourado Barbosa, 2ed. (Rio de Janeiro, Forense Univesitária, 2006, p. 2-25)].

13. UM NOVO SISTEMA

Nem excepcional nem temporária, a Contrarrevolução tampouco não é fragmentária ou caótica. Não é improvisada, mas sistemática e totalmente coerente. A abordagem de contrainsurgência baseia-se em um método rigoroso, conhecido como "análise sistêmica" e, como resultado, a Contrarrevolução é caracterizada por uma rígida lógica que harmoniza racionalmente estratégias aparentemente discordantes em busca de um objetivo preciso.

À primeira vista, as manifestações da contrainsurgência podem parecer, com frequência, improvisadas, um pouco desorganizadas, não adequadamente pensadas – como, por exemplo, os atos de tortura durante os anos Bush ou o implemento do banimento muçulmano [*Muslim ban*] nos primeiros meses da presidência de Trump. Mas o que, a princípio, pode parecer o uso de táticas aleatórias em desacordo umas com as outras é, na verdade, um conjunto coerente de políticas filtradas por meio de uma abordagem sistemático-analítica. A Contrarrevolução, na verdade, é uma abordagem de governo totalmente integrada, coordenada e sistematizada.

A *RAND Corporation* desempenhou um papel importante no desenvolvimento de práticas de contrainsurgência nos Estados Unidos, promovendo por décadas – e ainda hoje – uma abordagem analítica de sistemas que passou a dominar a estratégia militar. Sob sua influência, a Contrarrevolução evoluiu para um sistema lógico e coerente que se autorregula e se autoajusta, uma abordagem totalmente fundamentada e abrangente. Entender a análise dos sistemas e sua lógica subjacente é crucial para entender a natureza sistêmica da Contrarrevolução – e para resistir a ela.

A abordagem sistêmico-analítica surgiu das Pesquisas Operacionais [*Operations Research* – OR], um campo desenvolvido durante a Segunda Guerra Mundial como uma maneira de estender a análise quantitativa à tomada de decisões militares, com o objetivo de otimizar a operação de sistemas de armas. As notórias primeiras aplicações da OR incluíam estudos sobre a colocação de radares de detecção em aeronaves para otimizar a eficácia antiaérea e o uso de explosões de alta intensidade para maximizar a eficácia antissubmarina nas fases iniciais da Segunda Guerra Mundial.[472] A "abordagem diferenciada" da OR, de acordo com um relatório da Sociedade de Pesquisa Operacional da Grã-Bretanha [*Operational Research Society of Great Britain*], no início dos anos 1960, era "desenvolver um modelo científico do sistema, incorporando a avaliação de fatores como a mudança e o risco, para prever e comparar os resultados de decisões, estratégias ou controles alternativos".[473]

Eventualmente, a OR aplicaria os mesmos algoritmos e modelos matemáticos a problemas de gerenciamento maiores, como na determinação de rotas de entrega de transportes eficientes ou no controle de estoque em depósito. A partir dessa perspectiva mais ampla, a OR foi entendida, novamente nas palavras da Sociedade de Pesquisa Operacional da Grã-Bretanha, como "o ataque da ciência moderna a problemas complexos que surgem na direção e na gestão de grandes sistemas de homens, máquinas, materiais e dinheiro na indústria, nos negócios, no governo e na defesa... O objetivo é ajudar a administração a determinar sua política e suas ações de modo científico".[474] A questão era como otimizar a eficiência onde a medida da eficiência está claramente definida, ou, como Edward S. Quade, da *RAND* explicou em 1966, como "aumentar a eficiência de um sistema homem-máquina em uma situação na qual é claro o que 'mais eficiente' significa".[475]

Durante a década de 1950, Quade, Alain Enthoven, Charles Hitch e outros da *RAND* estenderam esse método de análise do campo restrito da OR à estratégia de defesa de forma mais ampla – desde a decisão, por exemplo, sobre a altitude ideal para uma missão de bombardeio, até a determinação de políticas mais amplas de envolvimento nuclear. Essa aplicação mais ampla veio a ser conhecida como análise de sistemas, ou SA. A análise de

472 Bruce L. R. Smith, *The RAND Corporation* [1966], p. 6-7.

473 No Reino Unido, onde a OR originou-se em grande parte, ela foi chamada de "pesquisa operacional". Essa definição é do Operational Research Society of Great Britain, *Operational Research Quarterly* 13, n. 3 [1962]: 2822: <http://www.wata.cc/forums/uploaded/136_1167433681.pdf>. Para uma história da OR, ver Maurice W. Kirby, *Operational Research in War and Peace: The British Experience from the 1930s to 1970* (London, Imperial College Press 2003); e S. M. Amadae, *Rationalizing Capitalist Democracy* (2003).

474 *Operational Research Quarterly* 13, n. 3 [1962]: 282.

475 Edward S. Quade, *Systems Analysis Techniques for Planning-Programming-Budgeting* (Santa Monica, *RAND Corporation*, 1966), p. 3.

sistemas foi muitas vezes confundida com a OR, mas elas são distintas em vários aspectos. A OR tendia a ter modelos matemáticos mais elaborados e resolvia problemas de baixa complexidade; por outro lado, na análise de sistemas, o cálculo matemático puro geralmente era aplicado apenas a subpartes do problema. Além disso, a SA assumiu questões estratégicas maiores, que implicavam escolhas entre as principais opções políticas. Nesse sentido, ela foi, desde o início, segundo um estudo, "menos quantitativa no método e mais orientada para a análise de questões estratégicas e políticas gerais, [...] particularmente [...] buscando esclarecer a escolha sob condições de grande incerteza".[476]

A lógica que emergia da análise de sistemas era simples. Envolvia um método analítico de tomada de decisão que privilegiava a quantificação, a modelagem, a análise estatística e uma abordagem de custo-benefício. Aquele que toma decisões deveria, primeiro, identificar um problema específico para abordar, dentro de uma esfera social particular – ou "sistema" –, e ter uma ideia clara dos objetivos do sistema. Por exemplo, um dirigente político envolvido na administração de moradias públicas pode identificar o crime como um problema, e pode estabelecer como meta atingível a redução da criminalidade, dado que o objetivo geral de um sistema de moradias públicas é fornecer moradia segura e acessível. Com um objetivo claro em mente, o dirigente definiria os critérios apropriados para avaliar diferentes alternativas políticas promissoras. Assim, no nosso exemplo, as métricas de avaliação podem envolver taxas de criminalidade e o custo associado a cada política. Então, o processo analítico de sistemas prosseguiria em cinco etapas:

> A primeira, a entrada [*the input*], consistia no conjunto de alternativas políticas promissoras, cada uma das quais possivelmente poderia promover os objetivos do sistema. Cada política alternativa era filtrada na segunda etapa por meio de um conjunto de modelos para avaliar, por exemplo, seus custos de manutenção, requisitos de mão de obra, capacidade de comunicação etc.. Isso produzia, na etapa três, o nível de eficácia e de custo de cada política, que poderia ser comparado na etapa quatro usando uma métrica, "o critério". Essa comparação de cada alternativa política promissora junto ao critério escolhido produziria, como resultado, a classificação

476 Bruce L. R. Smith, *The RAND Corporation* [1966], p. 8.

relativa de cada política em comparação com as outras. A saída [*the output*], na etapa cinco, seria o ranqueamento sequencial correto das alternativas políticas.[477]

Esse processo de cinco etapas foi descrito em um modelo da *RAND* (figura 1 do Relatório *RAND* P-3322) de Edward Quade, sobre as "Técnicas de Análise de Sistemas para Planejamento-Programação--Orçamento" [*"Systems Analysis Techniques for Planning-Programming-Budgeting"*], de março de 1966. Os gráficos de Quade capturam bem as cinco etapas do método analítico de tomada de decisões, chamado *sistemas de análise,* desenvolvido nos anos 1950 e 1960.

A fim de aperfeiçoar esse método, a operação poderia ser repetida, testando a sensibilidade, questionando suposições, reexaminando objetivos, explorando novas alternativas e aprimorando o modelo várias vezes. Esse processo reiterativo também pode ser visualizado no relatório do matemático na Figura 2.[478]

Ao apresentar esse modelo a burocratas federais em 1966, Quade ofereceu esta consia definição sobre a análise de sistemas:

> Uma análise de sistemas é um estudo analítico projetado para ajudar aqueles que tomam decisões a identificar uma escolha preferencial entre as alternativas possíveis. Caracteriza-se como uma abordagem sistemática e racional, com pressupostos explícitos, objetivos e critérios claramente definidos, e cursos alternativos de ação, comparados à luz de suas possíveis consequências. É feito um esforço em favor de métodos quantitativos, mas os computadores não são essenciais. O que é essencial é um modelo que permita que a intuição e o juízo especializados sejam aplicados de modo eficiente.[479]

Como essa definição deixa claro, havia dois significados para o termo *sistema* na análise sistemática: primeiro, havia a ideia de que o mundo é composto de sistemas, com objetivos internos, que precisam ser analisados separadamente uns dos outros para maximizar sua eficiência. Nesse primeiro sentido, a análise se concentraria em um sistema figurativo ou metafórico específico – como um sistema de armas, um sistema social ou, no caso dos estágios iniciais da contrainsurgência, um sistema colonial.

477 Edward S. Quade, *Systems Analysis Techniques* [1966], p. 9.
478 *Ibid.*, p. 10-11.
479 *Ibid.*, p. 28.

Em segundo lugar, havia a noção de sistematicidade, que envolvia um tipo particular de método – que começava colecionando um conjunto de alternativas promissoras, construindo um modelo e usando um critério definido. Esse método envolvia a análise comparativa sistemática de diferentes políticas, usando quantificação, algoritmos e métricas. Embora pudessem ser distinguidos, esses dois significados eram partes integrantes da abordagem sistêmico-analítica: a ideia central era selecionar e comparar sistematicamente um conjunto de políticas para melhorar um determinado sistema e escolher aquele que maximizasse a sua funcionalidade.

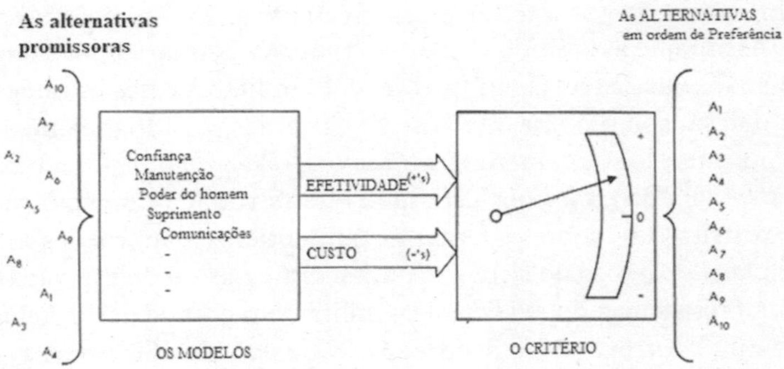

Fig. 1 - A estrutura da análise

Figura 1 do Relatório *RAND* P-3322, de Edward Quade.

Fig. 2 - A chave para análise

Figura 2 do Relatório *RAND* P-3322 de Edward Quade.

Esse método de análise de sistemas ganhou influência no governo e, gradualmente, começou a dominar as lógicas governamentais a partir de 1961, quando Robert McNamara assumiu o controle do Pentágono, durante a presidência de John F. Kennedy. Seu histórico pessoal incluía a análise estatística – como um jovem oficial de controle estatístico da Força Aérea dos EUA durante a guerra no Pacífico e depois como defensor da análise de sistemas conforme ascendia na hierarquia da *Ford*. Ele então assumiu a responsabilidade de impulsionar lógicas de sistemas no Pentágono. A análise sistemática seria o progenitor de um tipo mais amplo de análise de custo-benefício que hoje é difundido em toda a administração pública norte-americana.[480]

Assim que assumiu o cargo, em 1961, McNamara impôs o uso da análise de sistemas nas intervenções militares e nas estratégias de defesa, sob o nome "Análise de Sistemas para Planejamento--Programação-Orçamento" [*"Planning-Programming-Budgeting System* (PPBS) *analysis"*]. Essa primeira rodada de expansão – de restritas OR sobre sistemas armamentícios a aplicações mais amplas de análise de sistemas para estratégias de defesa – gerou muita resistência do *establishment* militar, em grande parte voltada à figura controversa do próprio McNamara. Na opinião de Quade, em 1966, "houve um progresso substancial, e, desde o ano de 1961, viu-se um crescimento acentuado, na medida em que a análise de políticas e estratégias influenciou aqueles que tomavam decisões sobre as questões mais amplas da defesa nacional".[481]

O presidente Johnson ampliou ainda mais o alcance da análise de sistemas, anunciando, em 1965, aos membros de seu gabinete e aos chefes das agências executivas federais, que havia instruído seu diretor de orçamento, Charles Schultze, a implementar o novo método PPBS em todas as agências federais. Johnson enfatizou que o novo método "identificaria metas nacionais com precisão e sobre uma base contínua", ajudaria a "procurar meios

480 Sobre McNamara, ver Deborah Shapley, *Promise and Power: The Life and Times of Robert McNamara* (Boston, Little, Brown and Company, 1993); John A. Byrne, The Whiz Kids: *Ten Founding Fathers of American Business — and the Legacy They Left Us* (New York, Doubleday, 1993); e H. R. McMaster, *Dereliction of Duty: Lyndon Johnson, Robert McNamara, the Joint Chiefs of Staff, and the Lies that Led to Vietnam* (New York, Harper Collins, 1997). Esbocei parte dessa história em meu livro anterior, *Exposed*, p. 153-156, e há excelentes histórias sobre o nascimento da análise de sistemas - ver especialmente S. M. Amadae, *Rationalizing Capitalist Democracy* [2003].

481 Edward S. Quade, *Systems Analysis Techniques* [1966], p. 2.

alternativos de atingir esses objetivos de forma mais eficaz pelo menor custo" e, com precisão, "mediriam o desempenho de programas para garantir o valor de um dólar de serviço para cada dólar gasto". E para que tudo funcionasse, o presidente Johnson enfatizou que seriam necessários "os bons, os melhores que temos agora e os melhores que se pode encontrar".[482] (Esses homens ficaram conhecidos como "os melhores e os mais brilhantes").

Essa segunda rodada de expansão da análise de sistemas – da estratégia de defesa para todas as decisões governamentais – carregava a possibilidade de grandes repercussões, ou, nas palavras de Edward Quade, era "possivelmente ainda mais radical" do que os desenvolvimentos anteriores.[483] Segundo seus proponentes, a análise de sistemas permitiria aos dirigentes políticos deixar de lado os partidarismos, as preferências pessoais e os valores subjetivos. Ela pavimentaria o caminho para a objetividade e a verdade. Como explicou o especialista da *RAND* e futuro secretário de Defesa, James R. Schlesinger: "A análise de sistemas elimina a abordagem puramente subjetiva por parte dos entusiastas de um determinado programa, forçando-os a mudar suas linhas de argumentação. Eles devem abordar questões reais em vez de questões morais".[484] Com a análise de sistemas, argumentou Schlesinger, não havia mais necessidade de qualquer juízo político ou de valor. A resposta certa emergiria do modelo-máquina que, independentemente, avaliaria custos e eficácia. Tudo o que era necessário eram bons critérios e um objetivo restrito e preciso. O modelo, então, anunciaria a estratégia mais eficaz.

A influência da análise de sistemas tem persistido na formulação de políticas federais desde então, agora frequentemente mascaradas pelas chamadas "análises de impacto econômico". Uma década depois de o presidente Johnson ter adotado o PPBS em todo o seu governo, a Ordem Executiva nº 12.044 do presidente Carter encarregou todas as agências executivas do dever de realizar estudos de impacto econômico de todos os principais regulamentos governamentais. A Ordem Executiva nº 12.291, do presidente Reagan, atribuiu a responsabilidade ao Escritório de

482 *United States General Accounting Office, Survey of Progress in Implementing the Planning-Programming-Budgeting System in Executive Agencies; Report to the Congress* (Washington, DC, 1969), p. 4.

483 Edward S. Quade, *Systems Analysis Techniques* [1966], p. 2.

484 James R. Schlesinger, "Quantitative Analysis and National Security", *World Politics* 15, n. 2 [1963]: 295–316, p. 314.

Administração e Orçamento [*Office of Management and Budget*], que agora supervisiona e coordena as análises de impacto econômico.[485] A Ordem Executiva nº 12.866 do presidente Bill Clinton seguiu nessa tradição exigindo análises de impacto de todos os regulamentos significativos.[486] O recente relatório da comissão independente sobre a vigilância da NSA, submetido ao ex-presidente Obama, relata sucintamente a história subsequente das análises de custo-benefício até aquele momento.[487] Como o documento deixa claro, a análise de sistemas continua a influenciar as políticas públicas, mesmo que o método em si seja continuamente revisado.

A teoria da contrainsurgência floresceu precisamente no momento em que a análise de sistemas, com o apoio da *RAND*, ganhava influência no Pentágono e na Casa Branca. O historiador Peter Paret identifica esse momento no primeiro ano do governo Kennedy: "Em 1961, a Revolução Cubana se combinou à cada vez mais deteriorada posição ocidental no Sudeste Asiático, resultando numa mudança de foco, com maior atenção ao tipo de guerra variadamente chamada de guerrilha, subversiva, *brushfire*,[488] não convencional".[489] Dois dias antes de assumir a presidência, em 18 de janeiro de 1961, Kennedy já havia estabelecido um novo Grupo Especial de Contrainsurgência [*Special Group, Counterinsurgency (SGCI)*] para pressionar os militares em direção à guerra moderna.[490] Paret afirma que, em abril de 1961, McNamara "pediu um crescimento de 150% no tamanho das forças antiguerrilha". Kennedy enfatizaria a nova orientação voltada para a guerra não convencional e apontaria em seguida um general dedicado a esse tipo de guerra especial. Recentemente, foi

485 Cf. W. Kip Viscusi e Joseph E. Aldy, "The Value of a Statistical Life: A Critical Review of Market Estimates throughout the World", NBER (trabalho n. 9487, fev. 2003), p. 54-56: <www.nber.org/papers/w9487.pdf>.

486 Cf. Ordem executiva do presidente Carter E.O. 12044 (que encarrega todas as agências executivas de realizarem estudos de impacto econômico de todos os principais regulamentos governamentais); Ordem Executiva do presidente Reagan E.O. 12291 (que atribui a responsabilidade ao Escritório de Administração e Orçamento); e a Ordem Executiva do presidente Bill E.O. 12866, de 1996 (sobre a "Análise Econômica dos Regulamentos Federais").

487 President's Review Group on Intelligence and Communications Technologies et al., *The NSA Report: Liberty and Security in A Changing World* (Princeton, Princeton University Press, 2014), p. 50-53: <https://obamawhitehouse.archives.gov/blog/2013/12/18/liberty-and-security-changing-world>.

488 N.T.: Um conflito, especialmente armado, que surge repentinamente e é limitado em escala ou área.

489 Peter Paret e John W. Shy, *Guerrillas in the 1960's* [1962], p. 3.

490 Anne Marlowe, *David Galula* [2010], p. 12.

publicada uma edição revisada e ampliada daquele manual de campo para guerra não convencional de 1961. Nas palavras de Paret, "um novo sistema armamentício estava em formação" – e era o da contrainsurgência.[491] Daí se seguiria, ainda no governo Kennedy, um frenesi de atividades em torno da contrainsurgência.

A *RAND*, é claro, vinha desenvolvendo todos os tipos de estratégias militares – incluindo estratégia e política de armas nucleares e pesquisas operacionais comuns. Ela entrou cedo no negócio da contrainsurgência e tornou-se uma de suas maiores defensoras – tendo convocado, como mencionado anteriormente, o famoso simpósio da contrainsurgência, em abril de 1962, no qual analistas da *RAND* descobriram David Galula e o comissionaram para escrever suas memórias. A corporação as publicaria como um relatório confidencial em 1963 sob o título "Pacificação na Argélia 1956-1958" [*Pacification in Algeria 1956-1958*].[492] (Em 2006, a mesma corporação tornou públicas essas memórias – já que o relatório deixou de ser sigiloso somente em 2005[493]– para coincidir com a publicação do manual de campo do general Petraeus). Martin Lee e Bruce Shlain documentaram em seu livro *Acid dreams* [Sonhos ácidos] o importante papel que a *RAND* desempenhou ao lado da CIA no desenvolvimento de táticas de contrainsurgência, incluindo as "estratégias de contrarrevolução e pacificação que foram implementadas no Vietnã".[494]

A propósito, a *RAND* continua a moldar a teoria da contrainsurgência com pesquisas e relatórios, como, por exemplo, o relatório de 2008 dos analistas David Gompert e John Gordon,

491 Peter Paret e John W. Shy, *Guerrillas in the 1960's* [1962], p, 3-4; 4, nota 3; Anne Marlowe, *David Galula* [2010], p. 13; Kristian Williams, introdução ao livro *Life During Wartime: Resisting Counterinsurgency*, eds. Kristian Williams, Will Munger e Lara Messersmith-Glavin (Oakland-CA, AK Press, 2013).

492 É importante enfatizar aqui - por notável - que o fértil livro de Galula, *Pacification in Algeria 1956-1958*, foi originalmente publicado em inglês. Em outras palavras, ele primeiro foi traduzido para o inglês, publicado, e somente, décadas depois, teve publicada sua versão original em francês. O mesmo ocorreu com seu tratado teórico, "Contrainsurgência: Teoria e Prática" [*Counterinsurgency: Theory and Practice*]. A versão francesa de "Contrainsurgência..." foi lançada pela editora *Economica* em 2008; e a de "Pacificação..." foi publicada somente em 2016 pela editora *Les Belles Lettres* - que é conhecida principalmente por seus textos antigos e clássicos, como a *Loeb editions*. Todas essas circunstâncias são raras e excepcionais nos negócios editoriais - refletindo a influência da *RAND* e até que ponto a corporação moldou o discurso de contrainsurgência.

493 Ver Anne Marlowe, *David Galula* [2010], p. 9.

494 Martin A. Lee e Bruce Shlain, *Acid Dreams: The CIA, LSD, and the Sixties Rebellion* (New York, Grove Press, Inc., 1985), p. 196-197.

intitulado "Guerra por outros meios: Construindo Recursos Integrais e Equilibrados para a Contrainsurgência" [*War by Other Means: Building Complete and Balanced Capabilities for Counterinsurgency*]. Esse relatório de 518 páginas, encomendado pelo secretário de Defesa, foi um estudo abrangente que se baseou, em suas próprias palavras, "em uma dúzia de trabalhos de pesquisa da *RAND* sobre casos específicos, questões e aspectos de insurgência e de contrainsurgência [COIN]" e "incluía o exame de 89 insurgências desde a Segunda Guerra Mundial para aprender por que e como elas começam, desenvolvem-se e são resolvidas".[495] A pesquisa é financiada pelo Departamento de Defesa e conduzida dentro do Centro Internacional de Políticas de Segurança e Defesa [*International Security and Defense Policy* (ISDP) *Center*] do Instituto de Pesquisa de Defesa Nacional [*National Defense Research Institute*] da *RAND*, que é descrito como "um centro de pesquisa e desenvolvimento financiado pelo governo federal e patrocinado pelo Gabinete do Secretário de Defesa [*Office of the Secretary of Defense*], pelo Estado-Maior [*Joint Staff*], pelo Comando Unificado de Combate [*Unified Combatant Commands*], pelo Departamento da Marinha [*Department of the Navy*], pelo Corpo de Fuzileiros Navais [*Marine Corps*], pelas Agências de Defesa e pela Comunidade de Inteligência de Defesa [*Defense Intelligence Community*]".[496] (Não deveria surpreender que alguns críticos da *RAND* a vejam como um braço do Pentágono ou da CIA).[497]

495 David Gompert e John Gordon, *War by Other Means* [2008], p. iii. O relatório de 2008 criou, como subprodutos, uma série de outros estudos, incluindo, entre outros: *Byting Back - Regaining Information Superiority Against 21st-Century Insurgents: RAND Counterinsurgency Study*, vol. 1, por Martin C. Libicki et al.; *Counterinsurgency in Iraq (2003-2006): RAND Counterinsurgency Study*, vol. 2, por Bruce Pirnie e Edward O'Connell; *Heads We Win—The Cognitive Side of Counterinsurgency (COIN): RAND Counterinsurgency Study, paper* 1, por David C. Gompert; *Subversion and Insurgency: RAND Counterinsurgency Study, paper* 2, por William Rosenau; *Understanding Proto-Insurgencies: RAND Counterinsurgency Study, paper* 3, por Daniel Byman; *Money in the Bank - Lessons Learned from Past Counterinsurgency (COIN) Operations: RAND Counterinsurgency Study, paper* 4, por Angel Rabasa et al.; e *Rethinking Counterinsurgency - A British Perspective: RAND Counterinsurgency Study, paper* 5, por John Mackinlay e Alison al-Baddawy. Cf. também Gompert e Gordon, *War by Other Means*, p. vi-vii.

496 David Gompert e John Gordon, *War by Other Means* [2008], p. vii.

497 Também houve um vai e vem entre as instituições: James Schlesinger, por exemplo, ex-Diretor da *CIA* e ex-Secretário de Defesa, foi um analista estratégico na *RAND*; e Henry Rowen, que foi Presidente da *RAND*, havia chefiado anteriormente o Comando Nacional de Inteligência [*National Intelligence Command*] da *CIA*. Outros agentes e pesquisadores de nível inferior também iam e vinham entre as

A teoria da contrainsurgência – em grande parte concebida na *RAND* – baseou-se diretamente nos *insights* centrais da abordagem analítico-sistêmica. Como resultado, hoje as sinergias permanecem claras. O manual de campo do general Petraeus, por exemplo, fez da análise de sistemas uma das principais considerações para o planejamento de uma operação bem-sucedida. O manual descrevia as considerações analítico-sistêmicas nos seguintes termos:

> O *pensamento sistêmico* envolve o desenvolvimento de uma compreensão das relações entre a insurgência e o ambiente. Também se refere às relações de ações dentro das várias linhas lógicas de operações. Esse elemento se baseia na perspectiva das ciências dos sistemas que procuram compreender a interconectividade, a complexidade e a totalidade dos elementos dos sistemas em relação uns aos outros.[498]

Os desenvolvimentos centrais no manual de campo incluíam a "elaboração de modelos" e a "avaliação contínua", ambos elementos-chave da análise de sistemas, representados nas figuras do relatório da *RAND*, elaborado por Edward Quade. O manual de campo descreveu-os em termos de AS [Análise de Sistemas]:[499]

> Na *elaboração de modelos*, o modelo [...] inclui termos operacionais de referência e conceitos que moldam a linguagem que rege a conduta da operação (planejamento, preparação, execução e avaliação).
>
> A *avaliação contínua* é essencial durante o desdobramento de uma operação devido à complexidade inerente das operações de contrainsurgência [COIN]. Nenhum *design* ou modelo corresponde completamente à realidade. O objetivo da avaliação contínua é identificar onde e como o projeto está funcionando ou falhando e considerar ajustes no próprio projeto e na operação.[500]

instituições. Cf. Martin A. Lee e Bruce Shlain, *Acid Dreams* [1985], p. 197; e Valtin, "CIA, RAND Ties Muddy APA Torture 'Investigation,'" *Daily Kos*, 7 jun. 2015: <http://www.dailykos.com/story/2015/06/07/1391345/-CIA-RAND-Ties-Muddy-APA-Torture-Investigation>. ("Douglas Valentine, em seu livro, *The Phoenix Project*, descreve como Robert 'Maçarico' Komer, o oficial superior 'Phoenix' da CIA, deixou a agência para trabalhar para a RAND em 1970").

498 FM, p. 141-142.

499 FM, p. 142.

500 *Ibid.*

Com base nessas considerações de desenvolvimento, o modelo de contrainsurgência enxerga estratégias diferentes como substitutas fungíveis que precisam ser avaliadas e comparadas a fim de que se escolha racionalmente a mais efetiva. Monitorar mesquitas, coletar dados de telefonia dos norte-americanos ou fazer interrogatórios aprimorados tornaram-se simplesmente um conjunto de alternativas promissoras, cuja eficácia e cujos custos precisam ser modelados e avaliados em função de critérios comuns para determinar as preferências entre as várias opções. A teoria da contrainsurgência vê as sociedades estrangeiras ou a população interna como sistemas coerentes, colocando sua segurança como o objetivo almejado. Diferentes estratégias da contrainsurgência – de bombas-robô à propaganda digital – tornaram-se as alternativas promissoras que podem ser filtradas através da análise de sistemas.

Na perspectiva da contrainsurgência, o objetivo da segurança é subdividido em vários outros, tais como: operações militares para proteger a população civil, serviços civis para promover o desenvolvimento econômico, policiamento ou coleta de inteligência. Cada um desses objetivos serve como base para a comparação sistemática de táticas. Essas táticas podem incluir a utilização de uma equipe da SWAT, ou de um franco-atirador ou de uma bomba-robô; conexão de cabos submarinos ou parcerias com empresas de telecomunicações; forças de operações especiais ou um ataque de *drones*. Elas são intercambiáveis e precisam ser avaliadas e comparadas com base em critérios de custo, vítimas, danos colaterais, reputação, entre outros. Tudo é avaliado através de uma lente sistemática e depois reanalisado para fins de avaliação contínua.

Novamente, as figuras utilizadas falam por si. O tipo de projeto e de processo iterativo que o manual de campo do general Petraeus definiu é, na verdade, uma imagem espelhada do modelo de análise de sistemas da *RAND*, descrito anteriormente. Ele simplesmente combinou os dois gráficos – Figuras 1 e 2 acima – em uma só imagem, a figura 4-2 do manual de campo (a seguir).

Aqui podemos situar a lógica central da contrainsurgência: é uma abordagem analítico-sistêmica. Trata-se de um sistema integrado coerente. Não é fragmentado, nem improvisado – tampouco é baseado, como vimos no capítulo anterior, num modelo binário de regra e exceção. É totalmente *legalizado* e *sistematizado*.

Grande parte da lógica operacional da contrainsurgência é confidencial e, como resultado, geralmente é difícil de documentar. No entanto, percebe-se fortemente o caráter da abordagem sistêmica sempre que há vazamento de informações sobre estratégias de contrainsurgência. Um episódio recente relativo aos métodos de interrogatório é revelador nesse sentido. Ele envolveu a avaliação de diferentes táticas utilizadas para obter informações de pessoas – num escopo que abrangia soros da verdade, sobrecarga sensorial e tortura. Essas alternativas foram aparentemente comparadas e avaliadas usando a abordagem da análise de sistemas, em um *workshop* convocado pela *RAND*, pela CIA e pela Associação Americana de Psicologia [APA – *American Psychological Association*]. Novamente, é difícil verificar os detalhes de modo completo, mas a abordagem parece muito com a abordagem analítico-sistêmica.

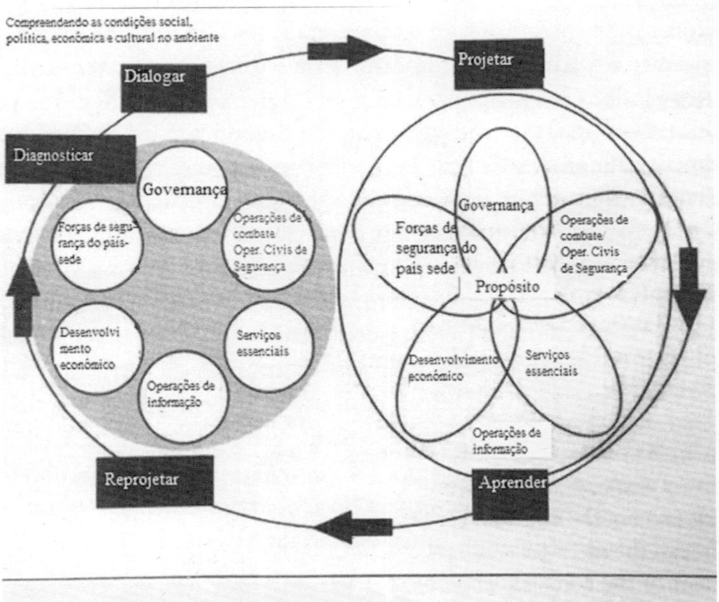

Projeção iterativa da campanha de contrainsurgência

Figura 4-2 do Manual de Contrainsurgência do general Petraeus.

O que sabemos sobre o *workshop* vem predominantemente de um analista de políticas da *RAND* chamado Scott Gerwehr, cientista comportamental especializado em "detecção de fraudes" [*"deception detection"*] – em outras palavras, o estudo de quando as pessoas estão mentindo. Gerwehr também prestava serviços para a CIA.[501] Em julho de 2003, Gerwehr ajudou a organizar,

501 Cora Currier, "Blowing the Whistle on CIA Torture from Beyond the Grave", *The Intercept*, 17 out. 2014: <https://firstlook.org/theintercept/2014/10/17/blowing-whistle-cia-torture-beyond-grave/>; Cf. Scott Gerwehr, "Letter to the Editor:

junto à CIA e ao cientista sênior e diretor de política de ciência da APA, uma série de *workshops* no evento A Ciência da Fraude [*The Science of Depiction*], patrocinada pelas três organizações. De acordo com uma fonte, esses eventos analisaram diferentes estratégias voltadas à extração de informações – o que incluía agentes farmacológicos "conhecidos por afetarem o comportamento aparente de contar a verdade", o "uso de 'sobrecargas sensoriais' para 'sobrecarregar os sentidos e ver como isso afeta comportamentos falsos'", além de diferentes formas de tortura.[502]

Mais especificamente, segundo essa fonte, os *workshops* examinaram e compararam diferentes estratégias de extração de informações. A abordagem analítica de sistemas é refletida pelo conjunto de questões que os participantes abordaram: quão importante é a diferença de poder e de *status* entre testemunha e autoridade? Quais agentes farmacológicos são conhecidos por afetar o comportamento aparente de dizer a verdade? O que podem significar as sobrecargas sensoriais na manutenção de comportamentos enganosos? Como podemos sobrecarregar o sistema ou sobrepujar os sentidos e ver como isso afeta comportamentos enganosos? Essas questões foram abordadas por uma gama de disciplinas. Os *workshops* tiveram a participação de "psicólogos, psiquiatras e neurologistas, pesquisadores que estudam vários aspectos de dissimulação, e de representantes da CIA, do FBI e do Departamento de Defesa com interesse em operações de inteligência. Além disso, representantes do Gabinete de Ciência e Tecnologia da Casa Branca [*White House Office of Science and Technology Policy*] e da diretoria do Departamento de Segurança Nacional [*Department of Homeland Security*] estavam presentes".[503]

States of Readiness: Do New Threats Loom?; Stopping Terror", *New York Times*, 1 out. 2001 ("O escritor é um analista politico que vem se especializando em operações fraudulentas e psicológicas na corporação RAND"): <http://www.nytimes.com/2001/10/01/opinion/l-states-of-readiness-do-new-threats-loom-stopping-terror-439100.html>; Scott Gerwehr e Nina Hachigian, "In Iraq's Prisons, Try a Little Tenderness", *New York Times*, 25 ago. 2005: <http://www.nytimes.com/2005/08/25/opinion/irr-iraqs-prisons-try-a-little-tenderness.html>; Valtin, "CIA, RAND Ties" [2015] e "Shocking: 2003 CIA/APA 'Workshop' Plots New Torture Plans", *Invictus*, 26 mai. 2007: <http://valtinsblog.blogspot.com/2007/05/shocking-2003-ciaapa-workshop-plots-new.html#.VYGMSUtq61w>; e Tamsin Shaw, "The Psychologists Take Power", *New York Review of Books*, 25 fev. 2016: <http://www.nybooks.com/articles/2016/02/25/the-psychologists-take-power/>.

502 Valtin, "CIA, RAND Ties" [2015].

503 Valtin, "Shocking: 2003 CIA/APA" [2007]. O relatório e a lista de participantes do *workshop* de 2003 estão disponíveis online: <https://www.documentcloud.org/documents/2065302-scienceofdeceptionworkshopreport.html>.

De fato, sob a perspectiva da contrainsurgência, essas várias táticas – soros da verdade, sobrecargas sensoriais, tortura – são simplesmente alternativas promissoras que precisam ser estudadas, modeladas e comparadas para determinar quais delas são mais eficazes para alcançar o objetivo do sistema de segurança. Nada está fora do limite. Tudo é fungível. A única questão é a eficácia sistemática. Eis a abordagem analítico-sistêmica: não fragmentada, mas sistemática.

A propósito, alguns anos depois, Gerwehr aparentemente foi para Guantánamo, mas se recusou a participar de qualquer interrogatório porque a CIA não utilizava então câmeras de vídeo para registrá-los. Depois disso, no segundo semestre de 2006 e em 2007, Gerwehr fez contatos com repórteres e grupos de defesa dos direitos humanos para contar o que sabia. Alguns meses depois, em 2008, ele morreu em um acidente de moto no Sunset Boulevard.[504] Ele tinha 40 anos de idade.

Por fim, é difícil documentar; mas o que está claro é que a análise de sistemas tem tido influência direta e significativa no desenvolvimento da Contrarrevolução.[505]

A contrainsurgência nasceu de uma abordagem analítico-sistêmica e foi refinada, ampliada e internalizada, formando agora um sistema acabado e coerente. A lógica da análise de sistemas permeia as práticas e a retórica, chegando a infundir, quase subconscientemente, muito do que foi escrito sobre a experiência concreta – por oficiais militares e soldados no Iraque e no Afeganistão, por exemplo, que incluíam frequentemente referências espontâneas a "sistemas", "sistemas sociais militares", ou simplesmente "o sistema".[506]

504 Cora Currier, "Blowing the Whistle on CIA Torture" [2014].

505 Também está claro que a RAND teve um papel significativo e que seu envolvimento no desenvolvimento sistemático da teoria da contrainsurgência continua no presente. Até hoje, ela tem uma lista extensa de publicações recentes sobre contrainsurgência, que continua sendo um de seus importantes eixos de pesquisa. Ver, por exemplo: <http://www.rand.org/pubs/monographs/MG595z5.html>.

506 Cf. Timothy Kudo, "How We Learned to Kill", *New York Times*, 27 fev. 2015: "Ao longo do século passado, treinamentos e sistemas sociais militares evoluíram para fazer com que os humanos fossem menos relutantes a tirar uma vida"; "A insanidade da guerra é a de que, enquanto esse sistema estiver ativo para matar pessoas, isso pode ser realmente necessário para o bem maior"; "Entender esse sistema e aceitar seu uso para o bem maior é entender que nós ainda vivemos no estado de natureza."

Até mesmo a violência que poderíamos considerar aberrante – o afogamento [*waterboarding*], os ataques de *drones*, o monitoramento de mesquitas – encaixa-se perfeitamente dentro da lógica analítico-sistêmica. O método da contrainsurgência sanciona qualquer estratégia – e alternativa promissora – que atinja o objetivo político. A análise comparativa de estratégias promissoras estava lá desde o início. Às vezes, dependendo do praticante, ela favorecia a tortura ou a execução sumária; outras vezes, inclinava-se para táticas mais "decentes". Mas essas variações devem ser entendidas agora como *internas* ao sistema. Sob o governo do presidente Bush, a ênfase recaía sobre a tortura, a detenção por prazo indeterminado e a escuta ilícita; sob o governo do presidente Obama, ela recaía sobre os ataques de *drones* e a vigilância total; nos primeiros meses do governo Trump, sobre as operações especiais, os *drones*, o banimento de muçulmanos e sobre a construção do muro. O que une essas diferentes estratégias é a coerência da contrainsurgência enquanto sistema – um sistema no qual a violência brutal é o coração e o centro. Em que a violência não é absurda ou desonesta. Ela é esperada. É *interna* ao sistema. Mesmo a tortura e o assassinato são apenas variações da lógica contrainsurgente.

A contrainsurgência foi legalizada e sistematizada nos âmbitos externo e interno. Tornou-se nosso paradigma de governo "em qualquer situação", e, hoje, "expressa simplesmente o princípio básico do exercício do poder político". Não há prazo para caducar. É um jogo implacável, teórico, sistemático – e legal. E com todas as táticas possíveis à disposição do governo – da vigilância total à detenção por tempo indeterminado, passando pela solitária, dos *drones* e bombas-robô até os estados de exceção e os poderes de emergência – esse novo modo de governar nunca foi tão perigoso.

Em suma, a Contrarrevolução é a nova forma de tirania.

. A NAVALHA DE OCKHAM OU RESISTINDO À CONTRARREVOLUÇÃO

Em 1318, no auge da Inquisição Papal, o monge franciscano Guilherme de Ockham foi convocado para o enclave papal em Avignon para explicar determinadas ideias teológicas e políticas contidas em seus escritos. Suspeito de pensamento herege, ele viajou como mendigo da Inglaterra a Avignon para encarar as acusações – expondo-se a um grave risco. Ele foi absolvido, mas, anos depois, viu-se envolvido em outra querela papal a respeito da pobreza apostólica franciscana. Ockham procurou refúgio na corte de Luís IV da Baviera, e lá escreveu um pequeno tratado em resposta ao poder soberano inquisitorial do Papado de Avignon – mas não antes de escrever, em *staccato*, enquanto ainda estava na cidade, destemido e numa retórica insolente que lembrava a dos cínicos da Antiguidade, que a série de bulas papais sobre a pobreza e a propriedade da Igreja estavam repletas de *"haereticalia, erronea, stulta, ridiculosa, fantastica, insana et diffamatoria"* – "heresias, erros, estupidezes, extravagâncias, fantasias, insanidades e difamações".[507]

No breve tratado sobre o governo tirânico que se seguiu – o *Breviloquium de principatu tyrannico* – Ockham discursou destemidamente contra os poderes absolutos que os papas reivindicavam sobre questões teológicas e seculares. Com coragem, em tom franco mas insolente, uma vez mais reminiscente da *parresía* cínica, o franciscano declarava que "os sujeitados deveriam ser alertados a não se subjugarem mais do que o estritamente necessário" [*"subjects should be warned not to be subjugated more*

507 William of Ockham, *Epistola ad fratres minores*, em *Opera Politica*, vol. 3, p. 1–17, eds. Ralph Francis Bennett and Hilary Seton Offler (Manchester, Manchester University Press, 1956), p. 6; William of Ockham, *Court traité du pouvoir tyrannique*, trad. Jean-Fabien Spitz (Paris, Presses Universitaires de France, 1999), p. 4.

than is strictly necessary"].[508] Aceitar os poderes plenipotenciários do Papa sobre as questões temporais seria uma forma de servidão "verdadeiramente terrível e incomparavelmente maior àquela da lei antiga", conforme o protesto de Ockham. Falhar em resistir ativamente, ele declara – pondo sua própria vida em risco –, não produziria "um reino de liberdade", mas sim "*a regra da servidão intolerável*".[509]

Não ser governado por essa forma tirânica. Não ser sujeitado a um regime de servidão intolerável. Essa foi precisamente a razão para rejeitar as leis antigas e abraçar um novo caminho, o qual, sustentava Ockham, inflexivelmente, "represente não uma maior servidão, mas precisamente uma menor servidão" que a do regime anterior. "É evidente", escreveu, "que seria simplesmente errado impor um jugo tão pesado para suportar, ou encontrar uma escravidão tão restritiva quanto as leis de nossos ancestrais".[510]

De maneira corajosa, Ockham fez apelo por uma sujeição menos tirânica: por um domínio político no qual as formas de poder soberano – por mais inevitáveis que possam ser, necessárias em certos domínios, eternamente recorrentes – fossem

508 William of Ockham, *Breviloquium de principatu tyrannico*, em *Opera Politica*, vol. 4, p. 97-260, ed. Hilary Seton Offler (Oxford, Oxford University Press, 1997), livro 1, capítulo 4, p. 102 (*"Admonendi sunt subditi, ne plus quam expedit sint subiecti"*). Ockham cita aqui o Papa Gregório. Essa é minha tradução. Uma tradução histórica e teoricamente mais fiel seria: "Os sujeitos deveriam ser advertidos a não se sujeitarem mais do que é pedido a eles", com o termo latino *admonendi* mais próximo da noção de avisado, aconselhado, instruído, e o termo latino *subiecti* aproximando-se do conceito de subjetivação. Este último está muito próximo da noção foucaultiana de *assujettissement*. No entanto, no inglês americano contemporâneo, a noção de subjetivação é muito rarefeita e o termo "admoestado" agora está muito próximo da noção de punição. Além disso, no atual contexto político, o significado de *subiecti* aproxima-se do conceito mais forte de subjugação; então, para ajudar os leitores a entender a passagem, decidi encontrar um equilíbrio mais moderno. A edição de Cambridge diz: "Os sujeitos devem ser instados a não serem mais sujeitados do que é útil" [*"Subjects should be urged not to be more subject than is useful"*] (William of Ockham, *A Short Discourse on Tyrannical Government*, trad. John Kilcullen, ed. Arthur Stephen McGrade (Cambridge, Cambridge University Press, 1992), p. 9. A versão francesa traduz a citação papal assim: "Os sujeitos devem ser avisados para não serem sujeitos mais do que o necessário" [*"Les sujets doivent être avertis de ne pas être assujettis plus qu'il n'est nécessaire"*] (William of Ockham, *Court traité du pouvoir tyrannique*, trad. Jean-Fabien Spitz (Paris, Presses Universitaires de France, 1999), p. 102.

509 William of Ockham, livro 2, cap. 3, p. 115, em *Breviloquium*; Ockham, *Court traité du pouvoir tyrannique*, p. 120-121; Ockham, *A Short Discourse on Tyrannical Government*, p. 23-24, tradução nossa.

510 Ockham, livro 2, cap. 3, p. 114-115, em *Breviloquium*; Ockham, *Court traité du pouvoir tyrannique*, p. 119; Ockham, *A Short Discourse on Tyrannical Government*, p. 22, tradução nossa.

contidas e limitadas, moderadas o máximo possível. Ele não fez apelos por um mundo desprovido de sujeição – o que seria impossível – mas por um mundo onde o alcance do tirano seja restrito, limitado ao máximo. Como Michel Foucault nos lembraria mais de 500 anos depois, não se tratava de um mundo sem governo, mas de um mundo onde "não sejamos governados *dessa forma*" – referindo-se precisamente àqueles elementos de tirania política, repressão e dominação que o filósofo testemunhou nas medidas de segurança do presidente francês Georges Pompidou, no início da década de 1970, e que ele analisou a repressão às rebeliões camponesas de *Nu-pieds* de 1639 pelo Cardeal Richelieu.[511] E o primeiro passo nessa direção é compreender, como ressaltou Ockham, que "os sujeitos não podem estar à salvo da sujeição excessiva, a menos que saibam que tipo e quanto poder está sendo exercido sobre eles".[512]

A eterna recorrência de novas formas de servidão intolerável e, com elas, de novas formas de resistência, revelam que a história da humanidade – ao invés de uma marcha progressiva rumo ao conhecimento absoluto, ao definhamento do Estado ou ao fim da história – é uma luta constante sobre nossa própria sujeição, uma batalha recorrente sobre a tomada de nossa própria subjetividade,

511 Michel Foucault, *Qu'est-ce que la critique?*, eds. Henri-Paul Fruchaud and Daniele Lorenzini (Paris, Vrin, 2015), p. 37; Michel Foucault, *Théories et institutions pénales*, ed. Bernard E. Harcourt (Paris, Gallimard/Le Seuil, 2015) [eds. bras.: *O que é a crítica*, tradutores independentes (Rio de Janeiro, Lug Editora, 2018) ; *Teorias e Instituições Penais: curso no Collège de France (1971-1972)*, trad. Rosemary Costhek Abilio (São Paulo, Editora WMF Martins Fontes, 2020). Ademais, para uma edição que reúne as três principais intervenções de Foucault "Sobre a Ilustração", a saber, a citada conferência de 27 de maio de 1978, "Qu'est-ce que la critique? [Critique et *Aufklärung*]", proferida diante da Sociedade Francesa de Filosofia, além do Seminário sobre o texto de Kant, *Was ist Aufklärung?*, de 5 de janeiro de 1983, chamado "Qu'est-ce que les Lumières?"; e, por fim, a conferência dada, em outubro de 1983, em Berkeley, "What is Enlightement?"; Cf. Michel Foucault, *Sobre la ilustración*, estudio preliminar de Javier de la Higuera, trad. Javier de la Higuera *et.al.*, 2. ed. (Madrid, Tecnos, 2006)].

512 Ockham, livro 1, cap. 4, p. 102, In: *Breviloquium* ("*subiectionem autem nimiam cavere non possunt, nisi sciant quam et quantam super eos praesidens habeat potestatem*"). Uma tradução mais literal e histórica pode ser: "Os sujeitos não podem estar atentos à sujeição excessiva, a menos que saibam de que tipo e até que ponto quem os preside (*praesidens*, como quem está acima deles) exerce poder sobre eles". O uso de *praesidens* aqui, claramente relacionado ao termo presidente, é significativo. Para outras traduções, ver Ockham, *Court traité du pouvoir tyrannique*, p. 102 ("*Or ils ne peuvent se défier de la sujétion excessive, à moins de savoir quelle est la nature et l'étendue du pouvoir que celui qui est à leur tête possède sur eux*"); e Ockham, *A Short Discourse on Tyrannical Government*, p. 9 ("Mas eles não podem ficar cautelosos contra a sujeição excessiva, a menos que saibam qual e quanto poder seu superior tem sobre eles").

de nós mesmos enquanto sujeitos. Uma vez que reconheçamos a recorrência perpétua dessa luta, então, e somente então, saberemos qual é a nossa missão para o presente e para o futuro: resistir às formas sempre invasivas de poder tirânico, àqueles desejos violentos de subjugação, às constantes e recorrentes tentativas de governar por meio do medo, do terror, da dominação absoluta.

Hoje não é a tirania inquisitorial teocrática do tempo de Ockham que enfrentamos, embora as dimensões inquisitoriais não estejam totalmente ausentes. Não, o que enfrentamos hoje no Ocidente – nos Estados Unidos e em alguns de seus aliados – é uma nova forma de governar enraizada num paradigma militar de guerra contrarrevolucionária. Os próprios métodos e estratégias que desenvolvemos para conter o outro colonizado voltaram para declinar o modo como o nosso governo nos governa hoje. Nós, no Ocidente, vivemos agora lado a lado com o outro insurgente – *nós mesmos* – e passamos a nos governar, no plano interno e externo, como aprendemos brutal e erroneamente a governar os outros colonizados.

Excessos brutais, terror e poder tirânico dominam amplamente o âmbito político e social – seja na forma de humilhação sexual em Abu Ghraib, de detenção indefinida na baía de Guantánamo, de confinamento solitário nas prisões, de vigilância nas mesquitas norte-americanas, ou pelo fato de que nossos ataques de *drones* de precisão mataram mais de 200 crianças inocentes fora de zona de guerra em abril de 2017.[513] O fato de que os *drones* norte-americanos mataram mais civis do que alvos visados e de que a nossa polícia interna tornou-se hipermilitarizada é precisamente a regra do poder despótico. Quando presidentes toleram esse tipo de "dano colateral" aterrorizante, quando nossos funcionários públicos os justificam e legalizam, quando os candidatos presidenciais levantam essa bandeira – aparentemente sem consequências – clamando pela tortura violenta de membros inocentes das famílias de suspeitos de terrorismo ou pela expulsão definitiva de muçulmanos, precisamos ficar atentos. Assim como devemos ficar atentos quando pessoas explodem bombas presas ao próprio corpo ou matam civis inocentes impiedosamente em Beirute, Paris, Istambul, Orlando ou Bagdá.

513 Cf. Bureau of Investigative Journalism, "Drone Warfare"; e também Pitch Interactive, "Out of Site, Out of Mind": <http://drones.pitchinteractive.com/>.

Essa forma contemporânea de poder tirânico aterrorizante não é excepcional, como sabemos pela história trágica do totalitarismo no século XX, pelo registro terrível da escravidão no século XIX, pelos suplícios brutais do século XVIII e pelas formas de inquisição que antecederam. Assim como a tortura foi legislada e legalmente regulamentada durante a Inquisição, as ordálias durante o *ancien régime* e os *pogroms* durante o século XX, a Contrarrevolução se encontra firmemente consolidada dentro do Estado democrático de direito. Nós simplesmente falhamos em reconhecer o quão manipulável o Estado de direito pode ser – falhamos em reconhecer o lado sombrio da legalidade.

No fim, porém, o fato de não estarmos diante de um paradigma absolutamente excepcional, mas inteiramente coerente e sistemático, não deve nos tornar complacentes nem resignados, mas, ao contrário, como Guilherme de Ockham, intoleravelmente insolentes.

Nem resignados, é claro, tampouco ambiciosos ou arrogantes em demasia, por outro lado: não tão confiantes ou excelsos a ponto de acreditar que poderíamos reverter a facticidade do conflito social – que nós, meros mortais, poderíamos aqui e agora terminar com o fenômeno da violência, que marcou toda a existência humana e toda a história da humanidade que conhecemos. Não; ao nos excedermos, falharíamos na mesma medida.

Mais uma batalha em um conflito interminável – é isso o que enfrentamos.

Guilherme de Ockham compreendeu isso bem. Assim como uma longa fila de mulheres e homens que seguiram seus passos, através dos anos, e resistiram a novas formas de governo tirânico. Mulheres e homens que contestaram a regra da servidão intolerável, tanto na forma da Inquisição como da escravidão, do fascismo ou do encarceramento em massa, do colonialismo ou das práticas de contrainsurgência: tortura, execuções sumárias, ciência total da informação.

Mulheres e homens como Simone de Beauvoir, Frantz Fanon, Ahmed Bem Bella ou inúmeros outros que, durante a guerra da Argélia, puseram-se em risco para denunciar o terror e os desaparecimentos – como Beauvoir nos lembrou, "o mais escandaloso dos escândalos é nos habituarmos a eles".[514] Estudio-

514 *"Ce qu'il y a de plus scandaleux dans le scandale c'est qu'on s'y habitue"*. Cf. Judith Surkis, "Ethics and Violence: Simone de Beauvoir, Djamila Boupacha, and the Algerian War", edição especial, *French Politics, Culture & Society* 28, n. 2 (Summer 2010): 38-55, citação p. 38.

sos e historiadores como Pierre Vidal-Naquet, que utilizou sua caneta e seu púlpito para denunciar os métodos contrarrevolucionários.[515] Pensadores conservadores como François Mauriac, Nobel de Literatura, que tornou famosas, ao descrevê-las, as táticas inquisitoriais do Exército Francês.[516] Mesmo oficiais do governo como o general Jacques Pâris de Bollardière (vítima de tortura nas mãos da Gestapo), que exigiu dispensa de suas funções no Exército Francês na Argélia em março de 1957, quando tomou conhecimento do uso de tortura, razão pela qual ficaria seis meses na prisão; ou Paul Teitgen, secretário-geral da polícia em Argel, que renunciou ao cargo em setembro de 1957 em protesto contra três mil desaparecimentos.[517]

Mulheres e homens norte-americanos como Angela Davis, James Baldwin, Daniel Ellsberg e outros tantos que, com grande coragem e colocando-se sob enorme risco, desafiaram as práticas de contrainsurgência tanto fora quanto dentro do país. Muitos norte-americanos antes de nós contestaram o Programa de Contrainteligência [*Counter Intelligence Program* – COINTELPRO], a repressão brutal aos Panteras Negras, os excessos violentos em Attica e outros lugares. E muitos outros continuam hoje a desafiar os excessos da guerra de contrainsurgência e a internalização da contrainsurgência – mulheres e homens como Linda Sarsour, Alicia Garza, Rachel Herzing, Edward Snowden, Laura Poitras, Glenn Greenwald e tantos outros – muitos deles anônimos –, além das inúmeras coletividades, que desafiam essas novas formas de tirania.

A resistência é contínua. O movimento *Black Lives Matter, Black Youth Project 100, Critical Resistance* e outros grupos desafiam a militarização e a letalidade da polícia. O *United We Dream*, o *New Sanctuary Coalition NYC,* algumas metrópoles e até mesmo o estado da Califórnia desafiaram ativamente a

515 Pierre Vidal-Naquet, *La Torture dans la République* (Paris, La Découverte/Maspero, 1975); Vidal-Naquet, *L'Affaire Audin* (Paris, Les Éditions de Minuit, 1958). O intelectual assumiu a causa de Marcel Audin, denunciando em relatórios e panfletos o que chamaríamos de seu "assassinato" (Vidal-Naquet, *L'Affaire Audin*, p. 100). Muitos anos depois, Aussaresses viria a confessar a ordem de assassinato de Audin, cf. <http://www.francetvinfo.fr/france/video-les-aveux-posthumes-du-generalaussaresses-on-a-tue-audin_500432.html.>

516 Ver seu famoso artigo, "The Question", *L'Express*, 15 jan. 1955; cf. Benjamin Stora, *Algeria 1830-2000* [2001], p. 51.

517 Benjamin Stora, *Algeria 1830-2000* [2001], p. 50; ver também Jean Charles Jauffret, *Ces officiers qui ont dit non à la torture, Algéries 1954-1962* (Paris, Éditions Autrement, 2005).

demonização dos residentes sem documentos. O *Council on American-Islamic Relations*, a *American Civil Liberties Union*, e, novamente, até mesmo Estados como Washington e Havaí desafiaram o banimento de muçulmanos.

Contudo, a hora é de compreendermos mais amplamente o que estamos enfrentando. É crucial entendermos exatamente contra o que estamos nos colocando. O policiamento militarizado, a demonização de muçulmanos e mexicanos, a ciência total da informação – são todas peças interligadas de um fenômeno mais amplo: a Contrarrevolução. Precisamos, agora, visualizar o todo, para vermos o paradigma de governo, a fim de transformarmos nosso ativismo numa mobilização verdadeiramente eficaz.

Ao resistirmos à Contrarrevolução, minha única esperança é que tenhamos, e nossas crianças também, consciência sobre as palavras e coragem para atendermos à *parresía* do Frei Ockham.

AGRADECIMENTOS

Este livro foi enriquecido e inspirado por conversas e trocas com amigos e colegas, e minha única esperança é conseguir expressar pessoalmente minha profunda gratidão e a dimensão de minha estima. Mia Ruyter tem sido minha constante e estimada interlocutora. Jesús R. Velasco, um brilhante camarada intelectual e crítico de meu trabalho. Seyla Benhabib, uma mentora inspiradora e generosa. Didier Fassin, um extraordinário companheiro crítico. François Ewald, uma força intelectual constante. Steve Bright, uma bússola moral. E Tom Durkin, um parceiro resoluto.

Foi um privilégio trabalhar tão perto com Brian Distelberg, da Basic Books, neste projeto. Ele tem sido meu mais notável leitor e crítico, e ofereceu excelentes orientações e conselhos, pelos quais sou profundamente grato. Tive também o privilégio de receber generosos conselhos, *feedback* e sugestões de Edward Kastenmeier, pelos quais também sou extremamente grato.

Tive o privilégio de estar no Instituto de Estudos Avançados [*Institute for Advanced Study – IAS*] em Princeton no ano acadêmico de 2016-2017 e discutir essas ideias durante todo o ano. Foi para mim um luxo poder pensar a respeito deste projeto com Didier Fassin, Joan Scott, Michael Waltzer, Malcolm Bull, Andrew Dilts, Thomas Dodman, Karen Engle, Peter Goddard, Juan Obarrio, Massimiliano Tomba, Linda Zerilli e muitos outros membros brilhantes de um ano memorável no Instituto, que inclui ainda Lori Allen, Fadi Bardawil, Nick Cheesman, Marcello Di Bello, Allegra McLeod, Reuben Miller, Amr Shalakany e nossos outros amigos e colegas. Também tive a imensa sorte de ter sido tão apoiado e encorajado por outras duas Instituições excepcionais enquanto trabalhei neste projeto: a *Columbia University* em Nova Iorque e a *École des Hautes Etudes en Sciences Sociales* (EHESS) em Paris. Sou profundamente grato a todos que tão calorosa e generosamente apoiaram meu trabalho, especialmente Lee Bollinger, Pierre-Cyrille Hautcoeur, Gillian Lester e David Madigan.

Meus colegas da *Columbia University*, especialmente David Pozen, Jeremy Kessler, Nadia Urbinati, Sarah Knuckey, Patricia Williams, Rosalind Morris, Jessica Bulman-Pozen, Jameel Jaffer, Sarah Cleveland, Liz Emens, Jeff Fagan, Katherine Franke, Carol Sanger e Kendall Thomas, têm sido uma fonte de inspiração e orientação, assim como meus outros maravilhosos colegas do *campus* e todos os que participaram e fizeram críticas ao esboço inicial, no curso de férias em setembro de 2015. Os alunos do Seminário de Jesús Velasco e da *Columbia University*, "*From the Inquisition to Guantánamo*" ["Da Inquisição a Guantánamo"], especialmente Kalinka Alvarez, Raphaëlle Burns, Clava Brodsky, Alexandra Cook, Gilles Gressani, Joseph Lawless, Matthew Mautarelli, David Ragazzoni e muitos outros, também enriqueceram profundamente meu pensamento, e por esse motivo estou imensamente em dívida. Eu gostaria de fazer um agradecimento especial a Joseph Lawless e Anna Krauthamer por a sua colaboração e apoio, em especial enquanto o manuscrito tomava forma. Foi uma honra e um privilégio trabalhar com vocês neste projeto.

Dedico este trabalho à memória de um professor inspirador, brilhante pensador crítico e mentor excepcional, que me inspirou a perseguir meus interesses teóricos e me guiou no estágio inicial de minha jornada intelectual – Sheldon S. Wolin, um homem extraordinário, um professor entusiasmante e um conselheiro profundamente generoso que me encorajou desde o início. Também gostaria de dedicá-lo as muitas mulheres e homens com quem tive o privilégio de lutar ao longo dos anos para resistir a formas de excesso, especialmente Bryan Stevenson, George Kendall, Randy Susskind, LaJuana Davis e Brett Dignam. Ruth Friedman, Jim Liebman, Cathelen Price, Azim Ramelize e nossos muitos colegas; também aos muitos camaradas intelectuais que estiveram comigo ao longo dos anos, especialmente ao falecido Etienne Balibar, a Patricia Dailey, Daniel Defert, Bob Gooding-Williams, Daniele Lorenzini, W. J. T. Mitchell, John Rajchman, Judith Revel, Ann Stoler, Michael Taussig, Brandon Terry e Adam Tooze; e aos maravilhosos estudantes cuja dedicação ao serviço público tem sido, para mim, uma verdadeira inspiração, incluindo mais recentemente Laura Baron, Nika Cohen, Maria Teresa LaGumina, Patricio Martinez-Llompart, Jindu Obiofuma, Egon Von Conway, Phoebe Wolfe e muitos outros.

Também dedico este livro a meus verdadeiros professores, mentores e heróis, Isadora Ruyter-Harcourt e Léonard Ruyter-Harcourt, com minha sincera confiança de que vocês e sua geração estão agora e continuarão atendendo ao chamado da *parresía* de Ockham.

"O antídoto para a repressão é, simplesmente, *mais resistência*".

— Christian Williams, *Life During Wartime: Resisting Counterinsurgency* (2013)

sobre o autor

Bernard E. Harcourt, nascido em Nova Iorque, em 1963, é atualmente Professor de Ciência Política na *Columbia University* de Nova Iorque, onde dirige o *Center for Contemporary Critical Thought*, e *directeur d'études* na *École des Hautes Études en Sciences Sociales* em Paris – como Professor Visitante, já lecionou nas Universidades de Harvard e Princeton. Seu trabalho o coloca, sem dúvida, entre os maiores expoentes de sua área, em especial no que diz respeito à interação da crítica social e política com os diferentes modos de governar nas sociedades punitivas e de vigilância que são as nossas.

Como autor, assina, dentre tantas outras obras, *Exposed: Desire and Disobedience in the Digital Age* (Harvard, 2015); *The Illusion of Free Markets: Punishment and the Myth of Natural Order* (Harvard, 2011); e *Occupy: Three Inquiries in Disobedience*, com Michael Taussig e W. J. T. Mitchell (Chicago, 2013); sem esquecer as já amplamente difundidas no mundo anglo-saxão: *Against Prediction: Profiling, Policing and Punishing in an Actuarial Age* (Chicago 2007); *Language of the Gun: Youth, Crime, and Public Policy* (Chicago 2005); e *Illusion of Order: The False Promise Of Broken Windows Policing* (Harvard 2001). Mais recentemente, destaca-se o livro *Critique & Praxis* (Columbia, 2020), fruto dos seus Seminários na *Columbia Law* chamados *Uprising 13/13*.

Sua vida acadêmica confunde-se com seu ativismo pela causa dos direitos humanos. Por meio da *Initiative for a Just Society*, ligada à *Columbia University*, sua militância sempre lidou com problemas sociais atuais por meio de compromissos práticos em litígios judiciais e políticas públicas. No início de sua carreira jurídica, atuou como advogado, representando condenados no corredor da morte no Alabama – ofício que até hoje mantém *pro bono*. Nesse âmbito, cabe destacar sua atuação de mais de duas décadas no caso de Doyle Lee Hamm, no qual conseguiu barrar a segunda tentativa de execução da pena de morte do condenado – um caso cujo engajamento obstinado se contrapõe ao exemplo mais completo de teratologia jurídica.[518]

518 Lee Hamm foi condenado à pena de morte em 1987. Durante o período no corredor

Bernard é, ademais, um dos responsáveis pela edição das obras de Michel Foucault. Além de ter editado *Théories et Institutions Pénales* (Seuil/Gallimard, 2015), que reúne o curso no *Collége de France* de 1971-1972; e *La Société Punitive* (Seuil/Gallimard, 2013), curso no *Collége de France* de 1972-1973; foi também editor da nova edição *La Pléiade* de *Surveiller et Punir*, parte das Obras Completas do autor (Gallimard, 2016). Também foi responsável pela coedição em francês e inglês dos Seminários foucaultianos *Mal faire, dire vrai. Fonction de l'aveu en justice*, proferidos na *Universitaires de Louvain* em 1981 (Louvain/Chicago, 2014).

da morte desenvolveu câncer linfático, o que tornou difícil o acesso venoso necessário para ministrar a "injeção letal". Mesmo assim, após uma longa batalha judicial, a sentença foi executada pelo estado do Alabama em 2018 – tendo sido mal sucedida, depois de quase três horas de tentativas de matá-lo. Posteriormente, estabeleceu-se um acordo confidencial que impede uma segunda tentativa de execução.

Dados Internacionais de Catalogação na Publicação (CIP) de acordo com ISBD

H257c

Harcourt, Bernard E

A contrarrevolução: como o governo entrou em guerra contra os próprios cidadãos / Bernard E. Harcourt ; traduzido por Ana Clara Elesbão ... [et al.]. - São Paulo : GLAC edições, 2021.
288 p. : il. ; 13,5cm x 21cm. – (#SujeitoInconfessável)

Tradução de: The counterrevolution : how our government went to war against its own citizens
Inclui índice e anexo.
ISBN: 978-65-86598-14-8

1. Ciências políticas. 2. Governamentalidade. 3. Micheal Foucault. 4. História do Estado. 5. História da governamentalidade. 6. Violação dos direitos civis. 7. Violação dos direitos humanos. 8. Governo dos Estados Unidos. 9. Teoria Contrarrevolucionária. 10. Teoria Contrainsurrecionária, Supressão popular, Opressão. 11. Social, Repressão política. 12. Resistência popular. 13. Filosofia Jurídica. 14. Teoria da governamentalidade. 15. Tortura. 16. Jurisprudência. 17. Política criminal. 18. Presos políticos. I. Elesbão, Ana Clara. II. Amaral, Augusto Jobim do. III. Fiedler, Cássia. IV. Goulart, Domenique. V. Salles, Eduardo Baldissera. VI. Dias, Felipe da Veiga. VII. Vechi, Fernando. VIII. Barletta, Gabriel. IX. Santos, Jádia Larissa Timm dos. X. Medina, Roberta da Silva. XI. Cerezer, Vanessa. XII. Título. XIII. Série.

CDD 320
2021-4778 CDU 32

Elaborado por Vagner Rodolfo da Silva - CRB-8/9410

Índice para catálogo sistemático:
1. Ciências políticas 320
2. Ciências políticas 32

PARA LER COM O CORPO!

glacedicoes.com
ISBN 978-65-86598-14-8

Impresso nos papéis Ivory Slim 75g (miolo) e
Supremo LD 250g (capa), nas fontes das famílias
Acumin Variable, Cheap Pine e Plantin MT.
Em dezembro de 2021 pela Gráfica BMF.